山东省社会科学规划研究项目"习近平创新驱动发展思想及其时代价值和实践路径研究"（18CXSXJ03）

马克思诞辰200周年纪念文库
The 200ᵗʰ Anniversary Books for Karl Marx

企业社会资本、组织学习和技术创新绩效研究

张 鹏 | 著

图书在版编目（CIP）数据

企业社会资本、组织学习和技术创新绩效研究／张鹏著．—北京：中央编译出版社，2019.1
ISBN 978-7-5117-3633-8

Ⅰ．①企…
Ⅱ．①张…
Ⅲ．①企业—社会资本—研究—中国
Ⅳ．① F279.23

中国版本图书馆 CIP 数据核字（2018）第 233886 号

企业社会资本、组织学习和技术创新绩效研究

出 版 人：	葛海彦
责任编辑：	杜永明
责任印制：	刘 慧
出版发行：	中央编译出版社
地　　址：	北京西城区车公庄大街乙 5 号鸿儒大厦 B 座（100044）
电　　话：	（010）52612345（总编室）　（010）52612349（编辑室）
	（010）52612316（发行部）　（010）52612346（馆配部）
传　　真：	（010）66515838
经　　销：	全国新华书店
印　　刷：	三河市华东印刷有限公司
开　　本：	710 毫米×1000 毫米　1/16
字　　数：	220 千字
印　　张：	13.5
版　　次：	2019 年 1 月第 1 版
印　　次：	2019 年 1 月第 1 次印刷
定　　价：	68.00 元

网　　址：	www.cctphome.com　　邮　箱：cctp@cctphome.com
新浪微博：	@中央编译出版社　　微　信：中央编译出版社（ID: cctphome）
淘宝店铺：	中央编译出版社直销店（http://shop108367160.taobao.com）（010）55626985

本社常年法律顾问：北京市吴栾赵阎律师事务所律师　闫军　梁勤
凡有印装质量问题，本社负责调换，电话：（010）55626985

序 言

张鹏博士的书稿《企业社会资本、组织学习和技术创新绩效研究》即将付梓，请我为之作序。作为张鹏本科、硕士、博士三阶段的老师，自然是不能推辞的。

张鹏在本科阶段听过我主讲的《国际金融》课程，到后来他读硕士的时候，张鹏跟我谈到选择我作为他的导师，原因之一是想开拓一下企业管理理论与实践的国际视野。在硕士阶段，我为研究生开设了《产业组织理论》课程，这门课程是企业战略管理的重要理论基础。从某种意义上讲，企业战略管理理论告诉我们的是"怎么办"，而产业组织理论告诉我们"怎么办"背后的原因，即"为什么"。当时我使用的是《产业组织理论》的英文原版教材，这门课激发了部分研究生进行组织研究的兴趣，张鹏就是其中之一。产业组织理论中结构主义学派的"结构—行为—绩效"研究范式也是促使张鹏在博士论文开题时将研究的问题落脚于企业技术创新绩效的重要原因。

我一直从事产业组织和中间性组织问题的研究，并主持过包括国家社科基金重大项目《构建现代产业发展新体系研究》在内的多项课题。在《网络经济时代中间性组织的成长与运行机制研究》等项目的研究过程中，张鹏一直没有间断参加我的课题的研讨，这也引发了他对有关问题的关注和思考，并在准备博士论文开题的过程中多次与我沟通，将研究的视角放在企业社会资本与组织学习上，研究企业社会资本与组织学习对于企业技术创新绩效的影响机制。

企业组织和产业组织一直处于不断演化的过程中，有学者提出21世纪的企业组织（或产业组织）的格局是"小企业、大网络"。而以"小企业、大网络"为特征的虚拟企业、战略联盟、企业集团等新兴的经济组织形态更是层出不穷、方兴未艾。这些新型的经济组织一般被称为介于企业与市场之间的中间性组织。

中间性组织是在信息技术的支持下，企业之间基于核心能力，建立在信用基础之上，以合作为目的，依靠价格机制和权威机制配置资源，具有网络特性的相对稳定且普遍存在的一种契约安排。① 张鹏的博士论文研究的是技术创新绩效问题，但是他关注的影响技术创新绩效的因素不是企业研发投入的多少和市场竞争是否充分，而他考察的是企业与外部建立的社会资本以及组织学习对于企业技术创新绩效的影响。显然，张鹏博士论文选题的研究视角是我长期以来进行组织问题研究尤其是中间性组织研究的重要内容之一。张鹏能够在研究生阶段的课程学习和学术研讨会中积极思考，并选取了特别具有理论意义和实践价值的研究视角作为博士论文的选题，作为导师，我很欣慰。

有关创新问题的研究历史非常悠久，而且产生了许多具有划时代意义的成果。国外对创新的研究发端于亚当·斯密和卡尔·马克思，发展于熊彼特，而后从罗伯特·默顿·索罗和道格拉斯·诺思的研究开始出现分化。亚当·斯密的研究涉及与创新相关的内容。马克思的理论体系中蕴含着丰富的创新思想，他明确肯定创新对经济发展的巨大驱动作用，指出生产力也包括科学。熊彼特形成了以"创新"为核心概念的经济理论体系，将创新视为资本主义经济增长和发展的内生力量，为创新理论的发展奠定了学理基础。继熊彼特之后，西方学者将创新理论演化为两大分支：一是技术创新理论；二是制度创新理论。20世纪70年代末，中国开始改革开放，西方创新理论传入国内，创新得到广泛持久的关注，并且逐步上升到国家发展战略的高度乃至核心战略的重要地位。

在经济全球化和世界经济一体化的发展过程中，科技创新日益展示出对于经济社会发展的重要性。经济发展的动力在很大程度上会决定经济发展的速度、效益、质量以及经济发展的可持续性，作为第一发展动力的创新，在新发展理念中具有核心位置，它在"创新、协调、绿色、开放、共享"发展理念具有引领作用，是我国经济社会发展的"牛鼻子"。"创新是引领发展的第一动力。……适应和引领我国经济发展新常态，关键是要依靠科技创新转换发展动力。"② 习近平总书记特别重视独立自主问题，他强调："不能总是用别人的昨天来装扮自己的明天。不能总是指望依赖他人的科技成果来提高自己的科技水平，更不能做其他国家

---

① 杨蕙馨、冯文娜：《中间性组织的竞争优势分析》，载《人文杂志》，2005年第1期。
② 《习近平关于科技创新论述摘编》，中央文献出版社2016年版，第7页。

的技术附庸,永远跟在别人的后面亦步亦趋。我们没有别的选择,非走自主创新道路不可。"① 当前,中国特色社会主义已经进入新时代,我们的经济总量已经达到世界第二。其他国家关注的科技创新重点领域不一定是我们要同步进行的,我们的技术创新应该符合自己的国情。所以,从这个意义上看,张鹏博士立足于中国的实际,探讨中国企业的技术创新问题,具有很强的实践意义。

具体到张鹏的学术专著《企业社会资本、组织学习和技术创新绩效研究》,该著作在梳理和继承现有研究成果的基础上,在以下三个方面具有较大的创新性:(1) 区分了不同组织学习方式对企业技术创新绩效的贡献。以往的研究从静态角度分析不同组织学习方式对技术创新绩效影响时,大多采用独立分析各组织学习方式对技术创新绩效影响的研究思路。但是,各种组织学习方式之间可能会存在相互影响,完全剔除各种组织学习方式的交互作用很难全面解释组织学习对技术创新绩效影响的实际情况。基于这一点,探讨不同组织学习方式对技术创新绩效的联合影响可以弥补前人研究的不足。(2) 提出了企业社会资本、组织学习和技术创新绩效概念模型。在对企业社会资本、组织学习和技术创新绩效之间关系研究的文献综述的基础上,构建了企业社会资本影响探索式学习和利用式学习、探索式学习和利用式学习影响技术创新绩效的概念模型,提出相应的理论假设,并进行了验证。(3) 以往研究就组织学习的过程、组织学习对于知识转移的影响路径以及组织学习影响企业技术创新分别进行了深入研究,解释了组织学习为什么会促进企业技术创新、增强竞争优势,但是却忽视了企业社会资本对于组织学习的影响研究。事实上,影响组织学习的最重要的因素是企业社会资本。本专著针对山东省的高新技术企业,系统阐释了企业社会资本的各个维度如何通过组织学习影响企业技术创新绩效的问题,从而实现了社会资本、组织学习与技术创新研究的融合,拓展了组织学习的研究领域,拓展了组织学习理论。

此外,这部著作对齐鲁软件园内的中小企业进行了案例研究,并结合大数据环境对企业的技术创新问题进行了研究。研究发现:社会资本的关系、结构和认知三个维度都可以降低风险规避行为和合作成本,从而促进中小企业的合

---

① 习近平:《在中国科学院第十七次院士大会、中国工程院第十二次院士大会上的讲话(2014年6月9日)》,人民出版社2014年版,第10页。

作创新。在大数据环境下，企业需要准确地认识所处的外部环境，建立一种新的知识管理模式，通过增强知识吸收能力提高自身的竞争优势。通过信息共享、共同释义和知识整合，使企业获得隐性知识，使企业从市场上获得更有价值的信息，达到与合作伙伴对技术、方法和产品设计需求的更准确理解，并增加合作需求，赢得更高的经营效率。

尽管这部著作的研究得出了一些较有意义的结论，但研究中仍存在一些局限和不足，需要在未来研究中加以改善，并进一步深化。例如：研究主要集中为数不多的几个内部社会资本因素与外部社会资本因素，然而，其他因素的社会资本也会影响到组织学习；由于这部著作涉及的研究是截面设计，没有历史地考察企业的组织学习和技术创新历程，所以不能建立因果关系。对于这些问题，相信张鹏会在今后的研究中加以完善和拓展。

本著作即将出版，作为张鹏的导师，倍感自豪。张鹏在博士毕业后能够从事他一直喜爱的教育事业，他是幸运的。高校教师除了教好书之外，科学研究也是一项重要的工作。期待张鹏在教书和繁忙的行政工作之余，能够继续拿出足够的精力进行科学研究，并取得新的更高水平的成果。我认为这份期待是合乎情理的，因为张鹏具有良好的研究基础，而且具有坚韧不拔的毅力。

是为序。

杨蕙馨
2018 年 7 月于泉城济南

目 录

第一章 绪 论 ... 1
1.1 问题的提出 ... 1
1.1.1 实施创新驱动战略的重大决策 ... 1
1.1.2 实践和理论研究的关注 ... 3
1.1.3 研究问题的提出 ... 4
1.2 研究内容与结构安排 ... 7
1.2.1 研究内容 ... 7
1.2.2 结构安排 ... 8
1.3 研究方法与技术路线 ... 9
1.3.1 研究方法 ... 9
1.3.2 技术路线 ... 10
1.4 研究解决的问题 ... 11
1.5 本章小结 ... 13

第二章 文献综述 ... 14
2.1 企业社会资本的相关研究综述 ... 14
2.1.1 社会资本及其理论发展 ... 14
2.1.2 企业社会资本概念的研究 ... 16
2.1.3 企业社会资本的研究维度 ... 19
2.1.4 企业社会资本相关研究评述 ... 22
2.2 组织学习的相关研究综述 ... 24

2.2.1 组织学习的理论发展 …………………………………… 24
2.2.2 组织学习的概念及其研究维度 ………………………… 25
2.2.3 组织学习的类型 ………………………………………… 28
2.2.4 组织学习的过程 ………………………………………… 32
2.2.5 组织学习相关研究评述 ………………………………… 37
2.3 技术创新绩效的相关研究综述 ……………………………… 39
2.3.1 技术创新理论的发展 …………………………………… 39
2.3.2 技术创新的影响因素 …………………………………… 43
2.3.3 技术创新绩效的概念 …………………………………… 46
2.3.4 技术创新绩效的评价指标 ……………………………… 47
2.3.5 技术创新绩效评价的相关研究评述 …………………… 54
2.4 社会资本对组织学习影响的研究综述 ……………………… 56
2.4.1 社会资本各维度与组织学习的关系 …………………… 56
2.4.2 内外部社会资本对组织学习的影响 …………………… 61
2.5 组织学习与创新绩效关系的研究综述 ……………………… 64
2.5.1 组织学习与创新绩效 …………………………………… 64
2.5.2 组织学习与组织创新的关系 …………………………… 66
2.6 综述的启示 …………………………………………………… 68
2.6.1 以往研究的进展 ………………………………………… 68
2.6.2 有待深入研究的问题 …………………………………… 70
2.6.3 启示 ……………………………………………………… 71
2.7 本章小结 ……………………………………………………… 71

第三章 企业社会资本、组织学习和技术创新绩效的实证研究 …… 72
3.1 企业社会资本、组织学习和技术创新绩效的研究框架和理论假设 … 72
3.1.1 企业社会资本、组织学习和技术创新绩效的研究框架 … 73
3.1.2 企业社会资本与组织学习 ……………………………… 79
3.1.3 企业社会资本与技术创新绩效 ………………………… 87
3.1.4 组织学习与技术创新绩效 ……………………………… 88
3.1.5 本研究的理论假设总结 ………………………………… 91

3.2 研究设计与研究方法 ·· 93
  3.2.1 实证研究过程 ·· 93
  3.2.2 调查对象的选择 ·· 94
  3.2.3 设计问卷 ·· 95
  3.2.4 变量的测量 ·· 96
  3.2.5 数据的收集 ··· 101
  3.2.6 统计分析与模型分析方法 ··································· 101
  3.2.7 研究设计与研究方法总结 ··································· 103
3.3 数据分析和假设检验 ·· 103
  3.3.1 描述性统计分析 ··· 103
  3.3.2 效度测试 ··· 106
  3.3.3 信度检验 ··· 112
  3.3.4 相关分析 ··· 115
  3.3.5 多重共线性检验 ··· 117
  3.3.6 模型回归分析结果 ·· 118
3.4 本章小结 ·· 124

第四章 社会资本促进中小企业技术创新的案例分析 ············ 126
4.1 中小企业的技术创新效率 ·· 126
  4.1.1 中小企业技术创新的优势 ································· 127
  4.1.2 中小企业技术创新的劣势 ································· 129
  4.1.3 技术创新效率与企业规模的关系 ························ 131
4.2 社会资本促进中小企业技术创新的理论框架 ················· 132
4.3 研究设计 ··· 136
  4.3.1 研究方法与研究对象 ······································· 136
  4.3.2 研究过程设计 ··· 137
4.4 案例分析 ··· 138
4.5 案例讨论与启示 ·· 143
  4.5.1 社会资本能够发挥中小企业行为优势 ·················· 143
  4.5.2 社会资本促进中小企业技术创新的效率分析 ········· 145

  4.5.3 有效发挥社会资本在技术创新中的作用 ……………… 147
 4.6 本章小结 ……………………………………………………… 148

第五章 大数据环境下企业技术创新能力的提升 ……………… 149
 5.1 大数据时代带来的机遇与挑战 ……………………………… 149
 5.2 企业技术创新在大数据环境下的知识需求 ………………… 150
 5.3 知识吸收能力促进企业创新的机理分析 …………………… 154
  5.3.1 企业利用外部知识的重要性 ……………………… 154
  5.3.2 知识吸收能力及其维度 …………………………… 155
  5.3.3 知识吸收能力对企业创新的促进作用 …………… 156
 5.4 大数据环境下提升企业技术创新能力的对策 ……………… 160
 5.5 本章小结 ……………………………………………………… 163

第六章 总结与展望 ……………………………………………………… 164
 6.1 主要研究结论 ………………………………………………… 164
  6.1.1 企业社会资本对组织学习的影响 ………………… 165
  6.1.2 企业社会资本与技术创新绩效的关系 …………… 167
  6.1.3 组织学习对技术创新绩效的影响 ………………… 167
  6.1.4 大数据环境对企业技术创新的影响 ……………… 168
 6.2 研究意义与研究创新 ………………………………………… 169
  6.2.1 研究意义 …………………………………………… 169
  6.2.2 研究创新 …………………………………………… 171
 6.3 研究的局限和未来的研究 …………………………………… 172
 6.4 本章小结 ……………………………………………………… 173

附录1 调查问卷 ………………………………………………………… 174

附录2 访谈提纲 ………………………………………………………… 179

参考文献 …………………………………………………………………… 180

后 记 ……………………………………………………………………… 201

第一章 绪 论

在展开具体的研究之前,本章将首先从研究背景、问题的提出等方面阐述本研究的理论与现实意义,并说明本研究的主要内容、结构安排以及研究方法和技术路线。

1.1 问题的提出

1.1.1 实施创新驱动战略的重大决策

科学技术是第一生产力,是推动人类文明进步的革命力量。进入21世纪,科学技术发展日新月异,科技进步和创新愈益成为增强国家综合实力的主要途径和方式,依靠科学技术实现资源的可持续利用、促进人与自然的和谐发展愈益成为各国共同面对的战略选择,科学技术作为核心竞争力愈益成为国家间竞争的焦点。我国已进入必须更多依靠科技进步和创新推动经济社会发展的历史阶段。科学技术作为解决当前和未来发展重大问题的根本手段,作为发展先进生产力、发展先进文化和实现最广大人民群众根本利益的内在动力,其重要性和紧迫性愈益凸显。创新发展注重的是解决发展动力问题。我国创新能力不强,科技发展水平总体不高,科技对经济社会发展的支撑能力不足,科技对经济增长的贡献率远低于发达国家水平,这是我国这个经济大个头的"阿喀琉斯之踵"。新一轮科技革命带来的是更加激烈的科技竞争,如果科技创新搞不上去,发展动力就不可能实现转换，我们在全球经济竞争中就会处于下风。①

建设创新型国家，核心就是把增强自主创新能力作为发展科学技术的战略基点，走出中国特色自主创新道路，推动科学技术的跨越式发展；就是把增强自主创新能力作为调整产业结构、转变增长方式的中心环节，建设资源节约型、环境友好型社会，推动国民经济又好又快发展；就是把增强自主创新能力作为国家战略，贯穿到现代化建设各个方面，激发全民族创新精神，培养高水平创新人才，形成有利于自主创新的体制机制，大力推进理论创新、制度创新、科技创新，不断巩固和发展中国特色社会主义伟大事业。科技创新是提高社会生产力和综合国力的战略支撑，必须摆在国家发展全局的核心位置。要坚持走中国特色自主创新道路，以全球视野谋划和推动创新，提高原始创新、集成创新和引进消化吸收再创新能力，更加注重协同创新。②

增强自主创新能力，关键是强化企业在技术创新中的主体地位，建立以企业为主体、市场为导向、产学研相结合的技术创新体系。采取更加有力的措施，营造更加良好的环境，使企业真正成为研究开发投入的主体、技术创新活动的主体和创新成果应用的主体。鼓励国有大型企业加快研究开发机构建设和加大研究开发投入，努力形成一批集研究开发、设计、制造于一体，具有国际竞争力的大型骨干企业。重视和发挥民营科技企业在自主创新、发展高新技术产业中的生力军作用，创造公平竞争的环境，支持其做大做强并参与国际竞争。支持有条件的企业承担国家研究开发任务，主持或参与重大科技攻关。加强创新创业服务体系建设，为中小企业特别是高新技术中小企业的技术创新提供良好条件。大力推进产学研相结合，鼓励和支持企业同科研院所、高等院校联合建立研究开发机构、产业技术联盟等技术创新组织。③

走以技术为基础的新型工业化道路，需要大量从事创新活动的高新技术中小企业。创新型国家的对外技术依赖程度通常低于30%，大量的核心技术必须依赖本土企业的自主创新。新技术的源头从哪里来呢？国家实验室、国家重点

---

① 习近平：在党的十八届五中全会第二次全体会议上的讲话，2015年10月29日。
② 胡锦涛：《坚定不移沿着中国特色社会主义道路前进 为全面建成小康社会而奋斗》，2012年11月8日。
③ 《中共中央国务院关于实施科技规划纲要增强自主创新能力的决定》，载《人民日报》，2006年2月10日第1版。

实验室、科研院所以及大企业是重要源头之一，但更多的技术源头集中在若干分散的高新技术企业中，只有通过它们的多维度的创新活动，才能够为新产业培育、国家安全等提供足够的可用技术。

中国创新能力薄弱的关键之点，在于企业创新能力的薄弱，以致大量产业核心技术严重依赖发达国家，使产业分工长期处于低端的情况难以逆转。高新技术企业的技术创新活动，点多面广，既可以收敛也可以发散，风险易于控制，成功便于扩散。

1.1.2 实践和理论研究的关注

随着全球经济的一体化和国际竞争的日趋复杂，技术创新已成为企业生存的条件、发展的基础和提高竞争力的源泉与手段。20世纪80—90年代早期，企业提高竞争力的关键在于缩短从开发到实际投产的时间，以求快速响应客户的需求。目前，技术和市场变化如此之快，产品寿命周期越加缩短，研究开发项目愈加耗时耗资，企业仅凭借内部技术开发来寻求技术诀窍，已不再能产生竞争优势。许多企业的成功不是因为他们拥有出众的控制稀缺资源的能力，而是能够学习并且比其他企业更有效地组织学习。为此实践界和理论界都在寻找一种能够突破企业界限从而最大程度地扩大组织学习范围和利用新知识的方式。研究表明，通过利用内部和外部社会资本，企业可以积累知识和智力资本，并转化为基于知识的竞争优势。[1] 实践也表明，处于快速变化和开放政策下的中国企业，通过企业间联盟和关系的构建、组织内聚力和协调能力的提高等手段获得了发展。[2]

进入21世纪以后，企业竞争力更加取决于其获取和利用最新知识的能力，这对企业如何在这种环境下获得和保持竞争优势提出了严峻考验。根据战略管理和知识管理领域的相关研究，多数学者认为知识是竞争优势的重要来源。而

---

[1] Yli-Renko, Helena, Erkko Autio & Harry J. Sapienza (2001). Social Capital, Knowledge Acquisition, and Knowledge Exploitation in Young Technology-Based Firms. *Strategic Management Journal* 22 (6-7), pp. 587-613.

[2] 孙永风、廖貅武、李垣：《转型背景下中国企业基于社会资本的知识管理研究》，载《中国工业经济》，2008年第3期。

在当前这种快速变化的环境下，单个企业越来越难以全面掌握最新的知识和单独开发经营所需的所有技术[①]，因此，企业需要不断向外部学习，获得有价值的信息，经过消化吸收，进而形成企业特有的知识[②]，从而保证竞争优势。但是，跨组织的学习面临诸多的困难，必须在特定的组织间的安排或机制下知识才能得以高效和顺利地转移。尤其是当前 Internet 技术迅速发展，企业间互动和沟通的障碍正逐渐在打破，企业在实践中与其他企业或组织合作创新的趋势越来越明显。

在理论研究领域，正因为实践中社会资本已经成为提高组织学习和创新效率的重要机制和手段，与跨越组织边界的学习和合作相关的研究已经成为知识管理理论、战略管理理论和社会资本理论等各领域中的研究热点。比如知识转移理论领域内的学者分析了企业间知识流动的各个阶段和知识流动涉及的各相关主体，致力于发现影响知识转移效率的各种影响因素，强调企业间的关系和知识转移活动的过程对转移效果具有重要影响，企业间的信任、关系的持久性，以及企业积极的态度都会提高知识转移的效果，尽管知识转移领域的研究更侧重于企业间的双边关系，这些研究成果仍成为分析社会资本影响知识流动的一个重要理论来源。另外，战略管理研究领域的相关学者还试图应用资源观来解释创新网络中的企业学习和创新绩效的差异，认为资源不仅仅存在于企业内部，也存在于企业间的网络之中，并认为企业间的稳定关系是一种能为企业带来经济租金的"网络资源"，因为这些网络资源同样具有异质性，能为企业带来竞争优势，这个视角的研究成果加深了理论界对创新网络本质的认识。

1.1.3 研究问题的提出

随着全球化竞争的加剧和知识经济的到来，企业关注的焦点从控制静态资源转向知识的获取、同化和开发上，通过有效的知识管理提高创新产出成为企

[①] Wu, X. B., Xu, G. N. & Wang, W. B. (2006). Technology Innovation of Developing Country in the Context of Globalization: A Case Study. Proceedings of International Technology and Innovation Conference (ITIC) (3), pp. 90 - 95.

[②] Huber, G. P. (1991) Organization Learning: the Contributing Processes and the Literatures. *Organization Science* 2 (1), pp. 88 - 115.

业构建和维持竞争优势的关键。对于中国企业来说，另一个挑战是正式制度的缺乏和不完善。来自计划体制的正式约束在转型过程中变得越来越弱，而市场经济发展所必需的正式约束，也就是完善的产权和法律体系，并没有建立起来。在缺乏必要制度约束的情况下，知识的识别、定价、转移和交易相对于有形资源更加困难。制度理论和社会资本理论为上述问题的解决提供了理论的帮助。制度理论指出：在缺乏正式制度的情况下，非正式的制度约束将会在规范经济交换中扮演更加重要的角色。Peng 和 Luo 等人进一步指出在制度转型时期，基于社会网络和关系的战略是中国企业所能采取的最好的生存和发展战略。[①] 社会资本理论认为：社会资本为社会事务的管理提供了一种有价值的资源，成为个体同外界接触的途径和"信任的凭证"，能够使拥有社会资本的个体获得接触信息和机会的特权。[②]

知识经济背景下，创新与学习对组织至关重要。在动态竞争的发展环境中，众多的企业深刻认识到不仅要根据自身的核心知识和能力制定相应的竞争战略，同样也需不断去获取、消化和吸收新的知识，通过组织学习来建立自身的竞争优势。因而组织的学习能力越来越成为组织最重要的核心能力之一，是组织生存与发展的关键。[③]

组织学习的概念是从个体学习借鉴引申而来，是指由多人组成的企业组织在宏观上所表现出的一个整体性的学习行为。一般认为，组织学习是指学习过程和手段在个人、群体和组织层次的有目的运用。当新的认知成果和思维方式被组织内全体成员所共享，并被组织文化所吸收和在组织系统发展过程得到巩固和发挥时，学习就变成了组织学习。因此，组织学习体现为组织中个人和群体在知识、信念、方法和思想认识等方面在组织边界内外的交流和融合。[④]

但是，组织知识的获取、消化和吸收过程并不是一个简单的认知过程，而是一个复杂的社会化过程。正如 Kale 等人所言，分布于组织边界内外有价值知

[①] Luo, Y. & Peng, M. W. (1999). Learning to Compete in a Transition Economy: Experience, Environment and Performance. *Journal of International Business Studies* 30 (2), pp. 269 – 296.

[②] 孙永风、廖貅武、李垣：《转型背景下中国企业基于社会资本的知识管理研究》，载《中国工业经济》，2008 年第 3 期。

[③] 谢竹云、茅宁：《社会资本、组织学习与企业的价值创造》，载《科学学与科学技术管理》，2008 年第 9 期。

[④] 王晓晖：《学习型组织文化的差异与影响研究》，载《管理世界》，2007 年第 11 期。

识的获取、转移和整合过程往往是在雇员特定社会交往的背景下实现的。组织学习离不开组织关系网络，并同体现这一网络价值的组织社会资本息息相关。[①] 只有引入社会资本的概念，认识和分析社会资本对组织的知识创造与学习方式的内在影响，才能真正解释组织价值创造的路径和机制。组织社会资本是组织非常重要的战略性资源，它和其他战略性资源一样可以为组织创造经济租金。社会资本对组织学习的作用直观上体现在两个方面：一是通过发展与外部其他组织的关系网络，组织可以获取未来发展的关键性知识资源，社会资本起到了"纽带"作用，二是通过建立组织内部的信任与规范，使内部雇员间相互学习、共同协作完成组织目标，社会资本起到了"黏合剂"作用。[②] 因此，对组织学习的研究完全可以从组织社会资本的角度来审视。

近些年来，通过在全国各地建立高新技术工业园，中国的企业通过自己进行技术研究与开发，或通过实行优惠的政策鼓励外商在工业园建立研究与开发基地，中国的技术创新取得了巨大的进步。一个关键的原因是越来越多的独资企业和中外合资企业进行技术创新活动不仅仅面对中国市场，同时还面对国际市场。例如，中国宝洁公司研究与开发中心的一个重要使命不仅是对产品特性进行微调以满足中国的消费者，还包括让这些研发人员通过技术创新以满足全球市场。[③] 同样，驻北京的微软高级技术中心其目标是加快创新以满足国内外市场。[④] 然而，迄今为止，有关中国的高新技术企业如何通过组织学习成功地进行技术创新的研究还很少。事实上，尽管许多高新技术企业具有国际视野和进入国际市场的雄心，但是现有的研究很少注意到该领域的问题。相当多的研究表明社会资本是影响新兴企业绩效（包括技术创新绩效）的关键因素。[⑤] 许多企业在努力构建社会资本，那么，社会资本是否以及如何影响企业的技术创新绩

---

① Kale, P., Singh, H. & Perlmutter, H. (2000). Learning and Protection of Proprietary Assets in Strategic Alliances: Building Relational Capital. *Strategic Management Journal* 21, pp. 217 – 238.

② 周小虎：《企业社会资本与持续竞争优势》，载《中国工业经济》，2004 年第 5 期。

③ Walfish, Daniel (2001). P&G China Lab Has Global Role. *Research Technology Management* 44 (5), pp. 4 – 5.

④ Buderi, Robert (2005). Microsoft: Getting from "R" to "D". *Technology Review* 108 (March), pp. 28 – 30.

⑤ Li, Haiyang & Kwaku Atuahene – Gima (2001). Product Innovation Strategy and the Performance of New Technology Ventures in China. *Academy of Management Journal* 44 (6), pp. 1123 – 1134.

效?关于如何有效利用社会资本来促进组织学习以实现提高技术创新效率的目的,目前在国内外的研究还很少见。我国企业的社会资本、组织学习的现状如何?我国企业的社会资本以及组织学习是否影响以及如何影响企业的技术创新绩效?这些都成为我国企业实践过程中亟须解决的问题,是企业经营战略的理论和技术基础,其结论具有重要的理论和现实意义。

1.2 研究内容与结构安排

1.2.1 研究内容

本书从以下几个方面研究企业社会资本、组织学习与技术创新绩效的关系:(1)采用 Nahapiet 和 Ghoshal 提出的结构、关系、认知等三个维度作为分析企业社会资本的维度,将组织学习划分为探索式学习和利用式学习两类,并从三个方面阐述企业社会资本对探索式学习和利用式学习的影响、企业社会资本对技术创新绩效的影响以及探索式学习和利用式学习对技术创新绩效的影响;(2)在上述定性分析的基础上,定量实证研究企业社会资本的结构、关系、认知三个维度与探索式学习和利用式学习之间的关系,企业社会资本与技术创新绩效的关系,探索式学习和利用式学习与技术创新绩效的关系,以验证企业社会资本是否对组织学习产生显著影响,企业社会资本是否对技术创新绩效产生显著影响,探索式学习和利用式学习是否对技术创新绩效产生显著影响;(3)在对齐鲁软件园内的中小企业进行案例研究的基础上,发现社会资本的关系、结构和认知三个维度都可以降低风险规避行为和合作成本,从而促进中小企业的合作创新。为提升社会资本对合作创新的作用,企业应具有可持续发展的理念,高层管理者需要在合作理念上对员工进行自上而下的推动,政府部门应该积极为中小企业的创新活动提供良好的服务,提供政策扶持。(4)在大数据环境下,企业在向外部学习、获取外部知识、吸取外部资源等方面面临着更多的机会,所以企业需要准确地认识它所处的外部环境,建立一种新的知识管理模式,通过增强知识吸收能力提高自身的竞争优势。通过信息共享、共同释义和知识整合，使企业获得隐性知识，使企业从市场上获得更有价值的信息，达到与合作伙伴对技术、方法和产品设计需求的更准确理解，并增加合作需求，赢得更高的经营效率。企业为提高知识吸收能力需要发挥团队的作用，创造条件充分利用潜在吸收能力，实现向现实吸收能力的转化。

1.2.2　结构安排

本书共分绪论、文献综述、实证分析、案例分析、大数据环境下的企业技术创新、总结与展望等六个章节。

第一章主要根据研究背景提出问题，说明本研究的现实与理论意义，阐述研究内容、研究方法及技术路线。

第二章通过文献综述系统地回顾企业社会资本理论相关研究进展，以及企业社会资本的定义与测量，回顾组织学习理论相关研究进展，以及组织学习的分类和组织学习过程，概述企业社会资本、组织学习和技术创新绩效关系的相关研究。在综述企业社会资本、组织学习和技术创新绩效等概念的基础上，评析企业社会资本、组织学习和技术创新绩效的相关研究，总结现有研究的不足和本研究的研究方向，明确本研究的切入点。

第三章包括研究框架与理论假设、研究设计与研究方法、数据分析与假设检验。在结合理论分析以及现有研究成果的基础上，构建企业社会资本、组织学习和技术创新绩效的概念模型。基于对企业社会资本的内涵与研究维度的阐述，以及探索式学习和利用式学习内涵的理解，从理论上详细探讨企业社会资本的三个维度与探索式学习和利用式学习的关系，并提出相应的假设；从理论上探讨企业社会资本与技术创新绩效的关系，并提出相应的假设；从理论上分析探索式学习和利用式学习与技术创新绩效的关系，并提出相应的假设。在问卷设计部分，说明问卷设计的过程和避免产生偏差的措施。在变量测量一节，讨论被解释变量、解释变量等变量的测量方法。在分析方法一节，就本研究所选用的分析方法进行阐述。利用因子分析、多元回归分析等方法，根据问卷调查所获数据对提出的理论模型及其一系列研究假设进行实证检验，并将检验结果与已有的研究结论进行比较。

第四章指出中小企业是技术创新的主体，但在技术创新过程中需要寻求与其他组织的合作。由于合作创新强调的理念是合作，所以存在于创新网络中的社会资本成为合作创新战略实施的重要因素。在对齐鲁软件园内的中小企业进行案例研究的基础上，发现社会资本的关系、结构和认知三个维度都可以降低风险规避行为和合作成本，从而促进中小企业的合作创新。为提升社会资本对合作创新的作用，企业应具有可持续发展的理念，高层管理者需要在合作理念上对员工进行自上而下的推动，政府部门应该积极为中小企业的创新活动提供良好的服务，提供政策扶持。

第五章指出在大数据环境下，企业在向外部学习、获取外部知识、吸取外部资源等方面面临着更多的机会，所以企业需要准确地认识它所处的外部环境，建立一种新的知识管理模式，通过增强知识吸收能力提高自身的竞争优势。通过信息共享、共同释义和知识整合，使企业获得隐性知识，使企业从市场上获得更有价值的信息，达到与合作伙伴对技术、方法和产品设计需求的更准确理解，并增加合作需求，赢得更高的经营效率。企业为提高知识吸收能力需要发挥团队的作用，创造条件充分利用潜在吸收能力，实现向现实吸收能力的转化。

第六章主要完成了以下三方面工作：第一，对本研究的主要结论进行总结；第二，总结了本研究的研究意义和研究创新；第三，对本研究在理论和方法上存在的不足及未来研究的方向进行了讨论和前瞻。

1.3　研究方法与技术路线

1.3.1　研究方法

本书采用了规范研究与实证研究相结合的方法，遵循"文献阅读与访谈——提出假设——形成问卷和调查数据——实证分析——形成结论"的研究思路，具体如下：

（1）理论研究。在查阅企业社会资本、组织学习、技术创新及相关领域大量国内外文献的基础上，总结了现有研究中关于企业社会资本的界定、维度划分，组织学习的概念、维度、过程和类型以及技术创新绩效的有关概念。指出从企业组织层面对社会资本的分析，能够较好地揭示企业社会资本对组织学习和技术创新绩效的影响；能够从整体上更科学地研究技术创新绩效的影响因素和各个因素对技术创新绩效的影响规律。并据此确定了基于企业社会资本视角，沿着"企业社会资本——组织学习——企业技术创新绩效"的逻辑思路，构建了企业社会资本作用于技术创新绩效，并通过组织学习间接影响企业技术创新绩效的理论模型。详细分析了企业社会资本的构成、内容和作用，识别和界定了组织学习的内容和作用，以及企业社会资本通过组织学习促进技术创新绩效的提升和实现，并提出相应的研究假设。在大数据环境下，企业在向外部学习、获取外部知识、吸取外部资源等方面面临着更多的机会，所以企业需要准确地认识它所处的外部环境，建立一种新的知识管理模式，通过增强知识吸收能力提高自身的竞争优势。在对信息共享、共同释义和知识整合进行理论分析的基础上，为企业提高知识吸收能力提供理论支持。

（2）经验研究。在文献分析、实地访谈的基础上，确定了所需测量的各个变量的测量项目，设计了初始调查问卷，对样本企业进行问卷调查。首先，通过小样本调查数据对问卷量表的测量项目进行探索性因子分析，对问卷进行修订，得到问卷的最终版本。其次，通过大样本调查数据对构建的理论研究模型和相关假设进行检验，数据处理过程包括：一是对有效样本数据进行描述性统计分析，考察并确定样本数据在数量上与质量上均符合研究要求；二是利用样本数据对变量的测量量表进行信度、效度和多重共线性检验；三是通过多元回归分析的方法，检验理论假设。将研究结果与研究假设、以往相关研究进行对比分析和讨论。此外，在对齐鲁软件园内的中小企业进行案例研究的基础上，发现社会资本的关系、结构和认知三个维度与风险规避行为和合作成本的关系，从而为提升社会资本提出建议。

1.3.2 技术路线

总体而言，本研究注重对理论前沿的把握和第一手调查资料的收集，科学地使用各种研究方法，就企业社会资本、组织学习和技术创新绩效问题展开深入分析，研究所采用的技术路线如图1—1所示。

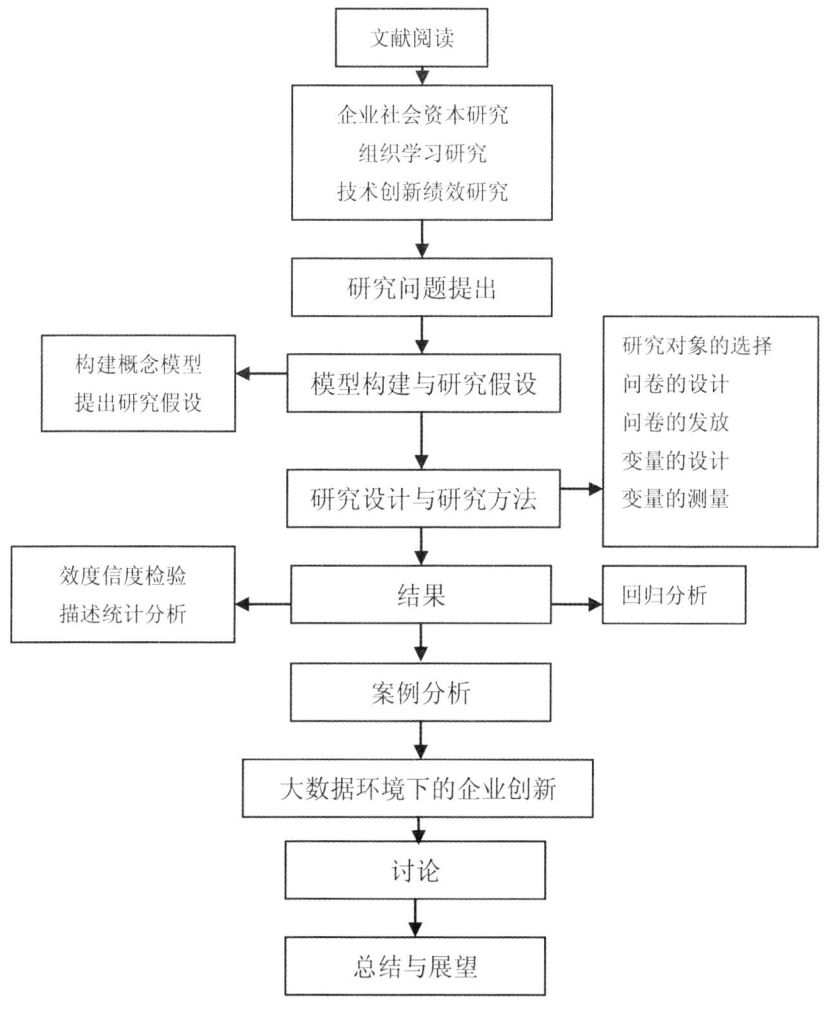

图 1—1 技术路线图

资料来源：作者整理。

1.4 研究解决的问题

在总结前人研究取得进展和存在不足的基础上，研究解决的问题可以概括如下：

（1）对企业社会资本的维度和作为前因变量的作用进行更为深入地分析，

根据高新技术企业的研究情境，将企业社会资本的维度在本研究中提炼为企业社会资本的结构维度、关系维度和认知维度，并将三个维度进一步分为7个子维度。Nahapiet 和 Ghoshal 等从不同的角度对三者和创新绩效以及其他变量之间的关系进行了研究，为本研究将这三个维度作为影响组织学习和技术创新绩效的前因变量奠定了理论基础。

(2) 深入分析企业组织学习的作用，研究企业社会资本各维度与企业技术创新绩效之间的关系在不同的组织学习情况下有何差异。Teece 指出只有能整合相关资源，快速地进行创新的企业才能在激烈的竞争中生存，这种整合相关资源进行创新的能力来自知识。而创新的基础在于企业进行有效的组织学习。[①] 蒋春燕、赵曙明的研究探讨了社会资本与组织绩效之间的影响关系，他们的研究通过文献探讨来构建理论模型，选择我国江苏和广东两省的新兴企业作为实证研究对象，研究表明社会资本确实可以影响组织绩效。[②] 谢竹云、茅宁的研究发现组织社会资本为组织学习提供了有效的实现机制，适应型社会资本有助于组织利用式学习，而创新型社会资本有利于探索式学习。企业实现价值创造必须以组织学习为导向，强调对两类社会资本的整合与管理。[③] 本书在前人研究的基础上，将企业的组织学习纳入上述理论框架中，以深入地研究企业社会资本与技术创新绩效之间的内在机制并进行经验分析。

(3) 构建以社会资本各维度、组织学习和技术创新绩效作为整体进行研究的理论框架并进行验证。蒋春燕、赵曙明、谢竹云、茅宁等学者的研究为组织学习和社会资本的整合奠定了一定的理论基础，并为本研究的进行提供了借鉴。此外，本研究在借鉴相关研究的基础上，将企业性质、企业规模、企业所在的行业作为控制变量。

---

① Teece, D. J., Pisano, G. & Shuen, A. (1997). Dynamic Capabilities and Strategic Management, *Strategic Management* 18, pp. 509–533.
② 蒋春燕、赵曙明：《社会资本和公司企业家精神与绩效的关系：组织学习的中介作用》，载《管理世界》，2006 年第 10 期。
③ 谢竹云、茅宁：《社会资本、组织学习与企业的价值创造》，载《科学学与科学技术管理》，2008 年第 9 期。

1.5 本章小结

本章从理论和实践角度阐述了知识经济时代的到来、我国建设创新型国家的实际和相关研究的不断深入凸显了企业社会资本和组织学习对于企业技术创新的重要性,理清了本研究的主要内容与结构,明确了研究方法和技术路线,为下文展开深入研究奠定了基础。

第二章 文献综述

本章将首先对企业社会资本、组织学习和技术创新绩效的理论研究进行文献综述,其次就企业社会资本影响组织学习以及组织学习影响技术创新绩效的相关文献进行综述,对相关的内容进行总结,最后阐述从综述中得到的启示,指出以往研究的不足和有待于深入研究的问题。

2.1 企业社会资本的相关研究综述

2.1.1 社会资本及其理论发展

20世纪90年代以来,社会资本逐渐成为政治学、社会学、经济学等诸多社会科学领域的研究热点。对于社会资本的概念,学者们从各自不同的背景出发给予了不同的界定。现代意义上的社会资本,可以追溯到1916年,主要是指植根于社会关系和社会网络中的资源。但是之后的几十年间,社会资本思想并未引起学术界的关注。最早使用社会资本概念的是经济学家 Glenn Loury。Glenn Loury 在《种族收入差别的动态理论》中,从社会结构资源对经济活动影响的角度出发,首次提出了与物质资本、人力资本相对应的一个崭新的理论概念——社会资本。在他看来,社会资本是诸种资源之一,存在于家庭关系与社区的社会组织之中，用以解释经济行为。[1] Glenn Loury 虽然使用了社会资本这一概念，但他并没有对此进行系统研究，因而也没有引起学术界的重视。西方社会学家 Bourdieu、Coleman 等人于 20 世纪 70 年代以后将社会关系和社会结构纳入资本分析的范畴。对社会资本概念最早做出系统表述的是法国社会学家 Pierre Bourdieu。Bourdieu 将之定义为："实际或潜在的资源集合体，这些资源与占有人们共同熟悉或认可的制度化关系的持久网络联系在一起。"[2] 之后 Putnam、Granovertter、Grant、Burt 和林南等学者对社会资本的研究做了大量的探索工作，进一步充实了社会资本理论。但是目前对社会资本的定义并没有形成统一的认识，例如，Baker 将社会资本的范围仅仅限定在关系网络的结构上[3]；Bourdieu[4] 和 Putnam[5] 却认为，社会资本是通过关系网络获取现实的和潜在的资源；而 Burt 则将社会资本视为一种结构洞，一种获取关键知识的机会。[6] 林南在 1982 年提出了社会资源理论，他认为社会资源就是那些嵌入个人社会网络中的资源，这种资源不为个人所直接占有，而是通过个人直接或间接的社会关系获取，拥有这种资源可以使个人更好地满足自身生存和发展的需要。[7] 这个"社会资源"概念与本书所说的"社会资本"概念十分相似。在后来的研究中，林南也将这种社会资源称为社会资本，并将社会资本定义为"嵌入在社会结构之中并可以通过有目的的行动来获得的流动的资源"。林南在 2001 年修订了对社会资本的定义，提出社会资本是个人通过摄取嵌入性资源以增强工具性行动或情感性行

---

[1] G. C. Loury (1997). Inter-generation Transfer and the Distribution of Earnings. *Econometrical*, pp. 176–179.

[2] Bourdieu P. (1985). The Forms of Capital. In J. G. Richardson. *Handbook of Theory and Research for the Sociology of Education*. New York: Greenwood Inc., pp. 241–258.

[3] Baker, W. (1990). Market Networks and Corporate Behavior. *American Journal of Sociology* (96), pp. 589–625.

[4] Bourdieu P. (1985). The Forms of Capital. In J. G. Richardson. *Handbook of Theory and Research for the Sociology of Education*. New York: Greenwood Inc., pp. 241–258.

[5] Putnam, R. D. (1993). *Making Democracy Work: Civic Traditions in Modern Italy*. Princeton, NJ: Princeton University Press, p. 36.

[6] Burt, R. S. (1992). *Structural Holes: The Social Structure of Competition*. Cambridge, MA: Harvard University Press, pp. 66–69.

[7] Lin N. (1982). Social Resources and Instrumental Action. In Marsden P, Lin N. *Social Structure and Network Analysis*. Beverly Hills, CA: Sage Publications, Inc., pp. 131–145.

动中的期望回报而在社会关系上进行的投资。① 我国学者朱国宏认为"社会资本是个人通过自己所拥有的网络关系及更广阔的社会结构来获取稀有资源的能力"。② 当前,社会资本是一个在包括社会学、经济学等诸多社会科学领域中受到极大关注的新概念。③ 社会学领域侧重于运用社会资本的概念分析个人以及社会的相关研究命题,经济学领域则偏重于关注社会资本对于经济发展的推动作用。随着相关研究的不断深入,社会资本理论的研究已从个人层面发展至国家层面,并且延伸至企业层面。引入社会资本理论进行研究是20世纪90年代后半期以来管理学研究领域的最新发展之一,国内外学者正在将社会资本这一概念应用于组织间合作、资源交换和工作绩效等企业层面的研究。④

2.1.2 企业社会资本概念的研究

社会资本的最初研究,是以社会结构中的个人为主体的,后来许多学者发现,社会资本可以在很多层面上进行研究,如个人层次、组织层次、组织间层次以及整个国家层次等。⑤ 最初把社会资本延伸到企业层次的是美国社会学教授Ronald Burt,他指出:企业内部和企业间的关系是社会资本,它是竞争成功的最后决定者。他注意到了企业凭借在网络中的地位拥有资源的能力。Nahapiet 和 Ghoshal 认为企业的社会资本应该是"企业(包括其内部成员)占有的关系网络中、通过关系网络可获得的、来自于关系网络的实际或潜在资源的总和"。Nahapiet 和 Ghoshal 在定义中所说的资源,是指反映关系网络的关系特征、结构特征和位置特征的一些变量,如信任、规范、共同愿景、位置中心性等。Leana 和 Van Buren 在研究企业内部社会资本时,定义社会资本是"反映企业内部社会关系特征的资源"。系统地提出企业社会资本概念并对其进行解释的是 Gabbay,他

---

① Lin N. (2001). *Social Capital: A Theory of Social Structure and Action*. Cambridge: Cambridge University Press, p. 25.
② 朱国宏:《经济社会学》,复旦大学出版社1999年版,第84页。
③ Adler, Paul S. & Seok‑Woo Kwon (2002). Social Capital: Prospects for a New Concept. *Academy of Management Review* 27 (1), pp. 17–40.
④ 韦影:《企业社会资本的概念与研究维度综述》,载《科技进步与对策》,2008年第2期。
⑤ Tsai, Wenpin & Sumantra Ghoshal (1998). Social Capital and Value Creation: The Role of Interfirm Networks. *Academy of Management Journal* 41 (4), pp. 464–476.

认为企业社会资本是企业通过社会关系所获得的能够促进其目标实现的有形或无形资源。这些资源有助于企业通过其他社会联系实现特定的目标。Gabbay 提出，社会资本是根植于关系网络内部、可通过关系网络利用的资产，并将企业社会资本界定为：企业拥有的有形或虚拟的资源，它们可通过促进目标达成的社会关系而增加。同时，他还阐明了关于社会资本观点的三个因素：第一，将社会资本视为具有目标特殊性（Goal - specific），社会网络和社会资本是不同的，如果社会联系有益于目标的达成，那么社会网络仅仅是转移社会资本；第二，个体未必知道它所拥有的社会资本，个体所根植的社会结构会将优势转移给它，而个体可能并未意识到这一点；第三，为实现特定目标带来机会的社会结构不必建立在追求这些目标的基础之上，社会资本通常是其他社会活动的副产品。如同其他形式的资本一样，社会资本是生产性的，在缺乏社会资本的情况下可能无法达成目标。[1] Balaji R. Koka 和 John E. Proscott 分析了为什么对社会资本的研究可以由个人层次扩展到企业层次："由于社会资本是社会行为者从社会关系网络中所获得的一种资源，企业作为有目的的社会行为者，社会资本的逻辑不可避免地要被一些学者扩展到企业层次……企业之间的关系就代表着社会资本。"尽管社会资本是新经济社会学的核心概念，当它扩展到企业层次之后，企业管理领域对其显示了浓厚的兴趣。Roger Leenders 和 Shaul M. Gabbay 主编的《公司社会资本与社会负债》与《组织社会资本》，汇集了战略、人力、营销等领域的学者们从各自视角对企业社会资本的研究成果。许多学者借鉴社会资本的概念，对企业社会资本进行界定：Roger Th. A. J Leenders 和 Shaul M. Gabbay 认为企业社会资本是"企业通过社会关系网络所获得的能够促进其目标实现的有形或无形资源"[2]，这一定义很显然拓宽了社会资本的内涵，因为它不仅包括关系中的信任、规范等促进合作的无形资源，也包括企业（或其内部成员）从关系伙伴处所获得的其它有形或无形资源。

在国内，边燕杰、丘海雄指出：提出企业社会资本的概念，就是强调企业不是孤立的行动个体，而是与经济领域的各个方面发生种种联系的企业网络上

---

[1] Leenders R. Th. A. J., Gabbay S. M. (1999). *Corporate Social Capital and Liability*. Boston：Kluwer Inc., pp. 98 - 103.

[2] Leenders R. Th. A. J., Gabbay S. M. (1999). *Corporate Social Capital and Liability*. Boston：Kluwer Inc., pp. 98 - 103.

的纽节，"能够通过这些联系而摄取稀缺资源是企业的一种能力，这种能力就是企业的社会资本"。企业在经济领域的联系种类繁多，从社会资本理论的角度，将这种联系概括为三类，即企业的纵向联系、横向联系和社会联系。① 郭毅认为，这一定义也可以扩展到企业外部。因此，可以把企业社会资本定义为反映企业内外部社会关系特征的资源。这些资源包括企业关系网络中的信任、承诺、规范、结构、位置等。许萍指出企业社会资本是指企业为了实现自身目标而从组织成员所处的社会联系以及组织整体所处的社会联系中获取资源的能力。② 徐延辉则从企业家的层面认为，企业的社会资本就是因企业家良好的个人品行而产生的动员社会稀缺资源的能力，它通过企业的社会交换能力表现出来。③ 武志伟在对社会资本与社会结构关系的比较分析的基础上认为，企业的社会资本实际上可以看作是蕴涵于企业所构建的社会结构或网络中，可以通过降低交易成本等方式帮助企业或其成员更方便的获取某种资源、有助于企业实现其特定目标的一种结构资源。④ 在社会人假设下，王勇则从宽泛的角度界定企业社会资本内涵，企业社会资本为反映企业内外部社会关系特征的有助于目标实现的生产性经济资源，这些资源包括企业关系网络中的信任、承诺、规范、结构位置等。⑤ 宇红⑥、韦影⑦认为企业社会资本是建立在信任、规范和网络基础上的，嵌入在企业现有稳定社会关系网络和结构中的，通过社会结构使组织不断增长，促成目标达成的各种实际或者潜在资源的集合。

就企业社会资本的分类来说，企业社会资本又可以分为不同的层次。许多学者把企业社会资本分为企业内部社会资本和企业外部社会资本这两方面进行研究。Johannes M. Pennings 和 Kyungmook Lee 又把企业的外部社会资本分为个人层次和企业层次，个人层次是指不同企业的边界管理者（Boundary Spanner）

---

① 边燕杰、丘海雄：《企业的社会资本及其功效》，载《中国社会科学》，2000 年第 2 期。
② 许萍：《企业社会资本和环境适应》，载《经济研究》，2007 年第 3 期。
③ 徐延辉：《企业家的伦理行为与企业社会资本积累——一个经济学和社会学的比较框架分析》，载《社会学研究》，2002 年第 6 期。
④ 武志伟：《企业社会资本的内涵和功能研究》，载《软科学》，2003 年第 5 期。
⑤ 王勇：《企业社会资本对技术创新的影响》，载《改革》，2006 年第 2 期。
⑥ 宇红：《信任与企业家社会资本》，载《社会科学辑刊》，2006 年第 5 期。
⑦ 韦影：《企业社会资本与技术创新——基于吸收能力的实证研究》，载《中国工业经济》，2007 年第 9 期。

之间，在长期的工作过程中所形成的一种相互信任的、合作的社会关系网络，而企业层次则是指企业之间所形成的一种制度化的合作关系网络，其主体是企业，而不是边界管理者。Roger Th. A. J. Leenders 和 Shaul M. Gabbay 则认为与企业有关的社会资本有五个层次，个人、团队、部门、企业、联合集团，每个层次的社会资本不仅受本层次的社会关系网络的影响，还要受其他四个层次的关系网络的影响。在对企业社会资本所进行的开创性研究中，西方学者将企业社会资本分为结构性（Structural）社会资本和认知性（Cognitive）社会资本[①]，前者指影响相互信赖的规范、价值、观点和信念，主要指企业与供应商、客户、政府机构及其他组织、个人之间的社会信任，后者指有益于增强合作效果、产生互惠期望、降低交易费用的社会关系网络，可以细分为网络资产、关系资产、参与资产等。直到目前，学术界对企业社会资本的概念并未达成共识。[②]

2.1.3 企业社会资本的研究维度

为了更深入地研究企业社会资本及其功效，学者们从不同的角度对其进行了划分。他们所采用的研究维度主要分为三种：一是从企业内的个人层面出发分解社会资本进行研究；二是从企业与外部或内部实体之间的联系出发划分社会资本；三是从企业社会资本自身的特征出发来进行研究。[③]

（1）基于企业内个人的研究维度

张其仔在分析企业社会资本对国有企业经营绩效的影响时，将其分解成三种类型：第一种是存在于工人之间的社会资本；第二种是存在于工人与管理者之间的社会资本；第三种是存在于管理者之间的社会资本。[④] 边燕杰和丘海雄将企业在经济领域的联系概括为三类，即企业的纵向联系、横向联系和社会联系，并以企业法人代表的纵向联系、横向联系和社会联系的情况来衡量企业社会资本。就中国的情况而言，企业的纵向联系是指企业与上级领导机关、当地政府

---

① Landry, R., Amara, N., et al. (2002). Does Social Capital Determine Innovation? To What Extent? *Technological Forecasting & Social Change* 69, pp. 681 – 701.
② 王利晓、惠宁：《企业社会资本研究文献综述》，载《西安邮电学院学报》，2007年第6期。
③ 韦影：《企业社会资本的概念与研究维度综述》，载《科技进步与对策》，2008年第2期。
④ 张其仔：《社会资本与国有企业绩效研究》，载《当代财经》，2000年第1期。

部门以及与下级企业和部门的联系,这种纵向联系的取向主要是向上的,目的是从上摄取稀缺资源。企业的横向联系指的是企业与其他企业的联系,这种联系的性质是多样的,如可以是业务关系、协作关系、借贷关系和控股关系等。在中国经济转型时期,企业的横向联系多而广,企业的有效信息多,可选择性大,因而可以有先人之举,得到发展。企业的社会联系具体指企业及其经营者的社会交往和联系,它们虽不是企业的属性,但往往是企业与外界信息沟通的桥梁和与其他企业建立信任的通道,是摄取稀缺资源和争取经营项目的非正式机制,是企业必要的财富。① 以上两种划分方法实际上是将企业社会资本放到企业内个人之间或个人与外界之间的关系层面上来分析。

(2) 基于企业外部或内部社会资本的研究维度

Cooke 和 Clifton 在社会资本与中小企业绩效的关系研究中,将社会资本按照网络及联合中的非正式和正式联系(直接业务联系、专业协会、行业协会、社会俱乐部等)进行划分。② 陈劲和李飞宇③以及张方华④的研究将社会资本分为纵向关系、横向关系和社会关系资本三个部分,其中纵向关系资本指企业与客户和供应商之间的关系;横向关系资本指的是企业与竞争对手和其他企业之间的关系;社会关系资本是指企业与大学、科研机构、政府、金融机构等外部组织之间的关系。郑胜利和陈国智则综合了上述学者的研究成果,提出企业的社会资本包括内外两部分。企业的内部社会资本包括:第一,存在于工人之间的社会资本;第二,存在于工人与管理者之间的社会资本;第三,存在于管理者之间的社会资本;第四,存在于各部门间的社会资本。企业的外部社会资本包括:第一,企业的纵向联系,即企业与上级领导机关、当地政府部门以及下属企业、部门的联系;第二,企业的横向联系,即企业与其他企业、科研院所及高校、金融机构、中介组织等的联系。⑤ 他们在企业内部社会资本中引入了各部

---

① 边燕杰、丘海雄:《企业的社会资本及其功效》,载《中国社会科学》,2000 年第 2 期。
② Cooke, P. & Clifton, N. (2002). *Social Capital, and Small and Medium Enterprise Performance in the United Kingdom*, *Entrepreneurship in the Modern Space – Economy: Evolutionary and Policy Perspectives*. Tinbergen Institute, Keizersgracht Amsterdam, pp. 122 – 167.
③ 陈劲、李飞宇:《社会资本:对技术创新的社会学诠释》,载《科学学研究》,2001 年第 3 期。
④ 张方华:《知识型企业的社会资本与技术创新绩效的关系研究》,浙江大学 2004 年博士学位论文,第 13 页。
⑤ 郑胜利、陈国智:《企业社会资本积累与企业竞争优势》,载《生产力研究》,2002 年第 1 期。

门间的社会资本,但他们对于企业社会资本的划分并没有通过定量分析来进行实证。Westlund 也将企业社会资本分为内外两个部分,他将企业内管理者及员工个人之间的关系当作企业内部社会资本,企业外部社会资本则分为生产相关、环境相关和市场相关的社会资本。生产相关的社会资本指企业与供应商和合作伙伴之间的关系;环境相关的社会资本是指企业与区域环境、政府决策制定者等之间的关系;市场相关的社会资本指的是企业与客户之间的关系。①

(3) 基于自身特征的研究维度

社会资本根植于各类关系之中,存在许多不同的属性,对此 Putnam 认为,对社会资本的研究首要任务就是要弄清他的维度层次。② 格鲁特尔特和贝斯特纳尔提出,社会资本对发展的影响都是通过结构型社会资本(Structural Social Capital)和认知型社会资本(Cognitive Social Capital)这两类完全不同类型的社会资本的相互作用来实现的。结构型社会资本通过规则、程序和先例建立起社会网络并确定社会角色,促进分享信息、采取集体行动和制定政策制度,因此,结构型社会资本相对客观并且易于观察。而认知型社会资本是指共享的规范、价值观、信任、态度和信仰,它是一个更主观、更难以触摸的概念。③ Yli-Renko 认为,企业社会资本可分为以下三个部分:企业间社会交互作用的水平、以信任和互惠描述的关系质量、通过关系所建立的网络联系的水平。④ Landry 等认为,社会资本不能由单一指标来测度,它的测量应该从不同的形式来考虑。他们在研究中以社会资本结构维度的五种形式(商业网络资产、信息网络资产、研究网络资产、参与资产和关系资产)和社会资本认知维度的一种形式(相互信任)来测量。⑤ Nahapiet 和 Ghoshal 在研究社会资本、智力资本与企业价值创造之间的关系时,将社会资本分为结构维(Structural Dimension)、关系维(Re-

---

① Westlund, H. (2003). Implications of Social Capital for Business in the Knowledge Economy: Theoretical Considerations. *International Forum on Economic Implication of Social Capital*, Tokyo, Japan, p. 75.

② Putnam, R. D. (1993). *Making Democracy Work: Civic Traditions in Modern Italy*. Princeton, NJ: Princeton University Press, p. 36.

③ [美] 格鲁特尔特、贝斯特纳尔:《社会资本在发展中的作用》,黄载曦等译,西南财经大学出版社 2004 年版,第 34—78 页。

④ Yli-Renko, H., Autio, E., et al. (2001). Social Capital, Knowledge Acquisition, and Knowledge Exploitation in Young Technology Based Firms. *Strategy Management Journal* 22, pp. 587–613.

⑤ Landry, R., Amara, N., et al. (2002). Does Social Capital Determine Innovation? To What Extent? *Technological Forecasting & Social Change* 69, pp. 681–701.

lational Dimension）和认知维（Cognitive Dimension）三个维度。社会资本的结构维度指个体之间联结的模式，包括网络联系、网络配置形式（Network Configuration，以密度、连通性和层次等描述联结形式）和专门组织（Appropriable Organization）。关系维度指通过关系创造和利用的资产，包括如信任、规范和认可、义务和期望以及识别等属性。认知维度指表征双方之间可通过通用语言、编码和叙述进行沟通的通用理解、解释和含义系统的资源。[①] Tsai 和 Ghoshal 在对基于企业内部网络的社会资本与价值创造之间的关系研究中，运用了社会资本的结构、关系和认知三个维度划分来进行实证研究。[②] 同样，王霄和胡军亦将企业社会资本划分为结构性社会资本（技术网络和社会网络）和认知性社会资本（环境认知），对社会资本结构与中小企业创新进行研究并得到实证支持。[③]

2.1.4 企业社会资本相关研究评述

目前，国内外对于企业社会资本的研究主要在企业社会资本的概念内涵、企业社会资本的功效尤其是它对于企业竞争优势、经营绩效和企业技术创新的重要性，对于企业的人力资源、财务管理、产业集群以及企业社会资本的积累和构建还仅仅是尝试性的初探，尽管取得了一定的成果。

（1）企业社会资本的概念界定

不同的学者从不同的角度对企业社会资本做出了不同的界定，这些定义都从不同的角度揭示了企业社会资本的内涵，其本身并不涉及对与错的问题，都是为了研究的需要。但是从现有的众多的概念来看，存在着不统一的问题，例如，在拥有主体上，有的学者认为企业社会资本主体是人，有学者认为企业社会资本主体是企业，有的认为是企业和个人共同拥有；在范围上，有的学者认为企业社会资本包括规范、网络、关系等资源，有的学者认为只是关系，有的学者认为是一种能力；有的学者将社会资本的内涵和外延直接套用在企业之上，

---

① Nahapiet J., Ghoshal S. (1997). Social Capital, Intellectual Capital and the Creation of Value in Firms. *Academy of Management Best Paper Proceedings*, pp. 35–39.
② Tsai, Wenpin & Sumantra Ghoshal (1998). Social Capital and Value Creation: The Role of Interafirm Networks. *Academy of Management Journal* 41 (4), pp. 464–476.
③ 王霄，胡军：《社会资本结构与中小企业创新》，载《管理世界》，2005 年第 7 期。

认为在企业里除了物质资本、人力资本以外任何与企业相关的东西都可以被称之为企业社会资本，这种界定在一定程度上会导致企业社会资本概念的泛化。企业社会资本概念的差异和不统一，也有可能进一步导致在整个研究中缺乏系统性。[①] 本书认为，从理论研究的视角而言，应对企业社会资本做出一个比较全面的解释，并给出一个相对通用的概念。

（2）企业社会资本的研究维度[②]

总的说来，企业社会资本理论还不成熟，还不能形成统一的理论，很多理论也缺少实证性的分析，再加上企业社会资本本身的难以量化，因此，企业社会资本理论还很不完善。现有研究中亦不乏采用自身特征的研究维度获得实证支持的研究。因此，未来的研究应注重把握企业社会资本的本质特征和核心要素，兼顾内外部视角展开相关研究。从企业内个人之间的联系以及单从企业与外部或内部实体之间联系的角度出发对企业社会资本进行划分和研究。许多学者一致认为，信任是社会资本的关键要素。Cohen 和 Prusak 在其专著《在优秀公司：社会资本如何发生作用》中探讨了企业社会资本与企业成功之间的因果关系，认为在知识共享日益重要的今天，社会资本已成为成功的关键，而发展社会资本的关键在于信任。[③] Todeva 和 Knoke 也认为，企业可信度（Trust Worthiness）构成了企业社会资本的基本类型，构成了企业与外部实体之间的强关联关系。[④] 一些学者提出，在企业社会资本的构成中，信任已成为企业社会资本的重要量度，企业只有通过它才能有效地实现其社会资本的社会和经济价值。[⑤]

本书对企业社会资本影响组织学习和技术创新绩效的研究采用了 Nahapiet 和 Ghoshal 提出的社会资本特征的三个基本维度。这三个维度基于组织网络不同的嵌入程度，分别描述关系网络属性的不同方面。具体而言，结构维度是指行为个体之间各种联系的总和，分析的焦点在于个体间网络联系存在与否、联系

[①] 王勇：《企业社会资本的国内研究进展与趋势展望》，载《当代经济管理》，2008 年第 10 期。
[②] 韦影：《企业社会资本的概念与研究维度综述》，载《科技进步与对策》，2008 年第 2 期。
[③] Cohen, D. & Prusak, L. (2000). *In Good Company: How Social Capital Makes Organizations Work*. Harvard MA: Harvard Business School Press, pp. 65 – 77.
[④] Todeva, E. & Knoke, D. (2002). *Strategic Alliance and Corporate Social Capital*. Allmendinger, J. and Hinz, T. *Sociology of Organizations*. K, lner Zeitschrift. *Sociology and Social Psychologies*, pp. 46 – 99.
[⑤] 赵延东：《社会资本理论的新进展》，载《国外社会科学》，2003 年第 3 期。

的强弱、密度及中心度等结构特征。而关系维度是指通过人际关系的创造和维持来获取稀缺资源，包括信任与可信度、规范、义务与期望以及可识别的身份等。如果说结构维度关注的是个体间关系存在与否，那么关系维度强调的就是这种个体间关系的质量高低。比如，公司的某个雇员面对其他公司的高薪聘用时，可能会因为与现在的同事关系融洽而拒绝离开公司，而另一个雇员由于没有这种良好的同事关系就会选择离开。社会资本的第三种维度即认知维度则是指提供不同行为主体间共同的表述、解释与意义系统的那些资源，如语言、符号和文化习惯等。它关注个体间联系的认知质量，强调网络中行为个体双方是否真正相互认同和理解，是社会资本最深层、最重要的内容。[1]

2.2　组织学习的相关研究综述

2.2.1　组织学习的理论发展

在全球化的经济背景中，中国已经成为世界竞争最为激烈的一部分，所以如何提高我国企业的竞争力已经成为我国在全球竞争中的重要问题。组织学习（Organizational Learning）是成功进行全球竞争的核心要素，现在企业唯一持续的竞争力就是比你的竞争对手学得更快，所以提高我国企业的组织学习能力是关乎我国企业生存和发展的核心问题。

早在工业化时期，组织学习问题就受到管理学家的关注，只是在当时没有被明确提出来，其中以 Taylor 和 Fayol 为代表，他们要求收集、记录、归纳、分析以及推广工人长期实践经验积累起来的大量传统知识、技能和诀窍，并要求找出其中合乎科学的部分，使之系统化。[2] 他们的思想反映了工业化时期组织学习的特征[3]，然而，在这一时期，组织理论的主要内容是围绕组织职能合理地建

---

[1] Nahapiet, Janine & Sumantra Ghoshal (1998). Social Capital, Intellectual Capital, and the Organizational Advantage. *Academy of Management Review* 23 (2), pp. 242–266.
[2] [美] 泰勒：《科学管理原理》，蔡上国译，上海科学技术出版社 1982 年版，第 45—55 页。
[3] 郭咸纲：《西方管理思想史》，经济管理出版社 2004 年版，第 56—87 页。

立组织，组织学习问题并未受到足够的重视。直到20世纪中期，一些管理学家在探讨组织适应性机制的理论中才明确提出了组织学习问题。1958 年，March 和 Simon 第一次提出了组织学习的概念。① 1963 年 Cyert 与 March 出版《企业行为学》，开始讨论有关组织学习的问题。1965 年，Cangelosi 和 Dill 两位美国学者发表了名为《组织学习：一个理论的发现》的文章，再一次提到组织学习的概念。② 之后，哈佛大学心理学家 Argyris 和 Schon 于 1978 年在其著作中对组织学习概念进行了深入的分析。③ 其后，Argyris 连续发表多篇文章，讨论组织学习理论。Argyris 也因为其在这方面出色的工作，后来被称作"组织学习之父"。④ 而后组织学习的概念、理论逐渐受到学术界和企业界的重视。⑤ 相比之下，我国有关组织学习与学习型组织的研究起步较晚，近几年陆续有这方面的文章发表，同时也出版了一些专著和译著。当前理论界研究的焦点集中于组织学习过程领域，提出了许多组织学习过程模型，来概括组织如何辨别、收集、整理和分配来自组织的个人知识和组织知识的过程。

2.2.2 组织学习的概念及其研究维度

March 和 Simon 首次提出组织学习的概念，认为组织学习是组织在面临变化日趋复杂的内外部管理环境，通过有组织、分层次的学习行为，实现组织成长所需知识与能力的顺利传递与提高，克服发展障碍，顺利实现变革的社会化行为。⑥ Argyris 和 Schon 定义组织学习为"发现错误，并通过重新建构组织的'使

---

① March J, Simon H. (1958). *Organizational learning*. New York: Wiley, pp. 54–79.
② Cangelosi V. E., Dill W. R. (1965). Organizational Lemming: Observation toward a Theory. *Administrative Science Quarterly* 10, pp. 175–203.
③ Argyris, Schon (1978). Organizational Learning: A Theory of Action Perspective. *Reading, MA: Addiong-Wesley*, pp. 15–42.
④ Fulmer R. M, Gibbs P., Keys J. B. (1998). The Second Generation Learning Organizations. *Organizational Dynamics* 27 (3), pp. 7–19.
⑤ 谢洪明、韩子天：《组织学习与绩效的关系：创新是中介变量吗？——珠三角地区企业的实证研究及其启示》，载《科研管理》，2005 年第 5 期。
⑥ March J, Simon H. (1958). *Organizational Learning*. New York: Wiley, pp. 54–79.

用理论'而加以改正的过程"。① Hedberg 则认为组织学习来自于组织与其环境之间的适应性和操作性交互作用,它既包括组织被动适应现实的过程,也包括应用知识、积极促进组织与其环境相匹配的过程。② Fiol 和 Mlyles 将组织学习界定为通过理解和获得更丰富知识来提高行为能力的过程。③ Nonaka 认为组织学习可以看作一个企业促进知识获得、创新并使之传播于全组织,体现在产品、服务和体系中的能力。④ Levitt 和 March 则认为组织学习是对过去行为进行反思,从而形成指导行为的组织规范。⑤ Gherardi 和 Nicolini 认为,组织学习是一种在由组织制度形成的社会关系中进行学习的社会过程,它是一个包含学习和组织两个概念的隐喻,是一个能够学习、处理信息、反思经历,拥有大量知识、技能和专长的主体。⑥ 根据以上文献回顾,可以发现,学者们从不同研究视角对组织学习进行概念界定,主要分为基于性质、基于过程以及基于结果这三种视角观。⑦ 综合上述定义,本研究以组织学习性质特征为视角,认为组织学习是企业为了提升其竞争力,逐渐累积的、相互影响的、有目的的行为方式,这种行为方式集中表现为企业围绕信息和知识的获取而开展的包括个人、团体和全组织的持续创新活动。组织学习是由个体学习开始的,但不是个人学习的总和,而是以个人化的方式来学习,形成认知和记忆,用来发展与分享组织知识的过程。为了使组织成员能融入组织学习的过程,组织必须考虑内在和外在的学习需求,使组织成员能自发性地融入组织学习的过程中。组织应考察员工参与学习改善活动的意愿,鼓励将工作中的学习经验与组织分享,并积极应用于创新活动。在激烈的竞争环境中,企业必须强化自己的实力,顺应环境变动的趋势,因此,

---

① Argyris, Schon (1978). Organizational Learning: A Theory of Action Perspective. *Reading*, *MA*: *Addiong - Wesley*, pp. 15 – 42.

② Hedberg, R. (1981). How Organizations Learn and Unlearn. in *Handbook of Organizational Design* Vol. 1. 1, P. C. Nystrom and W. H. Starbuck (eds.), Oxford, pp. 3 – 27.

③ Fiol, C. & Mlyles, M. (1985). Organizational Learning. *Academy of Management Review* 10 (4), pp. 132 – 133.

④ Nonaka L., Takeuchi H. (1995). *The Knowledge - Creating Company*: *How Japanese Companies Creating the Dynamics of Innovation*. Oxford University Press, pp. 57 – 88.

⑤ Levitt, B. & March, J. (1988). Organizational Learning. *Annual Review of Sociology* 14, pp. 157 – 163.

⑥ Gherardi, S. & Nicolini, D. (2000). The Organizational Learning of Safety in Community of Practice. *Journal of Management Inquiry* 9 (1), p. 7.

⑦ 蒋天颖、施放:《企业组织学习维度结构的实证分析》,载《浙江社会科学》,2008 年第 5 期。

如何快速地调整企业能力的组织学习就成为很重要的课题。只有通过学习，不断提升组织成员的能力，组织才能日益壮大，企业才能持续发展。现今，组织能快速学习和转化学习成果为行动的能力是组织最大的优势。[1]

关于组织学习的结构维度，学者们依据不同的研究视角和研究目的作了大量的研究，以下是几种较为代表性的观点。

Nevis，Dibella 和 Gould 通过对大量《财富》500 强的公司进行研究，并以四个公司作为案例，提出了一个知识获取、知识共享和知识利用三维度组织学习综合模型。[2] Michael Marquardt 以系统的视角评价组织结构，提出了学习动态、组织变革、授权赋责、知识管理、技术应用五维度组织学习结构模型。[3] Goh 根据学习型组织构建特点，提出了组织学习的七个结构维度，并用这七个维度对组织学习进行度量。[4] 其中五个为核心的战略维度：共同愿景与目标、参与和共同决策、组织文化、知识的转化以及团队合作；其他两个为基础维度：可有效支持组织学习的组织结构设计、员工技能与素质。Sinkula、Baker 和 Noordewier 从市场信息的角度出发，提出用"学习承诺""共同愿景"和"开放的心智"等三个维度来分析组织学习。[5] 并将这三个维度具体划分为十个二级维度指标，但由于这些指标均没有涉及具体的市场行为。后来，Baker 等对这一测量二级指标进行了修正，将测度每个维度的二级维度指标调整为六个，共计十八个。Watkins 和 Marsick 提出了组织学习维度结构 7C 模型，即持续不断的学习、亲密的合作关系、彼此联系的网络、团队观念、创新精神、知识存取的方法、以能力培养为先的目标。[6] Watkins 等还在以上七维度模型的基础上开发了

---

[1] Meister J C. (2000). The CEO Driven Leaning Culture? *The Internal Auditor* 58 (5), pp. 38 – 45.

[2] Nevis E. C, Dibella A. J, Gould J. M. (1995). Understanding Organizations as Learning System. *Sloan Management Review* 36 (2), pp. 73 – 95.

[3] Marquardt, M. J. (1996). *Building the Learning Organization: A Systems Approach to Quantum Improvement and Global Success.* New York: McGraw – Hill, pp. 156 – 168.

[4] Swee Goh (1998). Toward a Learning Organization: The Strategic Building Blocks. *Sam Advanced Management Journal*, Spring, pp. 15 – 22.

[5] Sinkula, Baker & Noordewier (1997). A Framework for Market – based Organizational Learning: Linking Values, Knowledge and Behavior. *Journal of the Academy of Marketing Science* 2 (5), pp. 305 – 318.

[6] Watkins Marsick (1993). *Sculpting the Learning Organization.* San Francisco. CA: Jossey – bass, pp. 43 – 55.

DLOQ（Dimensions of the Learning Organization Questionnaire）组织学习测度量表。[①] 该问卷经过多次实证研究，被认为是一个检验组织学习能力的有效测量工具，已先后在14个国家得到了修订和运用。DLOQ量表包含七个结构维度，分别是：持续学习、对话质疑、团队学习、授权、学习支持、外部导向、战略领导。Hult和Ferrell根据组织学习的特性，以进入《财富》500强的某跨国公司的179个战略事业单位为样本，用四个维度来测度组织学习。[②] Hult和Ferrell认为：组织学习包括团队导向、系统导向、学习导向以及记忆导向是组织学习的构成维度。组织学习理论还关注员工是否重视组织外部信息，并根据外部信息变更工作活动。外部导向作为组织学习维度结构组成部分之一非常重要；在组织学习过程中，学习支持条件的作用非常关键。为了鼓励组织学习，组织必须变革机械的结构，采取更有机和富于柔性的结构；[③] 基础设施等组织学习支持条件如何，对组织学习绩效同样有着十分重要的影响。

2.2.3 组织学习的类型

不同学者根据不同的研究方向与重点，如"是否涉及改变现有价值观与规范""技术生命周期的阶段""学习的连续程度""领导者的态度""员工参与""学习是否具有未来性"等，将组织学习区分为各种不同的类型，以说明不同组织的学习方式，见表2—1。

表 2—1 组织学习类型

作者	组织学习类型		
March 和 Olsen	完整的组织学习循环		不完整的组织学习循环
Hedberg	适应型学习	转换型学习	改变型学习
Moody	理论学习		实践学习

[①] Watkins Marsick (2003). Demonstrating the Value of an Organization's Learning Culture: The Dimensions of the Learning Organization Questionnaire. *Advances in Developing Human Resources* 5 (2), pp. 132 –151.

[②] Hult G. Tomas M. & Ferrell O. C. A. (1997). Global Learning Organization Structure and Market Information Processing. *Journal of Business Research* 2, pp. 155 –166.

[③] Ariede Geus (1997). *The Living Company*. Harvard Business School Press, p. 56.

续表

表 2—1 组织学习类型

作者	组织学习类型		
Lyles	低阶学习		高阶学习
Meyers	线性学习		非线性学习
Lyles	经由经验学习		经由创造学习
Fulmer	维持性学习	震撼性学习	预期型学习
March	探索式学习		利用式学习

资料来源：作者整理。

March 和 Olsen 认为组织学习的类型可分为完整的组织学习循环与不完整的组织学习循环，当组织处于不完整的组织学习循环时，组织将不断地探索直到达成一个清楚而完整的学习循环为止，而不完整的组织学习循环又称为"过渡学习"。①

Hedberg 将组织学习分成三种型态：（一）适应型学习（Adjustment Learning）：不改变认知观念，以现行的行为模式掌握外部的改变；（二）转换型学习（Turnover Learning）：将现行的行为模式重新组织、改变；（三）改变型学习（Turnaround Learning）：不仅改变行为模式，也改变认知的程序。②

Moody 从学习方式的抽象程度上对组织学习进行了划分，他将组织学习分成理论学习和实践学习两个层次，并提出了一个学习的抽象层次的圆锥形图表（见图2—1），各种学习方式分布在处于顶层的抽象层次的学习和处于底层的具体体验式的学习之间，顶端倾向于用书面符号或语言符号等抽象的媒介进行学习，同时对应的是主体状态的被动性。偏向底端的是实践性的学习方式，通过调查、试验等实践性的方式进行学习，对应的是主体的主动性状态。

---

① March, James G & J. P. Olsen (1975). The Uncertainty of the Past: Organizational Learning under Ambiguity. *European Journal of Political Research* 3, pp. 147 – 171.

② Hedberg, R. (1981). How Organizations Learn and Unlearn. in *Handbook of Organizational Design*, Vol. 1.1, P. C. Nystrom and W. H. Starbuck (eds.), Oxford, pp. 3 – 27.

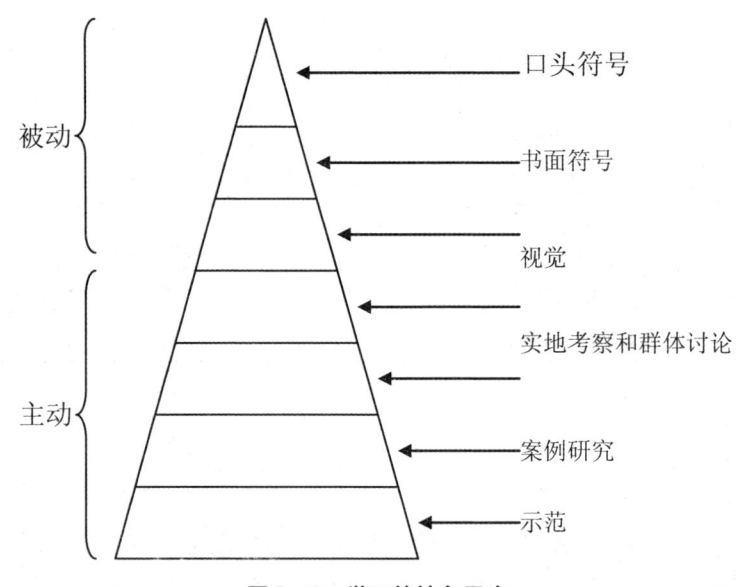

图 2—1 学习的抽象层次

资料来源：Moody P. E. (1983). *Decision Making*. McGraw – Hill, Inc, pp. 45 – 46.

Lyles 将组织学习类型分成低阶学习与高阶学习两种，低阶学习类似单回路学习，而高阶学习则类似双回路学习。[①]

Meyers 将组织学习类型分成线性学习与非线性学习两种，线性学习类似单回路学习，而非线性学习则类似双回路学习。并依组织处在不同的技术生命周期阶段划分成四种不同的学习类型：（一）创造性（Creative）学习：重点在于对问题的定义及活动与答案的建构，属创新期的学习类型；（二）适应性（Adaptive）学习：重点在于建立各种程序、角色、法则，以塑造组织运作系统，属成长期的学习类型；（三）维持性（Maintenance）学习：重点在于以过去经验及既存系统的修改来增加效率，属成熟期的学习类型；（四）变迁性（Transitional）学习：重点在于如何解释、认知外界环境的讯息，属衰退期的学习类型。[②]

[①] Lyles, M. A. (1988). Learning Among Joint Venture Sophisticated Firms. *MIR Special Issue*, pp. 85 – 97.

[②] Meyers, P. W. (1990). Non – linear Learning in Technological Firms. *Research Policy*, Vol. 19, pp. 97 – 115.

Lyles 认为学习可分为三种主要方式：（一）经由经验学习（Learning from Experience）：系指以组织过去的经验来判断应如何面对未来环境；（二）经由模仿学习（Learning from Imitation）：系指学习其他机构或组织的经验或行为属于第二手数据的学习；（三）经由创造学习（Learning from Making It Up）：系指经由改善活动、创新、试验等，属于第一手数据的学习。

Fulmer 也提出了组织学习尚可分成三种型态：（一）维持性学习（Maintenance Learning）：针对企业已能处理的事情，尝试提出更佳的处理方法。这种学习方式隐含着环境将维持现状，仅是鼓励以正确的方法做事，并未鼓励做正确的事，此种学习相当于单回路学习。（二）震撼性学习（Shock Learning）：一旦危机发生，企业会进入震撼性学习。采取震撼性学习，能够使企业能迅速反应，但可能会恶化了本来想要解决的问题。（三）预期型学习（Anticipatory Learning）：此种学习兼顾现在行动的长期影响及应付未来环境的最佳方法，有效的预期型学习重视参与性与未来导向。[1]

较早关注组织学习的 March 做出了另外的解释，他认为组织学习方式可以分成探索式学习（Exploratory Learning）和利用式学习（Exploitative Learning）两种，并指出探索式学习是指组织淘汰当前已有知识，寻求新的知识资源来创造新的顾客价值，强调的是搜寻、尝试、承担风险和创新等特点。而利用式学习则指组织对现有知识的提炼与深化，由此来扩大和丰富顾客现有价值，强调的是改进、执行、提高效率和适应等特点。[2] 探索式学习和利用式学习长期以来都是组织学习领域研究的热点问题。两者的根本区别在于对组织当前已有知识的态度：探索式学习倾向于脱离组织当前已有的知识，旨在开创全新的知识领域；而利用式学习则是在组织当前已有知识的基础上进行学习，旨在全面充分利用组织已有的知识。学术界长期以来都把这两个学习过程作为对立的过程来研究：首先，探索式学习会限制利用式学习，反之亦然。其次，探索式学习和利用式学习对应不同的组织结构和文化。最后，条件主义学派认为，应该根据与内外环境条件的一致性来对探索式学习和利用式学习进行取舍。最近，一些

---

[1] Fulmer, R. M. (1994). A Model for Changing the Way Organizations Learn. *Planning Review*, Vol. 22, Iss. 3, pp. 20–24.

[2] March, J. G. (1991). Exploration and Exploitation in Organizational Learning. *Organization Science* 2, pp. 71–87.

学者指出探索式学习和利用式学习在本质上是互补的,企业必须同时进行这两种学习过程。Knott 指出丰田公司就成功地同时进行这两种学习:利用式学习使得公司学习曲线成本降低,而探索式学习使得公司不断地推出新产品和创新。① 于是,各个领域的研究重点都从探索式学习与利用式学习是不是互补转到如何实现互补,但是绝大多数的研究都有很高的不确定性。因此有必要对企业如何实现探索式学习和利用式学习的互补作进一步的研究。另外,尽管这两种学习过程的重要性在发达国家已经得到普遍认可,但转型经济中有关探索式学习和利用式学习的研究还是非常的少。本书的研究采用了该种分类方式。

2.2.4 组织学习的过程

了解组织学习的过程,有助于辨别促进或阻碍组织学习的因素,有助于设计组织学习测度的指标体系,学者们从不同视角对组织学习过程进行了研究:Argyris 和 Schon 将学习的过程分为发现(Discovery)、发明(Invention)、执行(Production)和推广(Generalization)四个阶段(见图 2—2),分别指发现预期的结果与实际情形存在差异、分析绩效差距并创造各种可能的解决方案、执行所发展出来的解决方案、评估过去的经验并将之推广到组织政策、惯例及规范中。

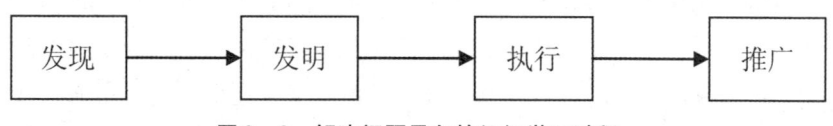

图 2—2 解决问题导向的组织学习过程

资料来源:Argyris, Schon (1978). *Organizational Learning*: *A Theory of Action Perspective*. Reading, MA: Addiong – Wesley, p. 58.

Huber 把组织学习过程分为知识获取(Knowledge Acquisition)、信息分发(Information Distribution)、信息解释(InformationInterpretation)和组织记忆(Organization Memory)四个阶段,分别指通过先天学习、经验学习、移植、搜

---

① Knott, A. M. (2002). Exploration and Exploitation as Complements. In N. Bontis & C. W. Choo (eds.), *The Strategic Management of Intellectual Capital and Organizational Knowledge*: *A Collection of Readings*, Oxford University Press, New York, pp. 339 – 358.

索等方法来获取知识，共享信息并因此获得新的资讯，对信息进行解释并发展共享理念及概念架构，储藏知识以供未来使用。

Haeckel 和 Nolan 把组织学习过程看作由感知（Sense）、解释（Interpret）、决策（Decide）及行动（Act）四部分构成。

Helleloid 和 Simonin 认为完整有效的组织学习过程应包括四个步骤：信息的获取（Acquisition）、处理（Processing）、储存（Storage）及检索（Retrieval）。

Sinkula 把组织学习过程分为信息获取（Information Acquisition）、信息传播（Information Dissemination）、共享解释（Shared Interpretation）三个阶段。

Slater 和 Narver 在前人研究基础上，把组织学习看作为由信息获取、信息传播、共享解释和组织记忆四阶段往复循环的过程，并将此过程与创造性学习和适应性学习相对应（见图 2—3）。

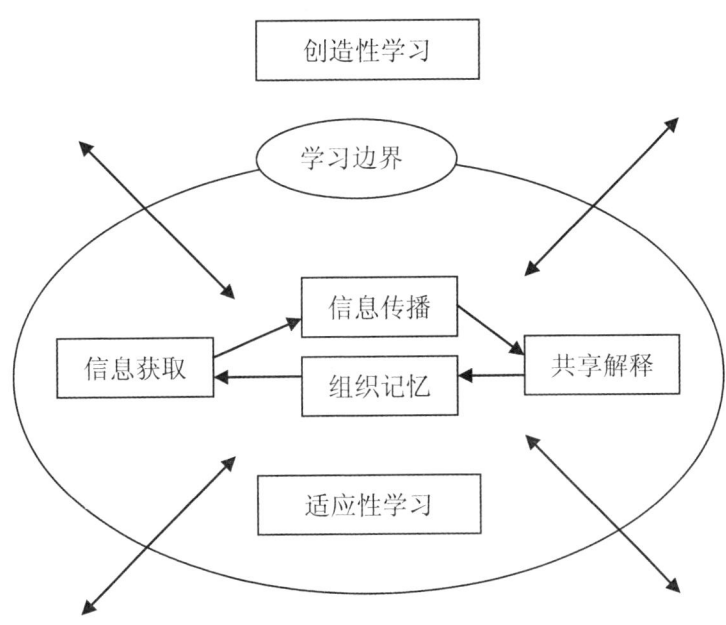

图 2—3 处理信息导向的组织学习过程

资料来源：Slater, S. F. & Narver, J. C. (1995). Market Orientation and the Learning. *Journal of Marketing* 59, pp. 63 – 74.

Nevis, Di Bella 和 Gould 将组织学习过程整合为三个阶段：知识取得、知识共享和知识应用，即组织获取或创造知识、扩散学习成果、整合应用学习成果使之泛化并能应用于新的情境。

Bessant 和 Francis 则把组织学习过程分为试验（Experiment）、经验（Experience）、思索（Reflection）和概念化（Concept）四个阶段，这是一个组织通过实验和经验判断机会和威胁，寻找解决问题的方法，并通过不断反思将其转化为组织记忆的循环过程。

Crossan 等提出了"4I 组织学习模型"，认为组织学习包含个体、群体和组织等多个层次，将组织学习过程分为个体直觉（Intuiting）、知识解释（Interpreting）、知识整合（Integrating）和制度化（Institutionalizing）四个阶段（见图2—4）。

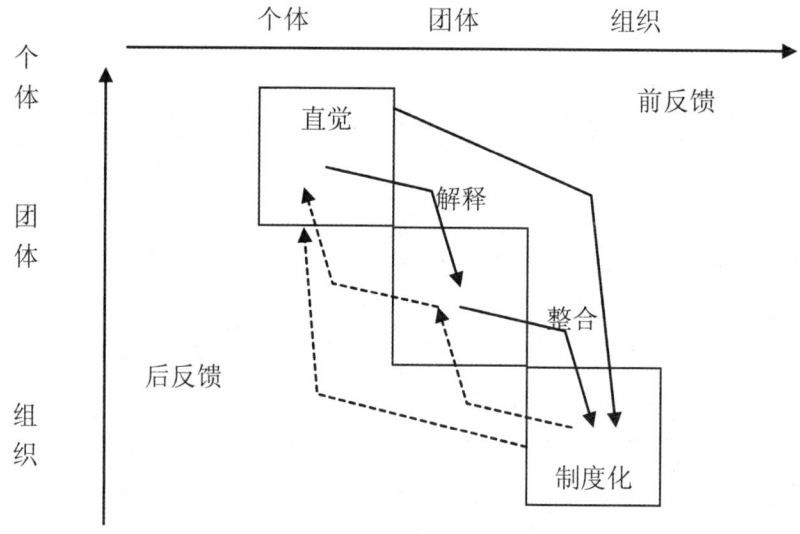

图 2—4 组织学习的动力机制

资料来源：Crossan M. M. et al. （1999）. An OrganizationalLearning Framework：From Intuition to Institution. *Academy of Management Review* 24（3），pp. 522 – 537.

最具代表性的基于知识转化的组织学习过程模型是由野中和竹内提出来的。他们将组织学习中知识的创造与转化分为四种模式，即组织知识的社会化、外在化、合并和内在化。其中，社会化是指个人间共享隐性知识，外在化是指隐性知识在团队中共享后经过整理被转化为显性知识，合并是指团队成员共同将各种显性知识系统整理为新的知识或概念，内在化是指组织内的各成员通过学习组织的新知识和新概念,将其转化为自身的隐性知识,并完成知识在组织内的扩散。基于对组织内知识转化的四种模式的分析,野中和竹内提出了组织学习的螺旋式过程模型(见图2—5)。①

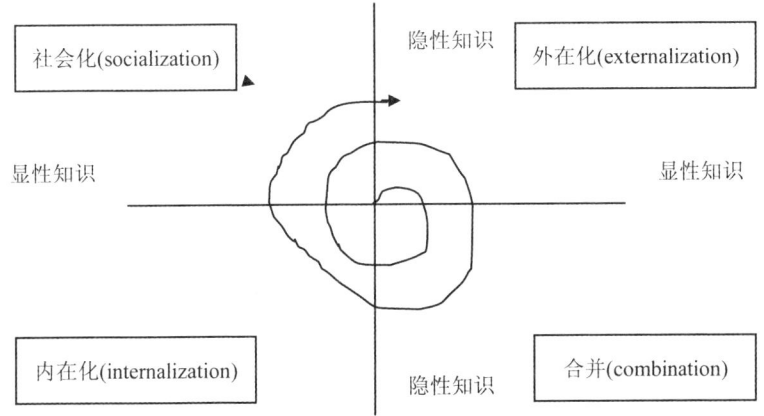

图2—5 基于知识转化的组织学习过程模型

资料来源:野中郁次郎、竹内弘高:《创造知识的企业(日美企业持续创新的动力)》,知识产权出版社2006年版。

陈国权和马萌在Argyris和Schon研究结果基础上,增加了反馈步骤,建立了改进的组织学习过程模型(见图2—6)。

---

① 于小涵:《组织学习过程模型的比较研究》,载《科技管理研究》,2005年第1期。

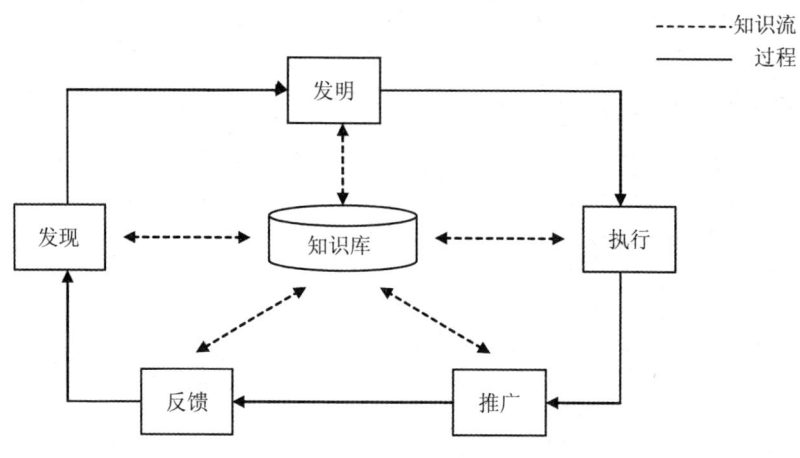

图 2—6 基于学习方式的改进模型

资料来源：陈国权，马萌：《组织学习的过程模型研究》，载《管理科学学报》，2000年第9期。

纵观上述理论模型，可以将有关组织学习过程的研究分为解决问题导向和处理信息导向两大类（见表 2—2）。解决问题导向的研究倾向于把组织学习看作为一个从发现问题到解决问题的过程，如 Argyris、Schon、Haeckel、Nolan、Bessant 和 Francis 都是基于解决问题导向展开分析。处理信息导向的研究则主要从信息角度分析了组织学习过程，把它看作不断地获得知识或信息并予以分发、应用以及再创造的过程，这一方面的代表学者主要包括 Huber、Sinkula、Slater 和 Narver。[①]

表 2—2 组织学习过程研究

研究视角	组织学习过程的主要阶段	代表学者
解决问题导向	发现、发明、执行、推广	Argyris 和 Schon（1978）
	感知、解释、决策、行动	Haeckel 和 Nolan（1993）
	试验、经验、思索、概念化	Bessant 和 Francis（1999）
	发现、发明、执行、推广、反馈	陈国权和马萌（2000）

---

① 许冠南：《关系嵌入性对技术创新绩效的影响研究——基于探索型学习的中介机制》，浙江大学 2008 年博士学位论文，第 49 页。

续表

研究视角	组织学习过程的主要阶段	代表学者
处理信息导向	知识获取、信息分发、信息解释、组织记忆	Huber（1991）
	信息获取、信息处理、信息储存、信息检索	Helleloid 和 Simonin（1994）
	信息获取、信息传播、共享解释	Sinkula（1994）
	信息获取、信息传播、共享解释和组织记忆	Slater 和 Narver（1995）
	知识取得、知识共享和知识应用	Nevis，DiBella 和 Gould（1995）
	个体直觉、知识解释、知识整合、制度化	Crossan（1999）

资料来源：许冠南：《关系嵌入性对技术创新绩效的影响研究——基于探索型学习的中介机制》，浙江大学 2008 年博士学位论文，第 49 页。

2.2.5 组织学习相关研究评述

对于组织学习理论研究，可追溯到 20 世纪 30 年代早期学者对于"干中学"现象的研究分析。这一阶段研究的学习行为是局限于对历史事件的学习，强调知识学习、积累对生产绩效的改进作用。学者们在此处是把学习行为作为改进绩效的一个影响因素来研究。随着竞争的加剧，组织面临的是一个更加动态的外部环境，组织与环境间的交互活动日趋频繁，仅限于对历史事件的学习已经不能满足组织进一步发展壮大的需求。因此，组织从外部获取知识、信息的能力显得尤为重要，进而引发了研究者对组织学习更深入的探索。

Argyris 和 Schon 发表的《组织的学习：行为透视理论》作为组织学习领域研究的一个里程碑，正式提出了组织学习概念。随后，学者们立足于学习型组织的建立，对组织学习过程、组织学习能力及测度等核心问题进行了广泛的理论和实证研究。1990 年 Perter Senge 的《第五项修炼——学习型组织的艺术与实务》开创了学习研究的新纪元，进一步拓展了学习研究的范畴，使组织学习理论与实践更加紧密地结合起来。

组织学习理论对知识产生和变化的过程和能力有着丰富的阐述，组织学习和知识相互作用、相互影响：组织学习能够不断地获得知识，而知识的累积反过来又影响后继的组织学习。[①] 例如，Bontis 等引进了"知识存量"和"知识流量"的概念；并认为各有两种类型的知识流量（探索式学习和利用式学习）和知识存量（动态和静态）；知识存量和流量相互影响、相互作用形成了知识创造的循环。[②] 用 March 的术语来说，就是从探索式学习促进利用式学习。另外，探索式学习的本质就是对各种各样新知识的搜寻和发现，这些新的知识大大扩充了企业的知识存量。企业的知识存量越大，就越容易进行利用式学习，因为利用式学习的本质就是对当前的知识精练、标准化、常规化，从而充分地被组织所利用。[③] 有关吸收能力的文献也指出企业从知识存量中创造价值能力的高低取决于它们利用知识能力的高低。[④] Van Wijk R. 等发现知识存量越广，探索式学习所获得的新知识与已有知识重合的概率就越高，就越能促进利用式学习，从而越容易把新知识转化成企业自身的知识，而被企业所利用。[⑤] 可见，探索式学习不断促进利用式学习把新的知识内部化。

经过多年的理论和实证研究，组织学习理论日趋成熟。组织学习是个人和组织不断改变思维模式，以适应环境的过程。而学习型组织就是一个促进改变思维模式，实现组织共同愿景的组织体系。组织学习已被普遍认可为是组织加强持续竞争力的有效途径。Swee Goh 关于学习型组织的七要素成为后来学者进一步研究的出发点。然而，从权变思维来看，千差万别的内部因素以及不确定的外部因素，使该理论的实践性仍然面临着巨大挑战。特别是国内学者对于组

[①] Crossan, M. M., Lane, H. W. & White, R. E. (1999). An Organizational Learning Framework: From Intuition to Institution. *Academy of Management Review* 24 (3), pp. 522 – 537.

[②] Bontis, N., Crossan, M. M., & Hulland, J. (2002). Managing an Organizational Learning System by Aligning Stocks and Flows. *Journal of Management Studies* 39 (4), pp. 437 – 469.

[③] Lewin, A. Y., Long, C. P. & Carroll, T. N. (1999). The Co – evolution of New Organizational Forms. *Organization Science* 10, pp. 535 – 550.

[④] Zahra, S. A., Nielsen, A. P. & Bogner, W. C. (1999). Corporate Entrepreneurship, Knowledge and Competence Development. *Entrepreneurship Theory and Practice* 24, pp. 169 – 189.

[⑤] Van Wijk, R., Van den Bosch, F. A. J. & Volberda, H. W. (2003). Knowledge and Networks. In M. Easter by – Smith, et al. (eds.) *The Blackwell Handbook of Organizational Learning and Knowledge Management*, pp. 428 – 453, Malden, MA, Blackwell Pub.

织学习的研究起步较晚,已有的研究分析建立在国内宏观环境下,探索如何构建学习型组织以及如何衡量组织学习能力,这些理论上的构建学习型组织的原则以及各项测度指标对于具体的行业和企业并不具有普遍的适用性。

根据本书研究需要,对于组织学习的概念做以下总结:

组织学习是一个包含个体、团队、组织及跨组织间几个层次的学习过程,而不是简单的个体学习的总和;组织学习是一个促进组织持续适应与改进的概念,而且是组织不断地学习生存和适应变化的环境的过程。组织学习始终以不同的形式和方法发生着,难以度量,但可通过考察特定的组织条件及其管理活动进行间接的测量。组织学习方式可以分成探索式学习和利用式学习两种,探索式学习是指组织淘汰当前已有知识,寻求新的知识资源来创造新的顾客价值,强调的是搜寻、尝试、承担风险和创新等特点。而利用式学习则指组织对现有知识的提炼与深化,由此来扩大和丰富顾客现有价值,强调的是改进、执行、提高效率和适应等特点。①

2.3 技术创新绩效的相关研究综述

2.3.1 技术创新理论的发展

创新的概念最初是由美籍奥地利经济学家熊彼特在1912年出版的《经济发展理论》②一书中首先提出的,但创新概念的萌芽却可追溯到亚当·斯密和马克思。

英国古典政治经济学的基础代表和理论体系的建立者亚当·斯密在其名著《国富论》中指出:国家的富裕在于分工,而分工之所以有助于经济增长,一个重要的原因是它有助于某些机械的发明,这些发明将减少生产中劳动的投入,

---

① March, J. G. (1991). Exploration and Exploitation in Organizational Learning. *Organization Science* 2, pp. 71–87.

② 熊彼特:《经济发展理论》,何畏译,商务印书馆1997年版,第2—4页。

提高劳动生产率。① 这是在经济学著作中较早提出"发明"对经济增长的作用，其"某些机械的发明"的论断在一定程度上具有"技术创新"的涵义。

马克思对发明、技术创新有许多精辟的论述。N. Rosenberg 认为：马克思关于这些问题的论述，仍是当今对技术及其分支进行研究的出发点。② 马克思从市场竞争与技术创新的关系出发，把技术创新视为经济发展与竞争的重要推动力。他关于"没有生产方式的不断改革，资产阶级是不可能产生的"结论充分体现了这一点。

马克思早在1848年就清楚地看到了科学技术在近代资本主义经济生活中的巨大作用。他指出：资产阶级在它的不到一百年的阶级统治中所创造的生产力，比过去一切时代创造的全部生产力还要多，还要大。③ 马克思关于技术进步与技术创新的思想主要反映在以下几个方面：第一，科技革命将引起生产方式的变革，从而必然带来产业结构的变化；第二，新产业部门的兴起必然引起科技进步；第三，强调持续技术创新思想。④

亚当·斯密和马克思都对技术进步给予了高度的关注，但遗憾的是在随后新古典学派占经济学主导地位的年代里，技术进步被看作是外生的、给定的，从而被排挤出经济学的研究范围。熊彼特的创新理论力图克服新古典经济学的理论框架不能容纳创新的缺点，把旧有的经济学框架转化为以创新为主核的框架。⑤ 他于1912年首先提出"创新"概念，它的各种理论观点几乎都以创新这一思想为基础。按照熊彼特的观点，创新"就是建立一种新的生产函数"，把一种从来没有过的生产要素和生产条件的"新组合"投入生产体系。作为资本主义"灵魂"的"企业家"的职能就是实现"创新"，引进"新组合"。所谓"经济发展"也就是指整个资本主义社会不断地实现这种"新组合"而言的。⑥ 熊彼特认为，创新是一个经济概念，而不是一个技术概念。熊彼特的重要贡献之

---

① 亚当·斯密：《国民财富的性质和原因的研究》下卷，郭大力、王亚南译，商务印书馆1988年版，第243页。
② N. Rosenberg（1982）. *Inside the Black Box: Technology and Economics.* Cambridge University Press, pp. 3, 34, 106.
③ 马克思：《资本论》第1卷，人民出版社1975年版，第410页。
④ 马克思：《资本论》第1卷，人民出版社1975年版，第533—535页。
⑤ 柳卸林：《技术创新经济学》，中国经济出版社1993年版，第55—57页。
⑥ 熊彼特：《经济发展理论》，何畏译，商务印书馆1997年版，第2—74页。

一是阐明了创新和发明的区别，技术上的发明仅仅是增加新的知识而已，在发明未转化为创新之前，发明只是一个新概念、新设想，而创新则包含着实际生产过程的运用，即把新的发明引入经济实践中。熊彼特所说的"创新""新组合"或"经济发展"，包括以下五种情况：（1）引进新产品；（2）引用新技术，即新的生产方法；（3）开辟新市场；（4）控制原材料的新供应来源；（5）实现企业的新组织。按照熊彼特的看法，"创新"是一个"内在的因素"，"经济发展"也是"来自内部自身创造性的关于经济生活的一种变动"。① 熊彼特认为，企业家的职能就是把新发明引进生产体系，创新就是发明的第一次商品化。也就是说，发明和创新之间不是充分条件关系，而是一种必要条件关系，发明不一定导致创新，但创新的前提大多是发明。②

到20世纪60年代，新技术革命迅猛发展。美国经济学家华尔特·罗斯托提出了"起飞"六阶段理论，对"创新"的概念发展为"技术创新"，把"技术创新"提高到"创新"的主导地位。③

1962年，由 J. L. Enos 在其《石油加工业中的发明与创新》一文中首次直接明确地对技术创新下定义："技术创新是几种行为综合的结果，这些行为包括发明的选择、资本投入保证、组织建立、制定计划、招用工人和开辟市场等。"伊诺思的定义是从行为的集合的角度来下定义的。而首次从创新时序过程角度来定义技术创新的 G. Lynn 认为技术创新是"始于对技术的商业潜力的认识而终于将其完全转化为商业化产品的整个行为过程"。美国国家科学基金会（National Science Foundation of U. S. A.）也从20世纪60年代开始兴起并组织对技术的变革和技术创新的研究，S. Myers 和 D. G. Marquis 作为主要的倡议者和参与者，在其1969年的研究报告《成功的工业创新》中将创新定义为技术变革的集合，认为技术创新是一个复杂的活动过程，从新思想、新概念开始，通过不断地解决各种问题，最终使一个有经济价值和社会价值的新项目得到实际地成功应用。④

---

① 熊彼特：《经济发展理论》，何畏译，商务印书馆1997年版，第3页。
② 熊彼特：《经济发展理论》，何畏译，商务印书馆1997年版，第73—74页。
③ ［美］罗斯托：《从起飞进入持续增长的经济学》，贺力平等译，四川人民出版社1988年版，第34—57页。
④ http：//www.chineseall.net/chineseall/BookDisplay.external.html.

到 20 世纪 70 年代下半期，他们对技术创新的界定大大拓宽了，在 NSF 报告《1976 年：科学指示器》中，将创新定义为"技术创新是将新的或改进的产品、过程或服务引入市场。"而明确地将模仿和不需要引入新技术知识的改进作为最终层次上的两类创新而划入技术创新定义范围中。

20 世纪 70—80 年代开始，有关创新的研究进一步深入，开始形成系统的理论。J. M. Utterback 在 20 世纪 70 年代的创新研究中独树一帜，他在 1974 年发表的《产业创新与技术扩散》中认为："与发明或技术样品相区别，创新就是技术的实际采用或首次应用。"缪尔赛在 20 世纪 80 年代中期对技术创新概念作了系统的整理分析。在整理分析的基础上，他认为："技术创新是以其构思新颖性和成功实现为特征的有意义的非连续性事件"。①

著名学者 C. Freeman 把创新对象基本上限定为规范化的重要创新。他从经济学的角度考虑创新。他认为，技术创新在经济学上的意义只是包括新产品、新过程、新系统和新装备等形式在内的技术向商业化实现的首次转化。他在 1973 年发表的《工业创新中的成功与失败研究》中认为："技术创新是一技术的、工艺的和商业化的全过程，其导致新产品的市场实现和新技术工艺与装备的商业化应用。"其后，他在 1982 年的《工业创新经济学》修订本中明确指出"技术创新就是指新产品、新过程、新系统和新服务的首次商业性转化。"②

我国 20 世纪 80 年代以来开展了技术创新方面的研究，傅家骥先生对技术创新的定义是：企业家抓住市场的潜在盈利机会，以获取商业利益为目标，重新组生产条件和要素，建立起效能更强、效率更高和费用更低的生产经营方法，从而推出新的产品、新的生产（工艺）方法、开辟新的市场，获得新的原材料或半成品供给来源或建立企业新的组织，它包括科技、组织、商业和金融等一系列活动的综合过程。③ 此定义是从企业的角度给出的。彭玉冰、白国红也从企业的角度为技术创新下了定义："企业技术创新是企业家对生产要素、生产条件、生产组织进行重新组合，以建立效能更好、效率更高的新生产体系，获

---

① http://www.chineseall.net/chineseall/BookDisplay.external.html.
② ［英］克利斯·弗里曼等：《工业创新经济学》，华宏勋、华宏慈等译，北京大学出版社 2004 年版，第 42 页。
③ 傅家骥、仝允桓、高建：《技术创新学》，清华大学出版社 1998 年版，第 78 页。

得更大利润的过程。"①

2.3.2 技术创新的影响因素

技术创新决定企业的业绩和生存。对于高新技术企业而言，良好的技术创新效率是至关重要的。自 20 世纪 50 年代以来，伴随着人们对技术创新理论及实践研究的不断深入，有关学者如 Werker② 和 Janszen③ 就开始对技术创新成败的影响因素进行研究和分析，并将这些影响因素称为创新要素或动因。例如，Cater 和 Williams 早在 1957 年就为英国贸易部做过一个将科学研究应用于工业产品和工艺的有利和不利因素的调查研究。英国 Sussex 大学的科技政策研究所（SPRU）于 20 世纪 70 年代就在 Freeman 等人的领导下承担过著名的 SAPPHO 计划，该项目对 29 对创新成功和失败的创新项目进行了测度，并从中提炼出 6 个最重要的影响创新成败的因素：是否了解用户需要；研发部门、生产部门与市场营销部门的合作状况；与外界的科技网络的联系程度；研发质量的高低；高层创新者是否具有成功的经验与权威；企业内部是否开展相应的基础研究等等。④

1966 年至 1972 年，英国经济学家 Langrish 通过对 84 个被英国女王授予技术创新奖的创新项目进行研究后认为，有 7 个因素对企业技术创新的成功起着非常重要的影响作用，其中包括：一个具有权威的高层领导；具有其他品质的杰出人物；对市场需求的清楚了解；对某一项发现的潜在价值和用途的认识；良好的合作；资源的可获得性；来自政府方面的帮助。⑤

总之，许多学者的研究都证实，影响企业技术创新成败的因素是多方面的，而不只是用简单的因素就可以阐明的。技术创新的成功意味着多个组织之间的合作，并且相互之间保持着一种平衡与协作，而不只是一两件事做得好就能获

---

① 彭玉冰、白国红：《谈企业技术创新与政府行为》，载《经济问题》，1999 年第 7 期。
② Werker, Claudia (2001). Knowledge and Organization Strategy in Innovation System. *International Journal of Innovation Management*, Mar. (Vol. 5 Issue), pp. 105 – 106.
③ Janszen, F. H. A. (2002). Dynamic Business Modeling as a Management Tool that Support the Development and Testing of Innovation Strategies, IE MC'98 Proceedings. *International Conference* 11 – 13, pp. 408 – 412.
④ Rothwell, R. et al. (1974). SAPPHO Updated. *Research Policy*, November, pp. 57 – 98.
⑤ 陈伟：《创新管理》，科学出版社 1998 年版，第 47—78 页。

得成功。① Rothwell 从项目和企业层面出发,通过实证分析,分别总结出 5 个决定创新成败的因素,其中包括:鼓励创新的文化;项目间的沟通;强烈的市场导向;组织的灵活性等。② 高建等通过对我国 1051 家企业技术创新活动的调查分析后指出,我国企业技术创新在各方面都存在一定的障碍,缺乏资金、缺乏人才、缺乏信息和体制不顺是目前企业技术创新的四大障碍。同时,他们还将影响我国企业技术创新成败的因素分为内部和外部两种因素,其中内部因素包括:高层领导的支持;研发部门、营销部门与生产部门的合作;技术带头人;合理的体制等;而外部因素则包括:得到消费者或供应者的合作与支持;政府的支持;与研究机构的合作;与大学的合作;获得咨询服务以及与其他公司的合作等。③

1982 年在 Maidique 领导下启动的斯坦福创新计划(Stanford Innovation Project),迄今已对美国工业技术创新进行了近 20 年的跟踪调查和分析,全程研究了美国电子工业的 159 种新产品的研究和开发,并归纳出决定高技术创新项目成功与失败的 8 大因素,它们是:市场知识的获取;计划的制定;开发中的组织与协调;是否重视市场营销;创新管理;产品的边际贡献率;早期市场进入;新产品的技术及市场与企业现有产品的接近度。日本学者饭沼光夫通过对 200 个技术开发实例的调查和分析后发现,其中有 1/3 的技术开发项目最终都是以失败告终。然后,他通过进一步分析后发现,这些技术开发项目失败的主要原因并非全是"技术性"的,而是技术、市场和生产三方面的因素各占 1/3。④

方新通过对我国大中型企业技术创新的调查问卷分析,总结出阻碍我国企业开展技术创新的三个主要因素:一是资金缺乏。研究表明,资金缺乏是阻碍我国企业技术创新活动开展的最重要的因素,其原因主要是创新资金主要来自企业内部,由于约 1/3 的企业经营亏损,近 1/4 的企业流动资金紧张,加上其他一些原因,共有 70% 的企业提取的研发费用不足销售收入的 1%,因而远远低于企业技术创新活动对资金的需求水平;二是缺乏市场信息。一方面是市场

---

① Cooper, R. G. & Kleinschmidt, E. J. (1987). Success Factors in Product Innovation. *Industrial Marketing Management*, Vol. 16 No. 3, pp. 215 – 223.

② Rothwell, R. (1992). Successful Industrial Innovation: Critical Factors for the 1990's. *R&D Management* 22, pp. 221 – 239.

③ 高建、傅家骥:《中国企业技术创新的关键问题:1051 家企业技术创新调查分析》,载《中外科技政策与管理》,1996 年第 1 期。

④ 路应金等:《技术创新风险分析》,载《电子科技大学学报社科版》,2003 年第 2 期。

信息少，企业很难从外部获取有利于技术创新活动的相关信息，另一方面则是市场信息非常混乱，而且不准确和不及时，企业很难及时地获取市场需求信息；三是缺乏从事技术创新活动的人才。既缺乏开展创新活动的工程技术人才，更缺乏具有创新意识和创新精神的企业家，致使企业很难有效地开展技术创新活动。① 赵曙东通过对我国高新技术企业技术创新活动的调查分析后得出这样的结论，即企业技术创新的主要障碍依次为：（1）人才缺乏；（2）资金不足；(3) 政策激励力度不大；（4）信息交流不多；（5）创新回报收益的风险大；(6) 国内需求结构滞后；（7）缺乏科技投资风险的规避机制等。而且无论是国有、私营还是三资的高新技术企业，他们都认为，人才制约是技术创新的主要障碍，其次是资金不足等。②

周庄和王宏达通过抽样的方法对天津市的大中型工业企业的技术创新状况进行了调查分析，最后总结出影响企业技术创新的各种因素，其中包括：能否及时地获取市场信息、是否具有较强的研发能力、研发的投入能否保证和是否拥有合适的人才，等等。③ 许小东通过对技术创新成败归因列举的调研与分析后认为，技术创新的成败归因主要集中在以下8个方面：（1）能力（创新的综合知识技能与技术开发能力）；（2）努力（在创新活动中认真尽力与投入的程度）；（3）经验（以往从事过的创新工作经历，成功与失败经验与教训）；(4) 组织与协调（创新过程的活动协调与人员组织配合）；（5）任务难度（创新过程中的技术性困难和生产工艺的困难）；（6）支持（创新过程中组织中的高层和其他群体提供的帮助和支持）；（7）市场环境（创新项目所面临的市场需求、用户偏好以及竞争者方面的问题）；（8）机遇（创新活动过程中预料之外的一些有关事件）。④ 广东省科委的一项调查也表明，缺乏资金、缺乏相应的技术信息和市场信息，以及缺乏合适的技术人才是阻碍我国企业技术创新成功

---

① 方新：《过渡经济条件下的中国企业技术创新研究》，载《中国科技论坛》，1998年第2期。
② 赵曙东：《高新企业技术创新和发展的实证分析》，载《数量经济技术经济研究》，1999年第12期。
③ 周庄、王宏达：《国有大中型工业企业技术创新影响因素的调查分析》，载《天津经济》，2001年第5期。
④ 许小东：《技术创新的成败归因及其对创新行为的影响研究》，载《科学学与科学技术管理》，2002年第2期。

的最重要的三个因素。① 官建成通过对我国企业与欧洲工业企业技术创新的比较分析后指出，对我国企业而言，缺乏资金是最重要的障碍因素，例如，在被调查企业中，有75%的大中型企业及62%的高新技术企业将资金缺乏视为阻碍技术创新活动的最为主要的影响因素；同时，缺乏创新信息也是一个主要的创新障碍，这种信息主要包括技术和市场两种信息，例如，41.7%的被调查企业认为创新信息缺乏是一个重要的创新障碍因素。总结以上分析可以看出，影响企业技术创新成败的因素是多方面的，但是，最主要的影响因素是创新资源的稀缺所导致，尤其是市场信息、研发资金和知识的短缺则显得最为显著。②

2.3.3 技术创新绩效的概念

对绩效（Performance）一词的定义目前仍未形成一致的说法。根据《韦氏词典》的解释，绩效指的是完成某种任务或达到某个目标，该任务和目标通常是有功能性或者有效能的。因此，从语言学意义上看，绩效的基本含义是成绩和效益。不少管理学者也从不同角度对绩效做了界定。Zey-Ferrell 主张绩效应该包括：创新、冲突减少、效能、效率、工作满足与员工士气。Agarwal 等人指出：绩效可分为客观绩效（Objective Performance）与判定绩效（Judgmental Performance）。客观绩效系指财务或以市场为基础的衡量，如资产利用率、收益率或市场占有率；而判定绩效系指以顾客或员工为基础的衡量，如服务质量、顾客满意度、员工满意度。一些学者从企业管理角度认为：绩效是对企业生产经营活动的总结，是一个价值概念，主要指涉及财务方面的种种表现，涵盖企业财务指标、资产经营状况、偿债能力和发展能力等方面。但 Szilagyi 认为：绩效是一个整体概念，可以代表组织运作的最终结果，而效率与效能则为绩效的两个组成部分。因此，在讨论企业组织管理绩效时，应同时加入效率与效能两个要素的衡量。这种观点有相当的代表性。Drucker 也认为，效率就是把目前正在做的事情做得更好，意味着"把事情做好"；效能则为成功的根源，亦即"做正

---

① 高洪深、丁娟娟：《企业知识管理》，清华大学出版社2003年版，第200—207页。
② 官建成：《中欧工业创新的比较分析〈中国创新管理前沿〉（柳卸林主编）》，北京理工大学出版社2004年版，第215—230页。

确的事"。Robbins 认为效能在于追求组织目标的达成，效率则是强调投入与产出间的关系，并寻求资源成本的最小化。可见，管理学中定义的绩效包含了效率及效能两个方面的内容。如果对绩效的内涵和属性进一步加以总结，至少应该包括以下几点：（1）绩效是客观存在的，是一定的主体实践活动的结果；（2）绩效是产生了实际作用的实践活动结果，有实际效果；（3）绩效是一定的主体作用于一定的客体所表示出来的效用，有正负绩效之分；（4）绩效体现投入与产出的对比关系；（5）绩效具有一定的可度量性。它是个量值，完全没有度量意义的东西不是绩效。因此，绩效的内涵可简要概括为：绩效是实践活动所产生的、与劳动耗费有对比关系的、可以度量的、对一定主体有益的结果。①

关于技术创新绩效（Technological Innovation Performance，TIP）这一概念，从国际上的相关研究来看，目前尚未形成很明确一致的定义。国内外学者对于技术创新绩效的理解主要集中在技术创新投入产出效率以及技术创新活动的产出与对企业的影响上。Hagedoorn 和 Cloodt 认为创新绩效（Innovative Performance）从狭义上理解是指根据企业将发明创造引入市场的程度测量的结果，从广义上理解是指从概念生成一直到将发明引入市场整个轨迹过程所取得的包括发明、技术以及创新三方面的绩效。② 高建等首次提出技术创新绩效的概念，认为技术创新绩效是指企业技术创新过程的效率、产出的成果及其对商业成功的贡献，包括技术创新产出绩效和技术创新过程绩效。③

2.3.4 技术创新绩效的评价指标

企业技术创新绩效评价是人们认识和把握这种创造性活动的本质与规律，系统总结创新经验的主要手段。它对于正确制定技术创新政策、提高企业技术创新水平以及减少创新风险都具有重要的意义。由于企业技术创新过程的复杂性和长期性，国内外对如何评价企业技术创新绩效至今仍没有一个标准的体系。

---

① 朱有为：《中国制造业的技术创新绩效研究》，东南大学 2007 年博士学位论文，第 18—22 页。
② Hagedoorn, J., Cloodt, M. (2003). Measuring Innovative Performance: Is There an Advantage in Using Multiple in Dictators? *Research Policy* 32, pp. 1365–1379.
③ 高建、汪剑飞、魏平：《企业技术创新绩效指标：现状、问题和新概念模型》，载《科研管理》，2004 年第 5 期。

近年来，国内外一些学者和科研单位对企业技术创新能力的研究有了一定的基础，并初步建立了企业技术创新绩效的评价体系。从总体上看，现行的创新绩效评价指标体系仍存在不足，未能对企业技术创新管理起应有的指导作用。

类似于组织绩效、财务绩效等概念是对企业经营活动效率和效果的评价，创新绩效一般是指对企业技术创新活动效率和效果的评价。在国外的文献中，常用两个术语来描述企业的技术创新结果，一个是 Innovative Performance[1]；另一个是 Innovation Success[2]。国内的文献则多采用"创新绩效"作为评价企业技术创新活动的术语。

Hagedoorn 和 Cloodt 等在综合部分学者关于创新绩效的测度研究的基础上，采用 R&D 投入额、申请的专利数、引用的专利数和新产品开发数 4 项指标，并对美国 4 个高技术产业中约 1200 个样本企业的创新绩效进行了测度。[3]

与之类似，国内部分学者，从创新效益和创新效率两个方面对创新绩效进行了测度，指标一般包括：（1）新产品数的情况；（2）申请的专利数情况；（3）新产品产值占销售总额的比重情况；（4）新产品的开发速度情况；（5）创新产品的成功率情况。[4] 另外，Gemüden 等则以"创新成功"术语代替"创新绩效"术语，描述创新的结果。其中并不包括 R&D 投入额、申请专利数等具体指标，而是扩大了创新的范围，并且涵盖了创新效率等概念。内容上包括产品创新成功（Product Innovation Success）和工艺创新成功（Process Innovation Success）两个方面[5]。

陈劲、陈钰芬结合技术创新的本质内涵、特点、创新过程特征和中国企业

---

[1] Hagedoorn, J., Cloodt, M. (2003). Measuring Innovative Performance: Is There an Advantage in Using Multiple in Dictators? *Research Policy* 32, pp. 1365 – 1379.

[2] Gemüden, H. G., Riter, T., & Heydebreck, F. (1996). Network Configuration and Innovation Success: an Empirical Analysis in German High – tech Industries. *International Journal of Research in Marketing* 13 (5), pp. 449 – 462.

[3] Hagedoorn, J., Cloodt, M. (2003). Measuring Innovative Performance: Is There an Advantage in Using Multiple in Dictators? *Research Policy* 32, pp. 1365 – 1379.

[4] 韦影：《企业社会资本对技术创新绩效的影响研究——基于吸收能力的视角》，浙江大学 2006 年博士学位论文，第 54—57 页。

[5] Gemüden, H. G., Riter, T., & Heydebreck, F. (1996). Network Configuration and Innovation Success: An Empirical Analysis in German High – tech Industries. *International Journal of Research in Marketing* 13 (5), pp. 449 – 462.

的创新实际，本着科学性、完备性、可比性、可操作性原则，针对企业不同的创新特征分别设计出如表2—3、2—4所示的企业技术创新绩效评价指标体系。①

表2—3 以产品创新为主的企业技术创新绩效评价指标体系

分类		序号	指标	维度权重%	指标权重%
创新产出绩效	直接效益	1	新产品销售率	30	40
		2	新产品利润率		30
		3	单位产品成本降低率		30
	直接技术效益	1	新产品数	30	40
		2	重大产品改进数		30
		3	主持或参与制定新标准数		30
	技术积累效益	1	专利申请数	20	30
		2	技术诀窍数		20
		3	技术文档数		20
		4	科技论文数		15
		5	技术创新提案数		15
创新过程绩效		1	竞争情报分析报告数	20	20
		2	研发部门与客户交流频度		10
		3	研发部门与生产制造部门交流频度		10
		4	企业之间研发部门交流频度		10
		5	企业研发部门与高校研究所的交流频度		5
		6	研发投入占销售收入的比重		10
		7	研发人员人数比重		10
		8	技术带头人、技术桥梁人数		5

---

① 陈劲、陈钰芬：《企业技术创新绩效评价指标体系研究》，载《科学学与科学技术管理》，2006年第3期。

续表

分类	序号	指标	维度权重%	指标权重%
创新过程绩效	9	企业技术人员人均培训费用	20	10
	10	技术人员参加国内外会议数人次		5
	11	企业技术论坛数		5

资料来源：陈劲、陈钰芬：《企业技术创新绩效评价指标体系研究》，载《科学学与科学技术管理》，2006年第3期。

表2—4　以工艺创新为主的企业技术创新绩效评价指标体系

分类		序号	指标	维度权重%	指标权重%
创新产出绩效	直接效益	1	改进产品销售率	30	25
		2	改进产品利润率		25
		3	单位产品成本降低率		50
	直接技术效益	1	重大工艺创新数	30	40
		2	改进产品数		30
		3	主持或参与制定新标准数		30
	技术积累效益	1	专利申请数	15	20
		2	技术诀窍数		15
		3	技术文档数		15
		4	科技论文数		10
		5	技术创新提案数		10
		6	产品质量改善率		10
		7	劳动生产率提高率		10
		8	生产周期（或交付期）缩短时间		10
	社会效益	1	每万元产值能源消耗减少量	5	50
		2	减少环境污染的程度		50

续表

分类	序号	指标	维度权重 %	指标权重 %
创新过程绩效	1	竞争情报分析报告数	20	20
	2	研发部门与客户交流频度		10
	3	研发部门与生产制造部门交流频度		10
	4	企业之间研发部门交流频度		10
	5	企业研发部门与高校研究所的交流频度		5
	6	研发投入占销售收入的比重		10
	7	研发人员人数比重		10
	8	技术带头人、技术桥梁人数		5
	9	企业技术人员人均培训费用		10
	10	技术人员参加国内外会议数人次		5
	11	企业技术论坛数		5

资料来源：陈劲、陈钰芬：《企业技术创新绩效评价指标体系研究》，载《科学学与科学技术管理》，2006年第3期。

对于产品创新成功来说，产品创新率（Product Innovation Rates）是一个常用的测度指标，同时，产品创新率也有一定的缺点，因为不是所有的企业都努力追求较高的产品创新率。[①] 因此，通常将企业在过去5年的产品创新活动中的新产品的市场成功率（达到企业的市场预期目标），作为替代的常用的指标，另外，一些产品的改善（Improvement）或微小的改进（Minor Innovative Changes）下的市场成功率也是测度产品创新成功的常用指标。而对于工艺创新成功来说，通常由企业内部改善后的工艺相对于企业外部现存的工艺的先进程度来测度，通常用劳动成本、指挥时间、设备的生产率和材料能源消耗4个指标来测度。[②]

综合起来，(Gemüden) 等提出的测度创新成功的量表见表2—5。

[①] Cooper, R. G. (1984). New Product Strategies: What Distinguishes the Top Performers? *Journal of Product Innovation Manage* 1 (2), pp. 151–164.

[②] Gemüden, H. G., Riter, T., & Heydebreck, F. (1996). Network Configuration and Innovation Success: An Empirical Analysis in German High–tech Industries. *International Journal of Research in Marketing* 13 (5), pp. 449–462.

表 2—5 Gemüden 等关于创新成功的测度量表

数值：	不到 25%	25%–50%	50%–75%	75%以上	没有成功过
产品创新成功					
市场成功率					
产品改进					
新产品开发					
工艺创新成功					
减少劳动力成本					
提高生产率					
减少指挥时间					
减少材料和能源消耗					

资料来源：Gemüden, H. G., Riter, T., and Heydebreck, F. (1996). Network Configuration and Innovation Success: An Empirical Analysis in German High-tech Industries. *International Journal of Research in Marketing* 13 (5), pp. 449–462.

Ritter 等则在 Gemüden 等量表的基础上，提出了更为方便的测度创新成功（见表 2—6）。[1]该量表更突出受访者主观评价的特点。同时，Ritter 等也建议，在测度创新成功的同时，最好结合一些额外的客观指标，例如"投入市场不到 3 年的产品的销售额，以及使用寿命不到 3 年的设备的生产的产品占所有产品的百分比"等，来增加测量创新成功的效度。[2]

表 2—6 Ritter 等关于创新成功的测度量表

意见：	完全同意	同意	中立	不同意	完全不同意
产品创新成功					
与我们的竞争对手相比，我们产品的改进和创新有较好的市场反应					
与我们的竞争对手相比，我们在产品创新上成功率较高					

---

[1] Ritter, T, Gemüden H. G. (2003). Network Competence: Its Impact on Innovation Success and its Antecedents. *Journal of Business Research* 56, pp. 1437–1458.

[2] 陈学光：《网络能力、创新网络及创新绩效关系研究——以浙江高新技术企业为例》，浙江大学 2007 年博士学位论文，第 48—52 页。

续表

	我们的产品在技术含量上是一流的
工艺创新成功	
	我们有非常先进的生产设备
	与我们的竞争对手相比,我们的生产设备更先进
	我们的生产设备体现了一流的工艺技术

资料来源：Ritter, T, Gemüden H. G. (2003). Network Competence: Its Impact on Innovation Success and its Antecedents. *Journal of Business Research*, 56, pp. 1437–1458.

陈学光在测度企业创新绩效的研究中，主要将表2—6作为参考，另外，考虑到部分样本属于非制造类企业，如软件企业等，其生产设备不能有效体现其工艺创新水平，或创新过程的效率（见表2—7）。[①]

表2—7　陈学光关于创新成功的测度量表

意见:	完全同意	同意	中立	不同意	完全不同意
产品创新成功					
我们新产品的改进和完善有很好的市场反应					
与同行相比,我们新产品开发的成功率较高					
我们的新产品拥有的技术含量很高					
工艺创新成功					
在新产品开发过程中,我们的投入产出效率很高					
与同行相比,我们新产品开发的投入产出效率很高					
我们拥有一流的技术工艺					

资料来源：陈学光：《网络能力、创新网络及创新绩效关系研究——以浙江高新技术企业为例》，浙江大学博士学位论文，第52页。

因为工艺创新成功主要体现创新效率的内涵上，所以陈学光对工艺创新成功维度的问题项作了适当的调整。

---

① 陈学光：《网络能力、创新网络及创新绩效关系研究——以浙江高新技术企业为例》，浙江大学2007年博士学位论文，第52页。

2.3.5 技术创新绩效评价的相关研究评述

技术创新绩效即衡量企业技术创新活动的实施效果。企业技术创新绩效评价指标体系是一套能够充分反映企业技术创新绩效、具有一定的内在联系且互为补充的指标群体。在这个指标体系中，设置哪些指标，如何设置，既关系到评价结果的科学性和正确性，关系到企业技术创新资源的合理配置，更关系到企业创新能力的构建与创新机制的完善。[1]

技术创新是一个复杂的系统工程，技术创新活动的阶段性、多样性以及各创新活动间的层次性，决定了创新绩效评价指标体系的层次性，同时影响企业技术创新绩效的因素很多、结构复杂，只有从多个角度和层面来构建企业技术创新绩效评价指标体系，才能全面反映企业的技术创新绩效。[2] 学者们近几年来才关注企业的技术创新绩效，因此其技术创新绩效评价体系尚不完善，评价的结果大多仅仅是对自身技术创新的客观条件的描述，而评价体系的设计也仅是僵化地照搬企业绩效评价的体系，主要侧重于财物性要素，忽视非财务性要素对绩效的影响。另一方面，技术创新绩效评价的结果中缺少对企业创新活动前瞻性的预测和对技术创新发展空间的估计。由于大部分企业技术创新的周期都比较短，其进行技术创新绩效评价的目的则更倾向于为决定企业下一步技术创新的发展方向提供科学的依据和一定的经验，因此评价中前瞻性的部分意义重大。具体来说，技术创新绩效的评价指标有以下不足：

（1）过分注重R&D资源投入

有许多学者把R&D人员数、R&D强度等作为技术创新绩效评价指标，许多评估系统对R&D资源投入赋予了过大的权重。虽然R&D资源与技术变化密切相关，但它只是一种投入而不是创新产出，并不能评价出技术创新绩效。而且在开放式创新的环境下，R&D资源无法包括企业和政府在技术创新方面所做的全部努力，例如"干中学"、企业外部知识和资源如用户知识、供应商知识以及

---

[1] 王国进、王其藩：《企业技术创新能力评价研究的新进展》，载《科研管理》，2004年第2期。
[2] 陈劲、陈钰芬：《企业技术创新绩效评价指标体系研究》，载《科学学与科学技术管理》，2006年第3期。

竞争者的知识等都无法通过 R&D 资源投入这一指标体现。在开放式创新环境下，企业的高层领导者必须彻底改变研发即创新的错误观点，充分利用和整合企业内外创新资源，提高企业的技术创新能力和创新绩效。

（2）过分重视专利数据

研究人员常利用专利数据评价一个地区或企业在一定时间内的技术创新状况，专利数量确实能很好地反映企业的技术能力和活力，是反映发明创造能力和设计能力的指标，但不适合作为创新产出的指标。只有成功地实施了商业化并发挥显著经济效益的发明才是技术创新。许多专利从未引发创新，仅仅对应于几乎没有任何经济价值的发明创造。而我国企业的情况更为特殊。国内许多企业缺乏专利保护意识和相应的专利法律知识，以及受过去被动保护和传统观念的影响，致使许多企业在有了市场前景的发明时往往不愿意申请专利。考虑到我国现阶段企业对于技术诀窍保护的实际状况，应该加上企业主持或参与制定新标准数、科技论文数和技术文档数等指标作为创新产出的补充，反映技术创新产出对企业技术能力积累的影响。

（3）存在短期效应，不能反映长期发展潜能

现行的技术创新绩效评价研究中主要关注创新产出绩效，而忽略了创新过程绩效。企业技术创新能力是一个动态发展、不断提高的过程。创新过程绩效反映企业创新活动的管理水平，代表企业潜在的、未来的技术创新绩效。好的创新业绩必然是由优秀的创新管理过程保证的，客观的技术创新绩效评价还应该对创新过程的绩效进行评价作为补充，以反映企业技术创新的长期发展潜能和潜在创新绩效。[①]

[①] 尹建海、杨建华：《基于加强型平衡记分法的企业技术创新绩效评价指标体系研究》，载《科研管理》，2008 年第 1 期。

2.4 社会资本对组织学习影响的研究综述

2.4.1 社会资本各维度与组织学习的关系

现有对组织学习的研究主要聚焦于学习的机制、方式、手段和对组织核心竞争力的影响上，很少关注组织学习的社会化活动背景，缺乏对组织学习进行社会关系层面的研究。事实上组织社会资本为组织学习提供了内在的实现路径和有效的动力机制。[①]

2.4.1.1 社会资本结构维度与组织学习方式

Coleman[②]、Burt[③] 和 Uzzi[④] 等人认为，组织学习主要由社会资本的结构（即组织内外个体间的联系方式）来决定，因为社会资本的结构直接影响到雇员识别和接触组织内外其他群体异质性知识的机会。社会资本的结构对组织学习的影响表现为网络关系的强弱不同，组织学习方式导向也不一样。Granovertter 最早提出了弱关系的优势，他从联系的紧密性和交往的频繁度出发，将关系强度区分为强关系和弱关系。强关系来自于相互间长时间、频繁的交往，比如图 2—7 中行动者 A 和 B 与各自网络中其他行动者间的联系就属于此；而弱关系则不然，交往的时间和次数要少，形式上可能表现为朋友的朋友、社会公共渠道或者正式组织中的联系等[⑤]，比如 A 和 B 间的关系。关系的强弱影响到知识交流的范围和质量。Leana 和 Van Buren 就指出，强关系的社会资本往往为组织内部缜密性（Fine - Grained）、深层次（In - Depth）知识的交流与分享创造了较好的机制和平台，

[①] 谢竹云、茅宁：《社会资本、组织学习与企业的价值创造》，载《科学学与科学技术管理》，2008 年第 9 期。

[②] Burt, R. S. (1992). *Structural Holes: The Social Structure of Competition*. Cambridge, MA: Harvard University Press, pp. 66 – 69.

[③] Coleman, J. (1988). Social Capital in the Creation of Human Capital. *The American Journal of Sociology* 94 (Supplement), pp. 95 – 120.

[④] Uzzi, B. (1996). The Sources and Consequences of Embeddedness for the Economic Performance of Organizations: The Network Effect. *American Sociological Review* 61, pp. 674 – 698.

[⑤] Granovetter, M. S. (1973). The Strength of Weak Ties. *American Journal of Sociology* 78, pp. 1360 – 1380.

有助于组织的利用式学习。① 因为在强关系网络中,雇员之间的接触非常频繁,他们不仅有足够的机会和时间去交流,去从对方身上挖掘更全面更深层的知识,而且对信息传递的速度也非常快,为利用式学习创造了很好的条件。比如,Dyer 的研究发现,丰田公司(Toyota)通过与供应商之间建立强关系、高密度的知识交流与共享网络,最终形成了制度性惯例并赢得了市场竞争优势。②

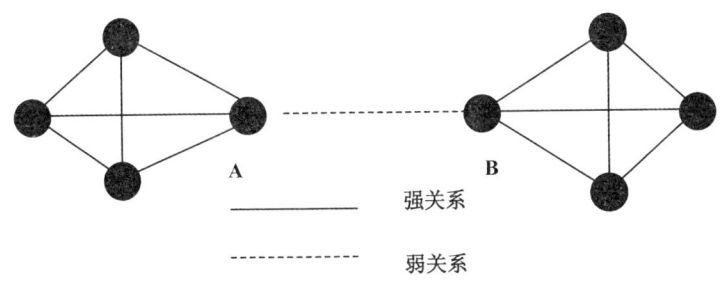

图 2—7　组织社会关系网络中强弱关系示意图

资料来源:Leana, C. R., Buren, H. J. (1999). Organizational Social Capital and Employment Practices. *Academy of Management Review* 24, pp. 538 – 555.

强关系、高密度的社会资本虽然有助于雇员获取缜密性、深层次知识和组织的利用式学习,但对于组织的探索式学习而言却是不利的。因为强关系、高密度的社会联系有可能将雇员大量的知识交流时间限定在一个特定的狭小社会领域内进行,雇员在与网络中其他成员交流一段时间之后,所遇到的仅仅是些重复性的知识,很难有机会接触新的观点、新的视角和新的方法。相反,Burt 却认为,含有大量结构洞(Structural Holes)的弱关系、非冗余关系网络可能更有利于雇员从组织内外群体的联系中获取新颖的知识。③ 在这种弱关系网络中,网络成员有着相对较低的结构性嵌入,经常处于联系不同群体的网络空洞位置(信息桥),从而在从其他较少联系的伙伴身上获取新鲜的、有价值的知识方面

---

① Leana, C. R., Buren, H. J. (1999). Organizational Social Capital and Employment Practices. *Academy of Management Review* 24, pp. 538 – 555.
② Dyer, J. H. (2000). Creating and Managing a High – performance Knowledge – sharing Network: The Toyota Case. *Strategic Management Journal* 21, pp. 345 – 367.
③ Burt, R. S. (1992). *Structural Holes: The Social Structure of Competition*. Cambridge, MA: Harvard University Press, pp. 66 – 69.

占有优势。因为，弱关系的网络成员没有较高的互动频率，知识背景和看问题的视角往往不大相同，由此可以提供许多新颖而不重复的信息，促进组织探索式学习。另外，弱关系使得成员较少受到关系网络的约束限制，可以免受被大家公认的常规知识的束缚，能保持一定的独立性思考，并且去探索全新的知识。因此，弱关系、非冗余的社会资本能够为员工提供更多的识别和利用新颖知识的机会，从而会促进组织进行探索式学习。

2.4.1.2 社会资本关系维度与组织学习方式

组织社会资本的结构维度刻画了网络的构造特征，而关系维度则讨论组织边界内外相关群体的动机、共同预期和行为规范（实质就是信任）。Kale 指出，个体间的关系是通过相互间的社会交往过程建立和加强的，情感的质量对关系群体中知识的共享与交流有着长期的影响。[1] 如果有联系的双方并不相互信任，也不愿意共享知识，那么即使接触再频繁，他们之间关系的潜在价值也很难实现。

关系维度对组织学习的影响，本质上就是指相互联系的个体间的信任关系所产生的影响。信任是组织学习能力的重要方面，它往往被看成是行为过程中的可靠性预期。对于行为个体间的信任，Kang 等人认为有两种：一般性信任（Generalized Trust）和弹性双边信任（Resilient Dyadic Trust）。一般性信任是指两个个体并非因直接相识而产生信任，而是因为社会一般性的行为规范而产生的信任。弹性双边信任则是指建立在彼此直接认识基础上的相互信任。[2] 丰田公司供应商网络的例子说明，由于组织利用式学习是对在特定范围内现有知识进行的深化和提炼，相互依赖的各方需要相互合作形成统一整体来共享和交流。而这种知识的交流与共享只需基于一般性信任，基于作为一个更广泛整体的互惠性规范和预期[3]，它并不需要依靠个体与网络中其他每一个成员都拥有共同的

---

[1] Kale, P., Singh, H. & Perlmutter, H. (2000). Learning and Protection of Proprietary Assets in Strategic Alliances: Building Relational Capital. *Strategic Management Journal* 21, pp. 217–238.

[2] Kang, S. C., Morris, & S. S., Snell, S. A. (2007). Relational Archetypes, Organizational Learning, and Value Creation: Extending the Human Resource Architecture. *Academy of Management Review* 32, pp. 236–256.

[3] Kang, S. C., Morris, & S. S., Snell, S. A. (2007). Relational Archetypes, Organizational Learning, and Value Creation: Extending the Human Resource Architecture. *Academy of Management Review* 32, pp. 236–256.

个人合作经历，即弹性双边信任来推动。但是 Jones 认为，基于整体行为规范的一般性信任在促进整体内部深层次知识交流的同时，也减少了整体内部雇员与外界新的知识、信念和思想的接触动机，因为雇员已经习惯在共同的价值观和互惠预期下交流。① 因此，一般性信任对于既定范围内知识的交流和组织的利用式学习起到了关键性的作用，但却不利于组织探索式学习和新知识的拓展。

相比较而言，弹性双边信任在促进组织探索式学习方面却可能拥有更强的优势。弹性双边信任是建立在个体间直接交流基础上的，无需努力去建立某种特定关系来维持，也没有第三方来干预双方自愿性的交往，因而更利于新鲜知识的交流与共享。双边信任的优势还体现于在动态的交流环境中，行为个体可以灵活适当调整他们间的关系，加强相互间的联系与交流。但是由于双边信任关系易受个体和外界不确定因素的影响，容易产生变化，因而使知识共享的持续性受到一定的限制，制约了缜密性、深层次知识的交流②，即不利于组织利用式学习。

2.4.1.3　社会资本认知维度与组织学习方式

社会资本的认知因素是组织知识整合和学习的内在基础，包括嵌入在网络中的历史传统、价值理念、行为规范、认知模式和行为范式等。认知维度可以降低双方合作的交易费用，也是形成有约束力的规则体系的基础。在信息、知识等资源的交换和组合过程中，网络成员要想获得成功就必须处于相似的认知背景之下，如共同的语言和共同理解的表达方式。Nahapiet 和 Ghoshal 就指出，人们在某种程度上拥有共同的语言会提高他们接近他人并获取信息的能力。如果他们的语言和法则不同，这就容易造成他们之间的分离并限制了他们之间的交流。③ Grant 也提出了类似的观点，他认为，如果没有一些共同的认知参考框

---

① Jones, G. R. George, J. M. (1998). The Experience and Evolution of Trust: Implications for Cooperation and Teamwork. *Academy of Management Review* 23, pp. 531–546.

② Leana, C. R., Buren, H. J. (1999). Organizational Social Capital and Employment Practices. *Academy of Management Review* 24, pp. 538–555.

③ Nahapiet, Janine & Sumantra Ghoshal (1998). Social Capital, Intellectual Capital, and the Organizational Advantage. *Academy of Management Review* 23 (2), pp. 242–266.

架，个体间就不能很好的认识、理解和交流一些特有的知识。① 因此，个体之间已有的共同的知识背景是推进组织学习的关键。Henderson 将个体间的共同知识背景依据不同特征，分成了两种形式：元件知识（Component Knowledge）和构建知识（Architectural Knowledge）。前者指局部性、组成性的知识，是可编码的显性知识，比如有关某一产品中某一零件的知识；而后者则是系统性、整合性的隐性知识，是如何将各元件完整地、系统地进行整合的知识，比如串联某一产品中各零件的知识。② 这两种共同知识的差异使得行为个体在对外部知识的理解程度上会发生变化，会明显影响到组织的学习方式。

  共同的构建知识同组织的利用式学习相关。Dyer 等学者认为，组织利用式学习是以持续改进经营绩效和渐进式创新为目标的，在此背景下，雇员和组织群体能更好地了解他们的知识是如何结合成一个整体的，这对组织十分有益。③ 事实上，在新产品开发和供应链管理过程中，组织内部不同部门以及组织同上下游企业之间必须进行密切交流，这就需要涉及不同组织群体间知识的协调与整合，此时共同的构建知识就会有利于不同群体将自己的知识同其他人的知识结合起来，去共同思考和解决合作过程中出现的新问题。在这方面，Nonaka 也提出了类似的观点，认为共同的构建知识为组织关系网络中大批量知识、意会性知识、复杂性知识和难以概念化技能知识的转移和领会提供了重要的认知机制。④ 因此，共同的构建知识能够使员工从关系伙伴身上识别、理解和吸收深层次的知识，从而有效促进组织的利用式学习。

  相比而言，共同的元件知识更倾向于推动组织的探索式学习。探索式学习需要雇员与关系伙伴间存在共同的元件知识，因为这样在专业知识上就能拥有共同的语言，使相互间的沟通更加容易，从而在高度专业化、知识密集项目上

---

① Gant, J., Ichniowski, C. & Shaw, K. (2002). Social Capital and Organizational Change in High Involvement and Traditional Work Organizations. *Journal of Economics and Management Strategy* 11, pp. 289 – 328.

② Henderson, R. M., Clark, K. B. (1990). Architectural Innovation: the Reconfiguration of Existing Product Technologies and the Failure of Established Firms. *Administrative Science Quarterly* 35, pp. 9 – 30.

③ Dyer, J. H. (2000). Creating and Managing a High – performance Knowledge – sharing Network: The Toyota Case. *Strategic Management Journal* 21, pp. 345 – 367.

④ Nonaka, I. (1991). The Knowledge – creating Company. *Harvard Business Review* 69 (6), pp. 96 – 104.

就能进行更为深入的交流和开发,最终实现相互补充新鲜知识、突破原有知识的领域和方向。可以说,共同的元件知识为个体间相互协作共同创造和分享知识提供了前提和保证。对此,Lane 和 Lubatkin 就认为,与没有共同元件知识相比,拥有共同元件知识的雇员对于新知识的理解和解释要处于相对更加有利的位置。特别是对于进行新领域开发的组织而言,是不可能也没有必要做到让所有雇员都拥有共同的构建知识,雇员完全可以依靠这种共同的元件知识来很好地吸收、解释和应用关系伙伴新颖的专门知识,并且能够充分认识到它的商业价值,由此来实现知识的整合和创造,实现共同的目标。[1] 因此,共同的元件知识应该更有利于雇员获取新颖的知识,从而有效促进组织的探索式学习。

2.4.2 内外部社会资本对组织学习的影响

企业往往需要进行大量的内、外部资源的交换才能完成整个经营活动,战略网络对企业竞争优势的构建越来越重要[2],这种在所处的网络结构中交换资源的行为就是社会资本的基本概念。企业的社会资本可以分为内部社会资本和外部社会资本。内部社会资本也称为关系结合(Bonding)式的社会资本,是人们在企业内为共同目的一起工作、从企业内部获得利益的能力。内部社会资本可提升组织间资源的交换、信息知识获取的质量[3],同时也可加强各组织间的凝聚力(Coherence),进而提升企业应对外部环境变动的能力。外部社会资本也称为桥梁(Bridging)式的社会资本,是一种从企业外部获得利益的能力。企业外部网络关系间的资源有助于企业获得周围环境中的市场情报、增加企业在渠道中的影响力、控制力及权力。[4]

一个完整的知识转移过程包含知识发送方、知识接收方、转移渠道、被转移对象以及转移所嵌入的情景等因素构成[5],通过这一过程,最终实现知识从一

---

[1] Lane, P. J. & Lubatkin, M. (1998). Relative Absorptive Capacity and Inter-organizational Learning. *Strategic Management Journal* 19, pp. 461–477.
[2] 谢洪明,蓝海林:《动态竞争与战略网络》,经济科学出版社 2004 年版,第 4 页。
[3] 方世杰:《在台外商研发投资与台湾知识流通体系之影响》,载《管理学报》,2002 年第 1 期。
[4] Adler, Paul S. & Seok-Woo Kwon (2002). Social Capital: Prospects for a New Concept. *Academy of Management Review* 27 (1), pp. 17–40.
[5] Drucker, P. (1993). *Post Capitalist Society*. London: Butter worth Heinemann, pp. 25–27.

个单元向另一个单元的转移。知识转移就是各类知识包括显性和隐性知识在联盟网络企业间的传递过程，成功的知识转移取决于企业间知识转移机会、动机和能力三个主要因素。在知识转移过程中，知识的情景、关系和行动嵌入性，要求企业间知识转移必须要利用社会化的转移机制才能有效实现，这种转移机制在很大程度上是依赖于社会资本才能有效运转的。[①]

合作伙伴间知识转移的动机体现在两方面：一是基于社会方面的原因，如对合作的互惠预期；二是基于心理方面的考虑，如对维持平衡关系的渴望等。合作各方情感越密切，越愿意投入更多的时间和努力去推动合作行动向更高层次发展。关系维度反映了嵌入在网络成员互动关系中的历史，成员企业的关系历史反映了成员间相互了解的程度，通过长期互动，会形成共享的叙述、代码和语言等各类知识，进而也会提高双方转移知识的能力。共享的预期和目标，降低了知识交换伙伴间相互监督的成本，互惠预期能够推动网络成员兼容的系统和文化的产生，拥有相似的预期和系统的企业由于知识的嵌入性，因此具有较高的相对吸收能力。[②] 信任是交易各方坚信对方会按照己方期望完成潜在交易的信念，是网络成员群体的一种共同认知。[③] 信任在知识转移中的作用，表现为：（1）信任建立在社会判断基础之上（例如，对合作伙伴仁慈以及能力的评价），同时包括对另一方不守信用的风险评估；（2）信任使合作伙伴愿意开放和共享信息，它能够使合作伙伴确信，双方共享的知识不会被挪用或误用，提高双方转移知识的意愿；（3）对合作伙伴的信任能够对被转移的知识的价值产生影响[④]，社会资本关系层次越高，企业相互间信任水平就越高，知识接收者和转移者之间的竞争性就越低，部分消除了阻碍知识转移不良动机的产生，降低了知识转移过程中产生的各类成本，丰富了知识转移的途径，提高了合作伙伴的互惠预期；（4）信任为企业知识转移提供了控制和降低风险的机制，提高了企

---

① 吴翠花等：《联盟网络社会资本对知识转移影响路径研究》，载《科学学研究》，2008 年第 5 期。

② Wu X, Wei Y. (2004). The Analysis on Competitive Advantage of Firms in the Context of Synergic Development: Based on the Perspective of Social Capital. Singapore: International Engineering Management Conference, pp. 78 – 97.

③ 吴翠花：《联盟网络环境下科技型中小企业知识创造能力与组织绩效关系实证研究》，西安交通大学 2006 年博士学位论文，第 44—47 页。

④ 林健、李焕荣：《战略网络对企业绩效影响分析》，载《科研管理》，2003 年第 4 期。

业知识交换的程度①、理解新知识的能力②和交换效率③。总之，企业间关系质量越高，人们从转移过程中获取的知识就越多。④ 在知识转移过程中，知识转移机会、动机和能力起着关键作用，社会资本关系通过对知识转移机会、动机和能力的直接作用而影响知识转移的效果。

管理大师 Drucker 曾经指出："企业所拥有的、且唯一独特的资源就是知识。能产生企业独特性和作为企业独特资源的是它运用各种知识的能力。"而这种能力要通过企业成员基于信任基础上的完全的沟通和交流，以及企业各部门的协调和联系来实现，也就是要通过内部社会资本使这种知识的共享和转移成为可能，进而才能更好地利用外部社会资本为企业建立独特的竞争优势。但是无论内部社会资本还是外部社会资本，其最根本的构成基础是一种人的行为。

社会资本最主要的功能在于通过网络的紧密连结，可得到广泛、及时、相关的信息资源且可改善信息的质量⑤，因此内部社会资本会促进市场信息的传播和应用。内部社会资本和知识的创造密切相关，对知识流通的质量有正面的作用⑥，因此内部社会资本可使企业加快市场响应速度并增强市场响应能力。信任是指嵌入关系的治理机制⑦，与一致性、能力、诚实、公平、负责、助人以及仁慈等变量结合在一起⑧，可激发共同合作愿望。同时，企业在内部网络中的成员间建立具有凝聚力的共同体（包括共同目标、认知与共同的行为规范等），不仅能减少成员间的沟通障碍，也有利于他们交流、分享经验与知识⑨，进而促进组

---

① Hamel G. (1991). Competition for Competence and Inter-partner Learning within International Strategic Alliances. *Strategic Management Journal* 12, pp. 83-103.

② [瑞] 西格法德·哈里森：《日本的技术与创新管理：从寻求技术诀窍到寻求合作者》，华宏慈、李鼎新、华宏勋译，北京大学出版社 2004 年版，第 1—7 页。

③ 李惠斌、杨冬雪：《社会资本与社会发展》，社会科学文献出版社 2000 年版，第 56—73 页。

④ Uzzi, B. (1996). The Sources and Consequences of Embeddedness for the Economic Performance of Organizations: The Network Effect. *American Sociological Review* 61, pp. 674-698.

⑤ Coleman, J. (1988). Social Capital in the Creation of Human Capital. *The American Journal of Sociology* 94 (Supplement), pp. 95-120.

⑥ 方世杰：《在台外商研发投资与台湾知识流通体系之影响》，载《管理学报》，2002 年第 1 期。

⑦ Uzzi, B. (1996). The Sources and Consequences of Embeddedness for the Economic Performance of Organizations: The Network Effect. *American Sociological Review* 61, pp. 674-698.

⑧ Morgan, R M. & Hunt, S D. (1994). The Commitment Trust Theory of Relationship Marketing. *Journal of Marketing* 58 (3), pp. 20-38.

⑨ Dyer, J. H. (2000). Creating and Managing a High-performance Knowledge-sharing Network: The Toyota Case. *Strategic Management Journal* 21, pp. 345-367.

织的学习和知识整合。

企业每一次的管理创新不可能给企业所有人都带来利益,而只能是一部分人先得到利益,但是从长远的观点来看,每个人都将得到利益。由于每个人都想先得到利益,这样必然对管理创新产生不利影响。而内部社会资本包括信任、共同愿景等内容,它的存在和积累使得员工之间能够相互信任,能够为了一个共同愿景而不计较短期的得失而积极地工作,这对企业的管理创新非常重要。[①]

2.5 组织学习与创新绩效关系的研究综述

2.5.1 组织学习与创新绩效

组织学习的过程是一个体验、经历的经验产生过程,也是组织规则和知识形成的过程。而创新能力被视为一项重要的竞争性能力,它以技能、专利、诀窍、法则、关系、观念、原理、经验、方法及程序等多种形式存在,构成了企业有效行动能力的基础,但是它不能通过购买来转移,只能通过学习方式获得,而组织被认为是学习、整合创新能力的重要实体。国内许多学者都对组织学习与企业创新能力(主要包括创新绩效、管理创新、技术创新)之间的关系做了大量的研究工作。

企业作为一种社会组织形式,其经营的根本目的就是为了提高企业绩效,而企业提高绩效能力的大小归根结底反映在很难被效仿的组织学习能力方面。通过组织学习,不仅会导致组织的知识、信念和行为发生变化,而且会增强组织的成长和创新能力。Prahalad 和 Hammel 就认为,企业的竞争能力是一个组织中的积累性学习,是对知识和技术的协调,并与组织作业和价值观念的传递有关。[②] 因此,可以说,组织学习是组织发展的动力和提高企业绩效的重要源泉。

---

① 谢洪明等:《社会资本、组织学习与组织创新的关系研究》,载《管理工程学报》,2008 年第 1 期。

② Prahalad, C. K., Hamel, G. (1990). The Core Competence of the Organization. *Harvard Business Review* 68, pp. 79 – 91.

组织学习对企业绩效的影响体现在利用式学习和探索式学习对组织的成本与收益的影响不同。利用式学习旨在不断改进和完善现有产品和服务，会对企业短期财务绩效产生影响，但影响收益和成本的剧烈程度不大，带来的收益主要表现为经营绩效的稳步提高、渐进式的创新以及在稳定的发展环境中动态能力的持续改进。① 而在成本方面主要是组织过分依赖对现有知识库的利用式学习，由此造成一旦外部竞争环境发生重大变化，组织现有知识资源陈旧，组织就会承担因难以更新知识而带来的损失和风险。② 与利用式学习相比，探索式学习与组织突破式发展战略相适应，可以在复杂多变的发展环境中为组织创造价值。探索式学习致力于对相对广泛和一般性的新知识、新理念和新方法的获取，主要目的就是脱离现有的产品、市场而开发全新的产品、市场来获取先入为主的优势，从而极大提高新产品的销售收入和市场占有率。因而能够使组织获得突破式创新、高速的业绩增长以及面对不确定性时较高的适应能力与动态竞争能力。③ 但探索式学习在为组织带来超常回报的同时，也可能因超常规的发展又无法保证成功而使组织面临更大的潜在风险。蒋春燕等对江苏和广东新兴企业的实证研究发现，探索式学习对新产品绩效有直接正面的影响，利用式学习对短期整体财务绩效有直接正面的影响。事实上，组织在两种学习类型的选择上很难取舍。一些学者就认为，对组织而言，最佳的策略是弄清如何去利用已有的知识库确保当前的生存能力，同时也应去开发新的补充性知识来确保未来的生存能力。④

在创新绩效方面，谢洪明等通过我国华南地区142家企业的实证研究，对组织学习是否以及如何通过组织创新影响组织的绩效进行实证研究，结果表明组织学习对管理创新和技术创新都有显著的直接影响。刘璇华则从知识的视角揭示了企业核心能力、组织创新与组织学习三者之间的内在互动关系，认为组织学习是组织创新与核心能力培育和提升的根本途径。陈劲等通过上海、杭州等地

---

① Benner, Mary J. & Michael L. Tushman (2003). Exploitation, Exploration, and Process Management: The Productivity Dilemma Revisited. *Academy of Management Review* 28 (2), pp. 238 – 256.
② Burt, R. S. (1992). Structural Holes: *The Social Structure of Competition*. Cambridge, MA: Harvard University Press, pp. 66 – 69.
③ Benner, Mary J. & Michael L. Tushman (2003). Exploitation, Exploration, and Process Management: The Productivity Dilemma Revisited. *Academy of Management Review* 28 (2), pp. 238 – 256.
④ 蒋春燕、赵曙明：《社会资本和公司企业家精神与绩效的关系：组织学习的中介作用》，载《管理世界》，2006年第10期。

的实证研究，从技术学习的五方面要素——学习源、学习内容、学习主体、学习层次和学习环境探讨对企业创新绩效的影响，证实了技术学习对于创新绩效的重要影响。在管理创新方面，李嫩等通过实证研究，运用结构方程模型进行数据验证发现：组织学习方式对管理创新活动的成效有部分影响。其中，反思式、理论、实践三种学习方式对管理创新都有显著的正向影响关系。技术创新方面：企业的技术创新是一个连续的、动态的过程，需要内隐知识与外显知识的相互作用，这种交互作用通过不断的组织学习过程来实现。吴晓波等以采集的部分知识密集型产业企业样本为数据，分析了隐性知识显性化对企业技术创新绩效的影响，结果表明隐性知识显性化对企业技术创新绩效的显著正向影响。①

综上可见，组织学习对企业绩效的影响，不同的学习形式，影响的方式和结果也相距较远。企业必须根据外部环境的特点和已有的竞争优势来制定相应的发展和学习战略。② 同时随着高新技术的不断发展和市场环境动态多变，组织更需要组织学习来扩展动态能力，提供组织柔性，提升创新能力，以帮助组织在竞争中取胜。

2.5.2 组织学习与组织创新的关系

Argyris 和 Schon 认为在相同的组织条件下，组织学习在未来可使组织增加创新的能力。Stata 亦发现组织学习可导致创新，尤其是在知识密集（Knowledge Intensive）的产业中，个人与组织的学习而引导创新，才能成为组织中唯一可持久竞争优势的来源。

Argyris 以是否涉及改变现有价值观与规范，将组织学习类型划分为单回路学习（Single Loop Learning）与双回路学习（Double LoopLearning）。如果学习活动是经由预测组织行动结果，设法修改组织策略，使组织的表现能够符合原来组织的既定规范，这种学习活动称为单回路学习，亦即组织致力于解决目前的问题，并没有检测现在的学习行为是否适当，此即 Senge 所提的适应性学习

---

① 曹亚东等：《先进制造技术与创新能力：组织学习的视角》，载《现代管理科学》，2008 年第 7 期。

② 谢竹云、茅宁：《社会资本、组织学习与企业的价值创造》，载《科学学与科学技术管理》，2008 年第 9 期。

(Adaptive Learning)。如果因为环境的变动，使得组织所进行的学习活动必须针对深一层的组织规范进行错误（指绩效差距）的侦测和矫正，这种学习活动称之为双回路学习，亦即组织在界定及解决问题时，不断地进行检测并予以持续地试验与回馈，此即 Senge 所提的创造性学习（Generative Learning）。此外，Argyris 和 Schon 又提出"再学习（Deuteron Learning）"的概念，即学习如何从事组织学习。

当组织进行学习时，组织成员将探究过去组织学习的过程，找出有碍组织学习或有助于组织学习的因素，再提出有效的新策略来帮助组织学习，最后经过评估、一般化将此结果再植回个人意象与图形，以便在以后的组织学习中运用。[①]

Foster 由学习经验曲线的观念推论出一条产品创新的 S 型学习曲线，S 型曲线即是产品创新学习曲线（Product-Innovation Learning Curve），沿着此曲线移动，表示在一特别的技术下，进行增量的产品创新，此效益的增加是会递减的，而要达成更大的绩效，则必须移至另一曲线，亦即产生不连续的创新时才能有此效果。

根据 Wolfe 对研究创新的文献归纳，有关创新的研究可分成三大主流：（一）有关创新的扩散研究：主要的问题是探讨在组织中创新的潜在采用者采用创新的扩散型态及速率为何？分析的单位是以创新为主。研究的焦点则以机率的后勤成长模式（Logistic Growth Model）来探讨所提出的创新扩散假设模型与实际的扩散情况配适的程度。资料收集的方法主要是以横断面的问卷调查、专家判断及次级资料之档案等为主。（二）有关组织的创新性研究：研究的焦点是发现影响组织创新性的决定因素是什么？这个研究主流将组织的创新性当作主要的因变量，以组织作为分析单位，用变异/回归的模式加以衡量，如 Baldridge、Burnham、Daft、Bigoness、Perreault、Kimberly、Evanisko、Ettlie 等人的研究，主要的资料收集方法是横断面的问卷调查。所发现的影响因素则有个人、组织和环境等影响变量。（三）有关程序理论模式的研究。主要的研究问题是组织在执行创新时的整个过程如何？分析的单位是创新的历程为主。这个研究主流的研究学者提出在组织中创新被采用的过程经历哪些阶段，检验创新如

---

① 谢洪明等：《市场导向与组织绩效的关系：组织学习与创新的影响》，载《管理世界》，2006 年第 2 期。

何及为何会有浮现、发展、成长和结束等历程,代表性的人物包括如 Zaltman、Duncan、Holbek、Daft、Ettlie、Tornatzky、Rogers、Meyer、Goes、Cooper 和 Zmud。资料的收集是以横断面的回溯调查及深度实地访谈方法为主。而 McKee 以 Foster 的模式为基础,通过更深入的分析,指出不同的组织学习型态会导致不同的创新型态,如单圈学习只会导致增量的(Incremental)创新,而不连续的(Discontinuous)创新则需要双圈学习才能够达成。Mabey 和 Salaman 亦提到组织学习是组织维持创新的主要因素,进而成为一获利的企业。而大量学习(Meta Learning)则是学习如何去创新,其中包括单圈与双圈的学习,而达成整个组织的学习。Glynn 亦讨论到组织的学习能力不仅会影响到创新的初始阶段,也会影响到创新的执行阶段。[①]

2.6 综述的启示

2.6.1 以往研究的进展

本章首先对企业社会资本的定义、代表性研究以及社会资本在组织学习和知识转移等方面的重要作用进行了归纳整理;其次对组织学习的定义、组织学习对创新绩效的重要影响和相关经验研究进行了分析;最后对企业社会资本和组织学习的相关文献进行了分析讨论,在此把以前研究取得的进展和有待解决的问题简要总结一下。

有关学者如 Shane、Stinchcombe、Tsai、Ghoshal、Zahra、Ireland 和 Hitt 通过多年的研究,已经对如下的问题取得共识:技术创新是通过学习来获得知识和利用知识以取得新的市场机会的创业过程,知识的获得和利用是企业可持续竞争优势的来源。由此可见学习的重要性。March 将组织学习分为探索式学习和利用式学习两种类型。探索式学习以发现、试验、冒险、创新为特点,而利用式

---

① 吕毓芳:《论领导行为、组织学习、创新与绩效间相关性研究》,复旦大学 2005 年博士学位论文,第 67—69 页。

学习则以精炼、执行、效率、选择为特点。两者的根本区别在于对组织当前已有知识的态度：探索式学习倾向于脱离组织当前已有的知识，旨在开创全新的知识领域；而利用式学习则是在组织当前已有知识的基础上进行学习，旨在全面充分利用组织已有的知识。由于高新技术企业一般都存在着资源瓶颈，而且都倾向于使自己的产品或服务具有新奇的特性[1]，所以获取和利用知识的能力是影响它们生存的关键因素。[2]

最新有关高新技术企业组织学习的研究与社会资本理论联系在了一起，而Dubini、Aldrich、Yli-Renko、Autio、Sapienza、Zahra、Ireland和Hitt将社会资本理论研究的关注点放在了企业与外部的关系上。按照社会资本理论的说法，Adler、Kwon、Nahapiet、Ghoshal、Tsai和Ghoshal等认为社会关系是企业获取资源和进行学习的重要来源，在解释组织学习和企业创新绩效时，这一理论将关系而不是企业自身的技术资产放在重要的战略地位。企业员工（尤其是高层管理人员）拥有的组织内外的社会背景和他们对这些社会背景的利用将会在很大程度上影响企业的战略和技术创新绩效，尤其是对于高新技术企业更是如此。[3]

总之，以往研究取得的进展主要有：

（1）企业社会资本是影响企业组织学习的重要因素。企业社会资本在组织学习以及技术创新方面的研究为本书奠定了整体的理论基础。

（2）企业社会资本的含义非常广泛，研究角度众多，为本研究从影响企业组织学习和技术创新的社会资本诸要素中进一步提炼提供了理论依据。

（3）企业社会资本和组织学习可以整合在一个模型中，共同作为影响企业技术创新绩效的因素。

（4）组织学习能够促进企业技术创新绩效的提高，而且不同的组织学习方式对于企业技术创新绩效的作用程度有所差异。

---

[1] Stinchcombe, Arthur L. (1965). Social Structure in Organizations. *Handbook of Organizations*, J. G. March, ed. Chicago: Rand McNally, pp. 142–193.

[2] Zahra, Shaker A., R. Duane Ireland, and Michael A. Hitt (2000). International Expansion by New Venture Firms: International Diversity, Mode of Entry, Technological Learning, and Performance. *Academy of Management Journal* 43 (5), pp. 925–950.

[3] Dubini, Paola & Howard Aldrich (1991). Personal and Extended Networks Are Central to the Entrepreneurial Process. *Journal of Business Venturing* 6 (5), pp. 305–313.

2.6.2 有待深入研究的问题

有待深入研究的问题主要表现在下面三点：

(1) 社会资本的研究较多，但是具体到企业社会资本的研究相对较少。针对不同的具体问题（比如针对探索式学习和利用式学习）来打开企业社会资本这个"黑箱"还需要做很多具体的工作。

(2) 虽然有些学者的研究为组织学习和社会资本整合奠定了一定的理论基础。如谢竹云和茅宁等学者将组织学习作为社会资本影响企业价值创造的重要中介变量，分析企业社会资本对于企业组织学习的影响，进而探讨了企业社会资本与企业价值创造的关系。[①] 谢洪明等从企业内外部社会资本两个方面探讨了社会资本对于组织学习和组织创新的影响。[②] 但是总体来看，其他的学者对两者关系进行的研究不多，从组织学习与企业社会资本相结合的角度研究企业的技术创新还有待深入。

(3) 尽管社会资本的研究取得了很大的进展，但是企业社会资本在企业组织学习中的重要作用并没有进行很深入的研究，这主要是由于以下两个原因：首先，先前的研究主要侧重于企业在探索式学习时存在的问题和应对措施。[③] 但是企业内外部关系对于企业技术创新的作用以及利用式学习对于企业技术创新影响也是很重要的，但是这一方面的研究却比较少。其次，尽管社会资本被认为对企业的组织学习有直接的好处[④]，但是社会资本的各个维度（比如结构维度、关系维度、认知维度）如何影响组织学习，这一方面的研究还有待深入。

(4) 关于组织学习构成要素的研究很不统一，而各要素的研究也不太深入。

---

① 谢竹云、茅宁：《社会资本、组织学习与企业的价值创造》，载《科学学与科学技术管理》，2008 年第 9 期。

② 谢洪明等：《社会资本、组织学习与组织创新的关系研究》，载《管理工程学报》，2008 年第 1 期。

③ Zahra, Shaker A., R. Duane Ireland, and Michael A. Hitt (2000). International Expansion by New Venture Firms: International Diversity, Mode of Entry, Technological Learning, and Performance. *Academy of Management Journal* 43 (5), pp. 925–950.

④ Adler, Paul S. & Seok-Woo Kwon (2002). Social Capital: Prospects for a New Concept. *Academy of Management Review* 27 (1), pp. 17–40.

例如，探索式学习和利用式学习这两种学习方式以及二者之间的关系仍然需要进行深入的研究。此外，专门针对高新技术企业的研究相对较少。

2.6.3 启示

通过对相关文献的分析和评述，可以得到以下几点启示：

（1）企业社会资本是影响组织学习的一个重要因素，虽然研究维度和角度的差异带来了一定研究难度，但是也为本书从其他角度进行研究提供了思路。

（2）相关学者对组织学习的中介作用和调节作用的简要分析为本书以组织学习作为调节变量展开分析提供了思路，虽然方法不同，但可以提供理论支持。

（3）组织学习可以作为企业社会资本影响创新绩效的中间变量。在对相关文献进行分析整理的过程中，逐步形成了本研究的逻辑分析思路，为下一章的模型构建、理论拓展和提出研究假设奠定了理论基础。

2.7 本章小结

本章首先就企业社会资本的理论发展、概念、研究维度以及相关理论等进行了归纳和评述；之后对于组织学习的相关研究进行了综述，主要研究了组织学习理论的发展、组织学习的概念和研究维度、组织学习的类型和过程，并对上述各方面进行了评述；然后综述了技术创新理论的发展和影响技术创新的因素，提出技术创新绩效的概念和评价指标，对各种评价指标进行了评述。在理清上述概念的基础上，本章还综述了社会资本对组织学习的影响和组织学习对技术创新绩效的影响。最后，指出了以往研究的不足和对本研究的启示，确定了本研究的切入点。

第三章 企业社会资本、组织学习和技术创新绩效的实证研究

一方面，企业社会资本有利于企业进行组织学习，而组织学习又促进了企业的技术创新；另一方面，企业技术创新绩效的提高又促使企业更加重视企业社会资本的培育和建设。也就是说，为了提高技术创新绩效，企业在技术创新过程中越来越注重组织的互动，从而实现内外部资源的有效整合。因此，本章将首先通过企业社会资本的三个维度探讨其对组织学习的影响，进而研究其对企业技术创新的影响，以此作为研究思路提出概念模型。然后，结合国内外学者在企业社会资本影响利用式学习和探索式学习、企业社会资本影响技术创新绩效和组织学习影响技术创新绩效等方面的研究结论，构建企业社会资本、组织学习和技术创新绩效的相关理论，并在此基础上提出相应的理论假设。

数据分析和假设检验内容主要分为两部分，第一部分对样本情况进行了描述性统计分析。第二部分对所获取的数据进行统计分析，并对分析结果进行阐述和解释。第二部分为本章重点，首先对测量项目的信度和效度进行检验；其次进行确定性因子分析，以确定维度的合理性；最后，在相关分析的基础上使用多元回归分析方法对变量之间的关系进行分析，对本书提出的模型进行假设检验。

3.1 企业社会资本、组织学习和技术创新绩效的研究框架和理论假设

结合企业社会资本的内涵与特点，本书将构建企业社会资本通过组织学习

影响技术创新绩效的研究框架,并在此基础上提出相应的理论假设。

3.1.1 企业社会资本、组织学习和技术创新绩效的研究框架

3.1.1.1 企业社会资本维度与指标

企业社会资本的结构维度（Structural Dimension）是指企业社会关系网络的各种联系的总和和结构特性,是网络中节点与节点之间联系的程度。结构维度主要用网络的方法进行分析[1],关注社会化网络的拓扑结构,体现的是关系网络的整体特性。其重点在于企业中普遍存在联系的特性,如联接或无联接（接触网络资源的机会是否存在）、网络联系和网络结构的特点或者形态、联系的强弱程度、联系的密切度等,关心的是企业网络联系是否存在以及联系的多少问题,描述的是联系的结构类型和特征。考虑到本书要研究企业社会资本对于企业组织学习的影响,在本研究中选取权力、产业内管理者纽带和产业间管理者纽带等指标来对企业社会资本的结构维度进行衡量,具体的指标来源和指标说明见表3—1、3—2。

表3—1　企业社会资本结构维度指标及来源

指标	来源
权力	Adler 和 Kwon（2002）, Lawrence 和他的合作者（2005）, Edmondson（2002）, Hurst, Rush 和 White（1989）, Hambrick 和 Mason（1984）, Pfeffer（1981）
联系的稳定性	Burt, Hogarth 和 Michaud（2000）, Inkpen 和 Tsang（2005）, Lee 和 Cavusgil（2006）
产业内管理者纽带	Adler 和 Kwon（2002）, Geletkancyz 和 Hambrick（1997）, Li 和 Atuahene-Gima（2001）, Peng 和 Luo（2000）, Geletkancyz 和 Hambrick（1997）
产业间管理者纽带	Geletkancyz 和 Hambrick（1997）, Li 和 Atuahene-Gima（2001）, Peng 和 Luo（2000）, Geletkancyz 和 Hambrick（1997）

资料来源：作者整理。

---

[1] Pablos, P. O. D.（2005）. Western and Eastern Views on Social Networks. *The Learning Organization* 12（5）, pp. 436–456.

表 3—2　企业社会资本结构维度的指标说明

企业社会资本	指标	指标说明
结构维度	权力	参与者对某个决策的制定施加影响的程度
	联系的稳定性	企业（包括企业间）各成员企业保持较稳定的联接与交往
	产业内管理者纽带	与隶属于同一产业内的其他企业的管理者建立的联系
	产业间管理者纽带	与隶属于不同产业的其他企业的管理者建立的联系

资料来源：作者整理。

企业社会资本的关系维度（Relational Dimension）是交易关系行为的潜在的标准化的维度[1]，指的是根植在上述关系之中的资产，是有关于企业网络存在的质量，如这些联系中是否具有信任、规范、是否有隐私（Privacy）等。[2] 关系维度关注企业关系所蕴涵的情感属性、行动主体之间的关系质量，企业如何通过网络关系的创造和维持来获取稀缺的资源。如果企业成员存在情感和态度上的差异，将会导致相互间行为的重大区别。考虑到本书要研究企业社会资本对于企业组织学习的影响，本书研究的关系维度的主要内容包括：信任、义务和期望（见表 3—3、3—4）。

表 3—3　企业社会资本关系维度指标及来源

指标	来源
信任	Chin, Hsu 和 Wang (2006), Fukuyama (1995), Adler 和 Kwon (2002), Putnam (1993), Tsai (2000)

---

[1] Pablos, P. O. D. (2005). Western and Eastern Views on Social Networks. *The Learning Organization* 12 (5), pp. 436–456.

[2] Bolino, M. C., Tumley, W. H. & Bloodgood, J. M. (2002). Citizenship Behavior and the Creation of Social Capital in Organizations. *Academy of Management Review* 27 (4), pp. 505–522.

续表

指标	来源
义务和期望	Burt（1992），Chin，Hsu 和 Wang（2006），Coleman（1990），Granovetter（1985），Putnam（1995）

资料来源：作者整理。

表3—4　企业社会资本关系维度的指标说明

企业社会资本	指标	指标说明
关系维度	信任	认为企业成员有能力完成好自己的工作
	义务和期望	各个技术创新成员在未来从事某项活动的承诺或责任

资料来源：作者整理。

企业社会资本的认知维度（Cognitive Dimension）是嵌入在特定系统中的一个共享范式，是群体成员拥有共享观念的程度。社会资本认知维度是在一个明确的、明显定义的团体中通过以往经历和连续讨论而创造的共享的含义，这些共享的含义在团体频繁的、连续不断的对话和分享中自我加强，帮助成员对彼此行为的优先理解。[①] 周小虎和陈传明认为这种共同的理解是供集体使用的资源，关注的是那些为不同团体提供共同的形态、阐释和意义系统的资源，如是否拥有共同的价值观、共同的语言、共同的立场和观点等，是社会资本的较深层内容。[②] 对于本研究来说，企业社会资本的认知维度指的是企业的管理层对于企业有效经营问题的认识，涉及一些本企业内的特殊意义的术语，比如公司愿景、目标、价值观及文化等。这里用一致性和共同愿景两个指标来衡量（见表3—5、3—6）。

---

① Edelman, L. F., Bresnen, M., Newell, S., et al. (2002). *The Darker Side of Social Capital*. Paper presented at the 3rd European Conference on Organizational Knowledge, Learning and Capabilities, Athens, pp. 57–89.

② 周小虎、陈传明：《企业社会资本与持续竞争优势闭》，载《中国工业经济》，2004年第5期。

表3—5　企业社会资本认知维度指标及来源

指标	来源
一致性	Nahapiet 和 Ghoshal（1998），Adler 和 Kwon（2002），Tsai 和 Ghoshal（1998），Hofstede（1991），Triandis（1995）
共同愿景	Gulati, Nohria 和 Zaheer（2000），Hult 和 Fererll（1997），Iaquinto 和 Fredrickson（1997）

资料来源：作者整理。

表3—6　企业社会资本认知维度的指标说明

企业社会资本	指标	指标说明
认知维度	一致性	将集体目标的实现和各方的合作放在第一位，将个体目标的实现放在其次
	共同愿景	企业内部各成员共同的认识水平和可预测的行动和行为

资料来源：作者整理。

3.1.1.2 本研究对组织学习方式的分类

本书将组织学习方式按照探索式学习（Exploration Learning）和利用式学习（Exploitation Learning）进行划分。探索式学习和利用式学习长期以来都是组织学习领域研究的热点问题。探索式学习以发现、试验、冒险、创新为特点，而利用式学习则以精炼、执行、效率、选择为特点。两者的根本区别在于对组织当前已有知识的态度：探索式学习倾向于脱离组织当前已有的知识，旨在开创全新的知识领域；而利用式学习则是在组织当前已有知识的基础上进行学习，旨在全面充分利用组织已有的知识。学术界长期以来都把这两个学习过程作为对立的过程来研究：首先，探索式学习会限制利用式学习，反之亦然。其次，探索式学习和利用式学习对应不同的组织结构和文化。最后，条件主义学派认为，应该根据与内外环境条件的一致性来对探索式学习和利用式学习进行取舍。最近，一些学者指出探索式学习和利用式学习在本质上是互补的，企业必须同时进行这两种学习过程。① 于是，各个领域的研究重点都从探索式学习与利用式学习是不是互补转到如何实现互补，但是绝大多数的研究都有很高的不确定性。因此有必要对企业如何实现探索式学习和利用式学习的互补作进一步的研究。

3.1.1.3 企业社会资本、组织学习和技术创新绩效的概念模型

研究社会资本理论的学者例如 Adler、Kwon、Nahapiet、Ghoshal、Tsai 等认为社会关系是企业资源和组织学习的重要来源，但是此前有关社会资本维度的研究没有涉及社会资本对企业技术创新的好处和风险②，而社会资本在企业技术创新方面的风险是客观存在的，这种风险甚至会超过社会资本对企业技术创新的好处③。举例来说，权力是一个社会资本维度，它对组织学习的有利影响是可以使外部的知识纳入组织内部。④ 但是，社会资本对于企业的组织学习还有弊端，如果不能注意到社会资本的不同维度（包括权力）对组织学习的潜在的不利影响和风险，就不能全面的分析社会资本对组织学习的影响。本书的研究目的是在研究企业内外部关系的基础上，考察企业社会资本的结构、关系和认知维度对企业探索式学习和利用式学习的影响。⑤ 技术创新包括问题解决和实施方案的确定两个方面，因此它是探索式学习和利用式学习的结合。⑥ 就技术创新而言，探索式学习包括对于企业自身比较新颖的技术和市场信息，这些信息的获取没有一个确定的空间范围，而且信息涉及的领域和知识很可能远远超出了企业先前掌握的知识和具有的经验。然而，这些信息的获取可以为企业提供更加多元化的知识基础，从而可以允许企业进行更大范围的实验和创新。⑦ 与此相

---

① 蒋春燕、赵曙明：《社会资本和公司企业家精神与绩效的关系：组织学习的中介作用》，载《管理世界》，2006 年第 10 期。

② Adler, Paul S. & Seok – Woo Kwon (2002). Social Capital: Prospects for a New Concept. *Academy of Management Review* 27 (1), pp. 17 – 40.

③ Nahapiet, Janine & Sumantra Ghoshal (1998). Social Capital, Intellectual Capital, and the Organizational Advantage. *Academy of Management Review* 23 (2), pp. 242 – 266.

④ Lawrence, Thomas B., Michael K. Mauws, Bruno Dyck, & Robert F. Kleysen (2005). The Politics of Organizational Learning: Integrating Power into the 4I Framework. *Academy of Management Review* 30 (1), pp. 180 – 191.

⑤ Nahapiet, Janine & Sumantra Ghoshal (1998). Social Capital, Intellectual Capital, and the Organizational Advantage. *Academy of Management Review* 23 (2), pp. 242 – 266.

⑥ Atuahene – Gima, Kwaku (1995). The Influence of New Product Factors on Export Propensity and Performance: An Empirical Analysis. *Journal of International Marketing* 3 (2), pp. 9 – 26.

⑦ March, James G. (1991). Exploration and Exploitation in Organizational Learning. *Organization Science* 2 (1), pp. 71 – 87.

反，利用式学习是在一个相对确定和有限的产品及市场空间里面寻找信息，这些信息跟自己企业先前掌握的经验密切相关，企业关注的是技术创新所需知识这一方面的信息，对这一方面信息的关注有助于企业的创新效率和技术创新的执行。①

本研究试图解决目前的两个研究空白。第一，March② 认为维持这两个学习过程之间的平衡对企业而言是最佳的学习策略。迄今为止，几乎没有研究对上述的平衡问题提供实证证据③，而两种学习之间的平衡对于高新技术企业创新绩效的影响，目前的研究也是比较缺乏的。为了对上述问题进行研究，本书不仅考察探索式学习和利用式学习的潜在的相互影响，而且考察它们的互动对企业创新绩效的影响。探索式学习和利用式学习之间的最优比例是很难确定的④，所以上述问题的研究非常重要。第二，此前的研究在测量探索式学习和利用式学习时主要用二手数据，如专利和新产品的数量。虽然这些指标与市场绩效（如销售增长）显著相关⑤，但是使用专利和新产品数量这些二手数据去测量绩效，不能够很好的测量创新绩效中组织学习的作用。为此，本书采用了 Katila 和 Ahuja 建议，利用问卷调查方法进行创新绩效的测量，以避免忽视组织学习的作用。⑥

根据前面的分析，可以得出：企业社会资本分为结构、认知和关系三个维度，企业社会资本通过探索式学习和利用式学习两种不同的组织学习方式对技术创新绩效应具有不同程度的影响。因此，综合这些信息，本书提出了包含企

---

① Rowley, Tim, Dean Behrens, & David Krackhardt (2000). Redundant Governance Structures: An Analysis of Structural and Relational Embeddedness in the Steel and Semiconductor Industries. *Strategic Management Journal* 21 (3), pp. 369 – 386.

② March, James G. (1991). Exploration and Exploitation in Organizational Learning. *Organization Science* 2 (1), pp. 71 – 87.

③ He, Zi – Lin & Poh – Kam Wong (2004). Exploration vs. Exploitation: An Empirical Test of the Ambidexterity Hypothesis. *Organization Science* 15 (4), pp. 481 – 494.

④ Levinthal, Daniel A. & James G. March (1993). The Myopia of Learning. *Strategic Management Journal* 14 (Winter Special Issue), pp. 95 – 112.

⑤ Yli – Renko, Helena, Erkko Autio, & Harry J. Sapienza (2001). Social Capital, Knowledge Acquisition, and Knowledge Exploitation in Young Technology – Based Firms. *Strategic Management Journal* 22 (6 – 7), pp. 587 – 613.

⑥ Katila, Riitta & Gautam Ahuja (2002). Something Old, Something New: A Longitudinal Study of Search Behavior and New Product Introduction. *Academy of Management Journal* 45 (6), pp. 1183 – 1194.

业社会资本各维度、组织学习和技术创新绩效以及它们之间关系的概念模型，见图3—1。本章将详细分析这一概念模型，并在概念模型的基础上提出理论假设。

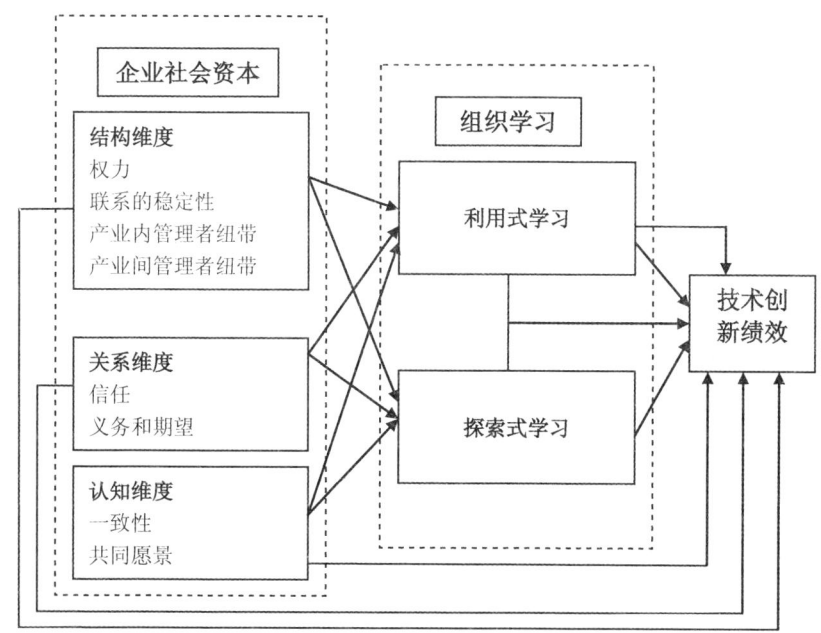

图3—1 企业社会资本、组织学习和技术创新绩效的概念模型
资料来源：作者整理。

3.1.2 企业社会资本与组织学习

3.1.2.1 企业社会资本的结构维度与组织学习

Nahapiet 和 Ghoshal[①]将社会资本分为三个维度即结构维度、关系维度和认知维度。社会资本的结构维度描述了行动者社会交往或建立关系的模式。鉴于在社会交往中存在不同的问题、事项和重点，Adler 和 Kwon 认为社会交往的一个关键好处就是拥有某种特殊的权力，因为这种特殊的权力可以更好的促使社

---

① Nahapiet, Janine & Sumantra Ghoshal (1998). Social Capital, Intellectual Capital, and the Organizational Advantage. *Academy of Management Review* 23 (2), pp. 242–266.

会交往的参与者将事情办好并实现其目标。① 同样，Lawrence 和他的合作者说，如果不分析权力在组织学习中的影响，组织学习的理论是绝对不会完整的。有学者将权力细分为松散的权力和系统的权利。② 松散的权力是由社会交往的参与者拥有的，而系统的权力则分散在整个组织。在本书的研究中，松散权力的拥有者主要是有工科背景的高新技术企业员工。本书对"权力"的界定是参与者对某个决策的制定施加影响的程度。③ 本书的研究突出强调了该维度社会资本的两个方面的特征：首先，中国的高新技术企业至少在其创始团队中有一位成员具有技术背景；④ 其次，一般来讲，中国的传统文化具有高权力距离的特点，这一特点决定了企业员工可以接受人员之间权力的不平等，拥有更多知识的人拥有更多的影响力，从而具有更大的权力。⑤

对于企业内部的员工而言，技术创新是一个充满冲突、过程烦琐的过程，而且与技术创新有关的各项工作还要有所侧重。⑥ 企业的技术创新活动具有浓厚的行政色彩，这种行政色彩体现在不仅要确定讨论的问题还要规定辩论的性质，更重要的是，还要确定为优先解决一些问题如何资源配置。所以，企业对自身需要的信息需求进行整理汇总，并告知每一位企业员工，这样员工就可以进行互动以方便知识的获取，但是需要一个强有力的企业员工将这种重复的互动转化成为认识和评价有关信息和知识的能力。正如 Eisenhardt 认为，在以技术开发为重要任务的企业，首席执行官往往在决策时比较专制，以确保企业员工快速地做出与自己的工作相关的决策，并执行新的战略行动。由于高新技术企业资源有限，强有力员工的干预能力和形成最终决定的能力对企业的学习和产出来

---

① Adler, Paul S. & Seok – Woo Kwon (2002). Social Capital: Prospects for a New Concept. *Academy of Management Review* 27 (1), pp. 17 – 40.

② Lawrence, Thomas B., Michael K. Mauws, Bruno Dyck, & Robert F. Kleysen (2005). The Politics of Organizational Learning: Integrating Power into the 4I Framework. *Academy of Management Review* 30 (1), pp. 180 – 191.

③ Pfeffer, Jeffrey (1981). *Power in Organizations*. Marshfield. MA: Pitman, p. 87.

④ Li, Haiyang & Kwaku Atuahene – Gima (2001). Product Innovation Strategy and the Performance of New Technology Ventures in China. *Academy of Management Journal* 44 (6), pp. 1123 – 1134.

⑤ Hofstede, Geert (1991). *Culture and Organizations: Software of the Mind*. London: McGraw – Hill, pp. 56 – 89.

⑥ Atuahene – Gima & Felicitas Evangelista (2000). Cross – Functional Influence in New Product Development: An Exploratory Study of Marketing and R&D Perspectives. *Management Science* 46 (October), pp. 1269 – 1284.

说可能是至关重要的。①

权力和学习之间关系吸引了越来越多的关注。有学者认为，权力可以限制或者提高学习能力。② Fiol 的研究表明：小组成员十分关注强有力的管理者是否同意自己的决定，他们时刻准备更新自己的意见以符合强有力的管理者的意见，从而确保企业的运行效率。③ Eisenhardt 的研究成果跟上述的研究结果是一致的，他认为权力促进了知识的利用。与此相反的结论是：由于权力和人际风险存在着紧密的联系，权力可能制约知识的探索和开发④，Edmondson 在其有关产品开发项目的研究就验证了上述结论。⑤ 然而，Hurst、Rush 和 White 等人的研究表明，在诸如高新技术企业的研发组织中，内部决策机构往往对于技术创新起主导作用，该机构会积极寻找新的手段以开展新业务，并积极寻找新的知识指导企业的行动。⑥ 正如本书前面提到的，在中国高新技术企业中起主导作用的内部决策机构很可能拥有技术背景。这样的人更可能将企业引导到进入新的技术和市场领域。Hambrick 和 Mason 认为，当权力集中在具有技术背景的经理手中时，企业更有可能进行技术创新。⑦ 由此得出：

H_{1a}：在技术创新过程中，权力与高新技术企业的利用式学习正相关。

H_{1b}：在技术创新过程中，权力与高新技术企业的探索式学习正相关。

联系的稳定性是指在一个网络中，各个节点上所在成员成员的经常变化程

---

① Eisenhardt, Kathleen M. (1989). Making Fast Strategic Decisions in High – Velocity Environments. *Academy of Management Journal* 32 (3), pp. 543 – 576.
② Edmondson, Amy C. (1999). The Local and Variegated Nature of Learning in Organizations: A Group – Level Perspective. *Organization Science* 13 (2), pp. 128 – 146.
③ Fiol, C. Marlene (1994). Consensus, Diversity, and Learning in Organization. *Organization Science* 5 (3), pp. 403 – 420.
④ Eisenhardt, Kathleen M. (1989). Making Fast Strategic Decisions in High – Velocity Environments. *Academy of Management Journal* 32 (3), pp. 543 – 576.
⑤ Edmondson, Amy C. (1999). The Local and Variegated Nature of Learning in Organizations: A Group – Level Perspective. *Organization Science* 13 (2), pp. 128 – 146.
⑥ Hurst, David K., James C. Rush, & Roderick E. White (1989). Top Management Teams and Organizational Renewal. *Strategic Management Journal* 10 (Special Issue), pp. 87 – 105.
⑦ Hambrick, Donald C. & Phyllis A. Mason (1984). Upper Echelons: The Organization as a Reflection of Its Top Managers. *Academy of Management Review* 9 (2), pp. 193 – 206.

度。① 关系建立和维持的时间是获得优势的重要因素②，频繁地更换伙伴、短暂单次的交往，不仅不利于彼此信任度的建立，也会花费企业大量的寻找、谈判、签订合同、执行、监管等成本，甚至对企业的声誉造成不利影响。稳定的成员和各成员企业相对稳定的联接与交往则可以在彼此之间建立相对巩固的关系，逐渐加深的信任，和渐进的多方面的合作。

联系的稳定性之所以重要是因为一个成员之间需要一段持续的时间，通过与其他成员多次的交互行为来建立自身的信誉和考察对方的可信赖性，降低了机会主义行为和倾向，帮助企业成员建立起共享资源的信心③，从而有利于企业社会资本的积累和企业的利用式学习和探索式学习。如果没有时间来建立一个良好的交往记录，企业很难在一个动荡、不稳定的市场环境中持续获得稀缺的信息、技术、知识等资源，从而不利用企业的组织学习（包括利用式学习和探索式学习）。

综合以上分析，得出：

H_{2a}：在技术创新过程中，联系的稳定性与高新技术企业的利用式学习正相关。

H_{2b}：在技术创新过程中，联系的稳定性与高新技术企业的探索式学习正相关。

除了权力和联系的稳定性之外，社会资本的结构维度同时还反映从外部社会关系的积累中获取的信息带来的好处。④ Geletkancyz 和 Hambrick 区分了产业内管理者纽带（即与隶属于同一产业内的其他企业的管理者建立联系）和产业间管理者纽带（即与隶属于不同产业的其他企业的管理者建立联系）。⑤ 他们认为，产业内管理者纽带确保了战略整合，从而提高了企业的效率，有利于保证

---

① Inkpen, A. C&Tsang, E. W. K. (2005). Social Capital, Networks, and Knowledge Transfer. *Academy of Management Review* 30 (1), pp. 146–165.

② Lu, J. W. (2001). *Network Development for Competitive Advantage: A Study of Subsidiary Networks and Alliance Networks*. The University of Western Ontario, London, Ontario, pp. 143–167.

③ Gulati, R. (1999). The Influence of Network Resources and Firm Capabilities on Alliance Formation. *Strategic Management Journal* 20, pp. 397–420.

④ Adler, Paul S. & Seok-Woo Kwon (2002). Social Capital: Prospects for a New Concept. *Academy of Management Review* 27 (1), pp. 17–40.

⑤ Geletkanycz, Marta A. & Donald D. Hambrick (1997). The External Ties of Top Executives: Implications for Strategic Choice and Performance. *Administrative Science Quarterly* 42 (4), pp. 654–681.

企业方案的实施；产业间管理者纽带使不同产业建立了联系，从而可以获得更加新颖的信息，这样有利于企业试验活动的开展和技术创新。他们的研究强调社会资本结构维度中外部关系与组织学习之间具有高度的关联。

外部关系的建立可以缓冲经济不确定性及由此带来的高风险。Li 和 Atuahene – Gima[1]以及 Peng 和 Luo[2] 等学者认为企业的管理者与企业外部建立的关系可以给企业提供有益的信息，这些信息有利于促进企业的技术创新并提高企业绩效。管理者之间建立的关系对于探索式学习和利用式学习的影响作用还需要进一步研究。Geletkancyz 和 Hambrick 对于信息的好处和风险与产业内外的管理者纽带之间的关系进行了阐述：产业内管理纽带促进了产业标准的战略整合，从而减少了管理人员发现新的机会或进行技术创新的能力。同一产业内的管理者面临着类似的机会和威胁，因而他们在应对上述机会和威胁的策略上也会比较一致。[3]

与此相反，产业间管理者纽带为企业获取新的主意和信息提供了机会，这有利于探索式学习，可以降低利用式学习。这是因为管理者如果与产业外的企业建立了关系，他会取得与原来根本不同的经验，并形成全新的心智模式。这会给企业提供全新的信息和视野，从而对业已形成的信念产生了冲击。产业间管理者纽带提供了异质的信息资源，但这种纽带关系可能比较短暂，这会进一步促使企业管理者寻求外部更广泛的信息。

H_{3a}：产业内管理者纽带与高新技术企业的利用式学习正相关。

H_{3b}：产业内管理者纽带与高新技术企业的探索式学习负相关。

H_{4a}：产业间管理者纽带与高新技术企业的利用式学习负相关。

H_{4b}：产业间管理者纽带与高新技术企业的探索式学习正相关。

3.1.2.2 企业社会资本的关系维度与组织学习

Tsai 和 Ghosha 认为社会资本的关系维度首先关注的是信任，信任作为企业

---

[1] Peng, Mike W. & Yadong Luo (2000). Managerial Ties and Firm Performance in a Transition Economy: The Nature of a Micro – Macro Link. *Academy of Management Journal* 43 (3), pp. 486 – 501.

[2] Li, Haiyang & Kwaku Atuahene – Gima (2001). Product Innovation Strategy and the Performance of New Technology Ventures in China. *Academy of Management Journal* 44 (6), pp. 1123 – 1134.

[3] Geletkanycz, Marta A. & Donald D. Hambrick (1997). The External Ties of Top Executives: Implications for Strategic Choice and Performance. *Administrative Science Quarterly* 42 (4), pp. 654 – 681.

的一种关键资源，产生于关系，而关系的好坏直接影响了信任的程度。[①] Fukuyama 指出：中国是一个信任度比较低的国度，这意味着信任在中国的高新技术企业里面是非常重要的。[②] 在本研究中，信任相当于参与者有这样一种信念：组织内的其他成员有能力完成好自己的工作。尽管信任被看成是社会资本的一个重要方面[③]，但是信任与组织学习的关系却有不同的理论观点。例如，其中一个观点是，信任增加了成员间的互信，提高了成员间密切程度，从而提高他们识别和有效地评估信息的能力。[④] 例如，Tsai 和 Ghoshal 发现，信任有助于有效地资源交换和重组。本书的观点是，如果进一步融合，并对资源交换和重组进行更深入的交流，将有助于形成信任。[⑤] Dooley 和 Fryxell[⑥] 以及 Ford 和 Gioia[⑦] 提出了另外的有关信任的观点：信任增加了人们提出新颖替代品的意愿，因为它降低了互相尖锐地评价对方观点带来的压力。这有助于获取和分享新的信息。因此，信任最关键的好处在于它能够提供一种良好的环境[⑧]，这种环境可以使人在犯错误和被批评时有身心的安全感，这有助于探索式学习。[⑨] 由此得出：

H_{5a}：信任与高新技术企业的利用式学习正相关。

H_{5b}：信任与高新技术企业的探索式学习正相关。

企业成员间从事某项活动会有某种现实的或者潜在的承诺或责任。义务代

---

① Tsai, Wenpin & Sumantra Ghoshal (1998). Social Capital and Value Creation: The Role of Interafirm Networks. *Academy of Management Journal* 41 (4), pp. 464–476.

② Fukuyama, Francis (1995). *Trust: The Social Virtues and the Creation of Prosperity*. New York: The Free Press, pp. 67–112.

③ Tsai, Wenpin (2000). Social Capital, Strategic Relatedness and the Formation of Intra-organizational Linkages. *Strategic Management Journal* 21 (9), pp. 925–939.

④ Adler, Paul S. & Seok-Woo Kwon (2002). Social Capital: Prospects for a New Concept. *Academy of Management Review* 27 (1), pp. 17–40.

⑤ Tsai, Wenpin & Sumantra Ghoshal (1998). Social Capital and Value Creation: The Role of Interafirm Networks. *Academy of Management Journal* 41 (4), pp. 464–476.

⑥ Dooley, Robert S. & Gerald E. Fryxell (1999). Attaining Decision Quality and Commitment from Dissent: The Moderating Effects of Loyalty and Competence in Strategic Decision-Making Teams. *Academy of Management Journal* 42 (4), pp. 389–402.

⑦ Ford, Cameron M. & Dennis A. Gioia (2000). Factors Influencing Creativity in the Domain of Managerial Decision Making. *Journal of Management* 26 (4), pp. 705–732.

⑧ Edmondson, Amy C. (1999). The Local and Variegated Nature of Learning in Organizations: A Group-Level Perspective. *Organization Science* 13 (2), pp. 128–146.

⑨ Ford, Cameron M. & Dennis A. Gioia (2000). Factors Influencing Creativity in the Domain of Managerial Decision Making. *Journal of Management* 26 (4), pp. 705–732.

表着在未来从事某一行动的忠诚和责任。Coleman 将义务与规范区别开来,认为前者是在特定的关系中发展起来的。[①] 义务和期望是可信赖的企业间所必需的,在资源共享和互补中,当拥有独特知识、信息或资源的企业感到有义务时,会为另一个成员企业提供、共享这些异质性稀缺资源。这一方面是出于整体利益的考虑,同时也是期望对方对自己持有义务并能够在未来履行此义务。为了创造更多的社会资本,成员企业之间需要保持长期的义务和期望关系,并保持畅通有效的交流,维持共同遵守的规范。成员企业间的义务和期望可以促进彼此的长期交往和紧密联系,并相互帮助;可以使施惠企业相信受惠方会在未来自己需要帮助时给予回报,而不担心只有付出。企业良好的社会资本实际上就是企业拥有了充足的期望,拥有较多获得合作伙伴回报的机会,能够保证企业即使在复杂、多变、动荡的市场环境中也有较高的抵抗风险能力和企业发展能力。在存在义务和期望的企业网络中,各成员企业能够信守承诺[②],遵守互惠原则,给予施惠方相应回报,达到共赢。义务和期望会促使企业间对有关技术创新的问题进行更加畅通的交流,这些问题既包括企业经营领域内的知识,也可能包括对于企业而言是全新的知识。综合以上分析,结合利用式学习和探索式学习的特点,本书假设:

H_{6a}:义务和期望与高新技术企业的利用式学习正相关。

H_{6b}:义务和期望与高新技术企业的探索式学习正相关。

3.1.2.3 企业社会资本的认知维度与组织学习

社会资本的认知维度涉及的是共同的认识,共同的认识提供了各个团体之间的共同意见、共同理解和共同秩序。[③] 这种形式的社会资本其关键的好处有两点:第一是一致性,各方不是将各自的需要放在第一位,而是将各方共同的目标或者目的放在第一位;[④] 第二是共同愿景,企业成员对于战略目标或者完成任

[①] Coleman, J. (1990). *Foundation of Social Theory*. Cambridge: Harvard University Press, pp. 35 – 78.

[②] Tsai, Wenpin & Sumantra Ghoshal (1998). Social Capital and Value Creation: The Role of Inter-afirm Networks. *Academy of Management Journal* 41 (4), pp. 464 – 476.

[③] Nahapiet, Janine & Sumantra Ghoshal (1998). Social Capital, Intellectual Capital, and the Organizational Advantage. *Academy of Management Review* 23 (2), pp. 242 – 266.

[④] Adler, Paul S. & Seok – Woo Kwon (2002). Social Capital: Prospects for a New Concept. *Academy of Management Review* 27 (1), pp. 17 – 40.

务的过程相互赞同或者有共同的理解。假如企业成员在技术创新方面有不同的观点或者主意，社会资本的认知维度能够减少误解，促成开放的讨论，并促进频繁的交流。[1] 它也可能鼓励更多的互动，以促进各方之间更加喜欢对方，并形成更加亲密的关系。[2] 社会资本的这一维度恰恰是本研究特别强调的方面，因为与外国的文化相比较，中国具有集体主义的传统，强调个人利益服从集体。[3]

一致性强调将集体目标的实现和各方的合作放在第一位，将个体目标的实现放在其次。[4] 突出团队精神和共同的目标，团队精神促进了资源交换和重组，从而使企业内部各成员不同的想法和视野得以融合。这一过程保证了高新技术企业的效率和效益。[5] 同样的，共同愿景确保了高新技术企业内部各成员共同的认识水平和可预测的行动和行为。这可以减少企业内部各个成员在行为上的不确定性和模糊性，增加了执行效率。[6] 在此基础上，本书假定，一致性和共同愿景确保企业可以更好地和更深入地了解现有的技术和市场，从而促进了利用式学习。

企业社会资本的认知维度可能在促进探索式学习方面存在着缺陷。各方的一致性和共同愿景可能会阻碍组织内部的各个成员对对方的观点提出不同意见，这可能会导致不能够认识到信息的独特性。此外，因为一致性造成的互动的增加和关系的亲密、强大的社会关系和共同愿景导致的"团体迷思"可能会妨碍发展新的假说和对问题提出更有价值的理解。由此得出：

H_{7a}：一致性与高新技术企业的利用式学习正相关。

H_{7b}：一致性与高新技术企业的探索式学习负相关。

---

[1] Tsai, Wenpin & Sumantra Ghoshal (1998). Social Capital and Value Creation: The Role of Interafirm Networks. *Academy of Management Journal* 41 (4), pp. 464 – 476.

[2] Hofstede, Geert (1991). *Culture and Organizations: Software of the Mind*. London: McGraw – Hill, pp. 56 – 89.

[3] Triandis, Harry C. (1995). *Individualism and Collectivism*. Boulder, CO: West View Press, pp. 78 – 112.

[4] Triandis, Harry C. (1995). *Individualism and Collectivism*. Boulder, CO: West View Press, pp. 78 – 112.

[5] Tsai, Wenpin & Sumantra Ghoshal (1998). Social Capital and Value Creation: The Role of Interafirm Networks. *Academy of Management Journal* 41 (4), pp. 464 – 476.

[6] Iaquinto, Anthoy L. & James W. Fredrickson (1997). Top Management Team Agreement about the Strategic Decision Process: A Test of Some of Its Determinants and Consequences. *Strategic Management Journal* 18 (1), pp. 63 – 75.

H_{8a}：共同愿景与高新技术企业的利用式学习正相关。

H_{8b}：共同愿景与高新技术企业的探索式学习负相关。

3.1.3 企业社会资本与技术创新绩效

Nahapiet 和 Ghoshal 在对社会资本、智力资本、价值创造以及组织优势之间的关系研究中，明确提出刻画企业社会资本自身特征的结构、关系和认知等三个研究维度，并认为企业社会资本能促进智力资本的创造。① 基于上述研究，Tsai 和 Ghoshal 通过向一个大型跨国电子公司的所有业务部门发放调查问卷，分析了大型跨国公司业务部门中社会资本的结构、关系和认知维度之间的关系以及这些维度与资源的交换和产品创新之间的关系，提出社会交互作用（结构维）和信任（关系维）显著地影响了部门间资源交换的程度，从而影响了产品创新。② Yli‐Renko 等研究了关键客户关系中的社会资本对于知识获取和知识开发的作用。他们通过定量分析提出，嵌入于新兴技术型企业和关键客户之间的社会资本的各个方面（社会交互作用、关系特质和网络联结）促进新兴企业从这种关系中获取知识，而知识的获取能促进新产品开发，提升企业的技术特性，降低销售成本。③ 上述两位学者均从企业社会资本的特征维度出发，展开相关研究。

另一些学者则从企业与不同类型的外部实体的联系出发，进行定量实证。Cooke 和 Clifton 在探讨社会资本与英国中小企业绩效之间的关系研究中，实证了企业社会资本对新产品和新工艺的推出、质量标准的达成有显著的促进作用，并能提高新产品产值在总销售收入中所占比重。④ 陈劲和李飞宇分析了企业与纵

---

① Nahapiet, Janine & Sumantra Ghoshal (1998). Social Capital, Intellectual Capital, and the Organizational Advantage. *Academy of Management Review* 23 (2), pp. 242–266.

② Tsai, Wenpin & Sumantra Ghoshal (1998). Social Capital and Value Creation: The Role of Interafirm Networks. *Academy of Management Journal* 41 (4), pp. 464–476.

③ Yli‐Renko, H., Autio, E., et al. (2001). Social Capital, Knowledge Acquisition, and Knowledge Exploitation in Young Technology Based Firms. *Strategy Management Journal* 22, pp. 587–613.

④ Cooke, P. & Clifton, N. (2002). *Social Capital, and Small and Medium Enterprise Performance in the United Kingdom, Entrepreneurship in the Modern Space‐economy: Evolutionary and Policy Perspectives*. Tinbergen Institute, Keizersgracht Amsterdam, pp. 122–167.

向、横向以及其他外界实体之间的社会资本对企业技术创新绩效的影响。他们的实证结果表明,企业纵向社会资本越大,技术创新绩效越大;而横向社会资本对企业技术创新业绩的作用很小;企业与外部实体之间的社会资本对创新绩效正向作用较为显著。[1] 张方华的实证研究进一步提出,企业社会资本能够通过影响企业的信息获取、知识获取和资金获取,进而影响到技术创新绩效,其中纵向社会资本对企业信息和知识获取的作用较为显著。[2]

国内外对于企业社会资本与技术创新的定量研究并不多见,研究的视角或单为企业外部或仅为企业内部。并且,仅 Tsai 和 Ghoshal 的研究从企业内部社会资本自身特征的分析维度出发进行研究。尽管如此,这些定量研究一致认为,企业社会资本对于技术创新具有显著的促进作用。因此,根据上述的分析,我们提出如下的假设:

H_{9a}:企业社会资本的结构维度与技术创新绩效正相关。

H_{9b}:企业社会资本的关系维度与技术创新绩效正相关。

H_{9c}:企业社会资本的认知维度与技术创新绩效正相关。

3.1.4 组织学习与技术创新绩效

3.1.4.1 利用式学习与技术创新绩效

由于高新技术企业资源有限,它必须充分利用自己现有的资源,并在现有的技术和产品市场领域从事它的业务,由此利用式学习就很有必要。通过利用式学习,高新技术企业将原有的技术和产品市场知识积累,原有的技术和市场经验得以推广,从而提高了企业的技术创新。[3] 由此可见,利用式学习降低了错误解决问题的可能性,并且很大程度上避免了失误。它为现有知识的融合和重组提供了更多的机会,并且可能产生新的见解,从而有利于企业的技术创新。[4]

---

[1] 陈劲、李飞宇:《社会资本:对技术创新的社会学诠释》,载《科学学研究》,2001 年第 3 期。

[2] 张方华:《知识型企业的社会资本与技术创新绩效的关系研究》,浙江大学 2004 年博士学位论文,第 154—163 页。

[3] Shane, Scott (2000). Prior Knowledge and the Discovery of Entrepreneurial Opportunism. *Organization Science* 11 (4), pp. 448 – 469.

[4] Cert., Richard M. & James G. March (1963). *A Behavioral Theory of the Firm Englewood Cliffs*. NJ: Prentice Hall, pp. 56 – 122.

然而，如果企业仅仅是进行利用式学习，这就会导致企业不会获得足够数量和更加多元化的新知识[1]，缺乏进行技术创新一些必要的技能，因此企业不能够适应新兴的技术和市场条件。[2] 企业仅仅通过利用式学习进行技术创新，它会仅仅在其相对熟悉的知识领域内从事活动，向更新的领域发展就会有困难。[3] 因此，过度依赖利用式学习可能会由于 Ahuja 和 Lampert 提出的"熟悉陷阱"导致创新效率的低下，甚至会发生失误。[4] 简单地说，虽然利用式学习可以提高技术创新绩效，但是超过一定的程度，可能会由于知识的僵化而降低技术创新绩效。

H_{10a}：利用式学习和技术创新绩效呈倒 U 形关系。在较低的水平上，利用式学习和技术创新绩效呈正相关的关系，但在较高的水平上，利用式学习和技术创新绩效呈负相关的关系。

3.1.4.2 探索式学习与技术创新绩效

探索式学习可以提高技术创新绩效，因为它可以使企业员工接受更新的知识，并通过交流对新知识进行整理汇总，得到更有价值的知识。[5] 通过对技术创新提供新的见解，在产品特性等方面接受外部的有价值信息，探索式学习将会使企业在技术创新方面包含更多的新颖想法，这就会使自己的创新成果区别于竞争对手的产品，给顾客创造更多的价值。[6] 尽管有这些优势，但是探索式学习还有高风险和高成本的劣势，例如在解决问题的时候可能会由于涉及的解决方案太多造成效率低下。[7] 企业员工在解决技术创新问题的时候可能会从一个新的

---

[1] Levinthal, Daniel A. & James G. March (1993). The Myopia of Learning. *Strategic Management Journal* 14 (Winter Special Issue), pp. 95 – 112.

[2] Benner, Mary J. & Michael L. Tushman (2003). Exploitation, Exploration, and Process Management: The Productivity Dilemma Revisited. *Academy of Management Review* 28 (2), pp. 238 – 256.

[3] March, James G. (1991). Exploration and Exploitation in Organizational Learning. *Organization Science* 2 (1), pp. 71 – 87.

[4] Ahuja, Gautam & Curba Morris Lampert (2001). Entrepreneurship in the Large Corporation: A Longitudinal Study of How Established Firms Create Breakthrough Inventions. *Strategic Management Journal* 22 (6 – 7), pp. 521 – 543.

[5] March, James G. (1991). Exploration and Exploitation in Organizational Learning. *Organization Science* 2 (1), pp. 71 – 87.

[6] Katila, Riitta & Gautam Ahuja (2002). Something Old, Something New: A Longitudinal Study of Search Behavior and New Product Introduction. *Academy of Management Journal* 45 (6), pp. 1183 – 1194.

[7] Levinthal, Daniel A. & James G. March (1993). The Myopia of Learning. *Strategic Management Journal* 14 (Winter Special Issue), pp. 95 – 112.

想法转到另一个想法，但是这些想法所需要的知识和经验可能企业并不具备。①尽管探索式学习可能会提高企业创新产品的功能和优势，但是其优良的产品特性可能会被低估甚至不符合客户的需求。此外，Katila 和 Ahuja 认为，过于依赖探索式学习可能会导致企业的新主意太多，过于复杂，造成协调整合各员工的主意比较困难，从而降低创新绩效。② 本书认为，对于高新技术企业而言，探索式学习的风险和成本可能不是轻易能够做出比较的，因为它们往往缺乏共同的规范，而且在信息收集、分析和利用方面都是不一样的。③ 尽管探索式学习对提高创新绩效是有益的，但是超过一定的程度，它可能会降低创新绩效。由此得出：

H_{10b}：探索式学习和技术创新绩效呈倒 U 形关系。在较低的水平上，探索式学习和技术创新绩效呈正相关的关系，但在较高的水平上，利用式学习和技术创新绩效呈负相关的关系。

3.1.4.3 利用式学习和探索式学习的相互作用

前面的假设表明，超过了一定的限度，利用式学习和探索式学习都存在收益递减的情况。④ 基于上述的原因，企业仅仅从事探索式学习而排除利用式学习可能承担过多的实验成本，而不能很好地获得好处，而那些仅仅进行利用式学习而排除探索式学习的企业会发现自己因为找不到最恰当的利用式学习的程度而苦恼，不能实现最好的经营效果。利用式学习和探索式学习的平衡对于提高企业的创新绩效是至关重要的。⑤ 总之，上述的观点说明：如果企业能够同时进行探索式学习和利用式学习，与单纯进行探索式学习或利用式学习相比，它会

---

① March, James G. (1991). Exploration and Exploitation in Organizational Learning. *Organization Science* 2 (1), pp. 71 – 87.

② Katila, Riitta & Gautam Ahuja (2002). Something Old, Something New: A Longitudinal Study of Search Behavior and New Product Introduction. *Academy of Management Journal* 45 (6), pp. 1183 – 1194.

③ Stinchcombe, Arthur L. (1965). Social Structure in Organizations. *Handbook of Organizations*, J. G. March, ed. Chicago: Rand McNally, pp. 142 – 193.

④ Nerkar, Atul (2003). Old Is Gold? The Value of Temporal Exploration in the Creation of New Knowledge. *Management Science* 49 (2), pp. 211 – 229.

⑤ March, James G. (1991). Exploration and Exploitation in Organizational Learning. *Organization Science* 2 (1), pp. 71 – 87.

取得更好的创新绩效。① 这个概念表明，探索式学习和利用式学习的平衡与企业的技术创新绩效呈正相关的关系。② 然而，March 认为，同时进行探索式学习和利用式学习会导致技术创新绩效递减。这意味着，探索式学习和利用式学习的交互作用对企业创新绩效的影响是负面的。③ Nerkar 的观点与上述观点是一致的，他认为：为了提高创新绩效，必须实现探索式学习和利用式学习的平衡，更高（低）程度的利用式学习需要更低（高）程度的探索式学习。④ Benner 和 Tushman 认为：企业在实现探索式学习和利用式学习的结合时会遇到困难。⑤ 由于上述的观点显得模棱两可，因此本书给出如下备择假设：

H_{11}：探索式学习和利用式学习的相互作用与高新技术企业的技术创新绩效正相关。

3.1.5 本研究的理论假设总结

首先在对企业社会资本通过探索式学习和利用式学习影响技术创新绩效进行理论分析的基础上，提出了企业社会资本、组织学习和技术创新绩效的概念模型，并提出了 22 个假设。假设分为两类：（1）验证性假设。这类假设已有学者做过分析，并通过经验研究加以证实。（2）开拓性假设。这类假设其他学者还没研究过，或者虽有相关理论分析，但尚未通过经验研究加以证实。按照此标准，对本书的研究假设进行归类。

（1）尽管有学者研究过企业社会资本与组织学习的关系，但是在分析企业社会资本各个维度对组织学习的影响时，结构维度其中三个因素的指标（权力、产业内管理者纽带和产业间管理者纽带）是本书引入的新指标，所以 H_{1a}、H_{1b}、

---

① Shane, Scott (2000). Prior Knowledge and the Discovery of Entrepreneurial Opportunism. *Organization Science* 11 (4), pp. 448 – 469.

② Katila, Riitta & Gautam Ahuja (2002). Something Old, Something New: A Longitudinal Study of Search Behavior and New Product Introduction. *Academy of Management Journal* 45 (6), pp. 1183 – 1194.

③ March, James G. (1991). Exploration and Exploitation in Organizational Learning. *Organization Science* 2 (1), pp. 71 – 87.

④ Nerkar, Atul (2003). Old Is Gold? The Value of Temporal Exploration in the Creation of New Knowledge. *Management Science* 49 (2), pp. 211 – 229.

⑤ Benner, Mary J. & Michael L. Tushman (2003). Exploitation, Exploration, and Process Management: The Productivity Dilemma Revisited. *Academy of Management Review* 28 (2), pp. 238 – 256.

H_{3a}、H_{3b}、H_{4a}、H_{4b}均为开拓性假设。

（2）尽管有学者研究过组织学习与创新绩效的关系，但是未发现有学者探讨探索式学习和利用式学习的相互作用对于技术创新绩效的影响，因此H_{11}也为开拓性假设。

（3）对于企业社会资本与组织学习的关系，结构维度的其中一个指标（联系的稳定性）、企业社会资本的关系维度和认知维度与组织学习、技术创新绩效的关系，本书的假设借鉴了前人的研究。虽然前人用的指标略有差异，本书借鉴了相关的指标并进行了甄选和完善，不过从基本思路的角度看，大体相同，因此将H_{2a}、H_{2b}、H_{5a}、H_{5b}、H_{6a}、H_{6b}、H_{7a}、H_{7b}、H_{8a}、H_{8b}、H_{9a}、H_{9b}、H_{9c}为验证性假设。

（4）有学者研究过组织学习与创新绩效的关系，而且他们也探讨过探索式学习和利用式学习对创新绩效的影响，因此H_{10a}、H_{10b}也为验证性假设。

本书的假设汇总如表3—7所示。

表3—7 研究假设总结

编号	假设内容	假设类型
H_{1a}	在技术创新过程中，权力与高新技术企业的利用式学习正相关	开拓性假设
H_{1b}	在技术创新过程中，权力与高新技术企业的探索式学习正相关	开拓性假设
H_{2a}	在技术创新过程中，联系的稳定性与高新技术企业的利用式学习正相关	验证性假设
H_{2b}	在技术创新过程中，联系的稳定性与高新技术企业的探索式学习正相关	验证性假设
H_{3a}	产业内管理者纽带与高新技术企业的利用式学习正相关	开拓性假设
H_{3b}	产业内管理者纽带与高新技术企业的探索式学习负相关	开拓性假设
H_{4a}	产业间管理者纽带与高新技术企业的利用式学习负相关	开拓性假设
H_{4b}	产业间管理者纽带与高新技术企业的探索式学习正相关	开拓性假设
H_{5a}	信任与高新技术企业的利用式学习正相关	验证性假设

续表

编号	假设内容	假设类型
H_{5b}	信任与高新技术企业的探索式学习正相关	验证性假设
H_{6a}	义务和期望与高新技术企业的利用式学习正相关	验证性假设
H_{6b}	义务和期望与高新技术企业的探索式学习正相关	验证性假设
H_{7a}	一致性与高新技术企业的利用式学习正相关	验证性假设
H_{7b}	一致性与高新技术企业的探索式学习负相关	验证性假设
H_{8a}	共同愿景与高新技术企业的利用式学习正相关	验证性假设
H_{8b}	共同愿景与高新技术企业的探索式学习负相关	验证性假设
H_{9a}	企业社会资本的结构维度与技术创新绩效正相关	验证性假设
H_{9b}	企业社会资本的关系维度与技术创新绩效正相关	验证性假设
H_{9c}	企业社会资本的认知维度与技术创新绩效正相关	验证性假设
H_{10a}	利用式学习和高新技术企业的技术创新绩效呈倒U形关系	验证性假设
H_{10b}	探索式学习和高新技术企业的技术创新绩效呈倒U形关系	验证性假设
H_{11}	探索式学习和利用式学习的相互作用与高新技术企业的技术创新绩效呈正相关关系	开拓性假设

资料来源：作者整理。

3.2 研究设计与研究方法

为了保证在概念模型基础上实证研究结果的可信性和有效性，本部分将对本研究采用的方法进行阐述。首先，在大量阅读国内外相关文献的基础上，以山东省部分地市的高新技术企业员工（尤其是中高层管理者）为调查对象，结合对部分专家学者、企业家的访谈，进行了问卷设计，以实现对企业社会资本、组织学习和技术创新绩效等变量的有效度量。同时，本部分将对本研究采用的分析方法做简单的介绍，为下一部分的实证分析提供基础。

3.2.1 实证研究过程

基于上一部分建立的概念模型和提出的理论假设，本部分和下一部分正式进入具体的实证研究过程。实证研究的过程主要分为四个环节：调查设计、数据收集、数据分析和结果汇总，见图3—2。本部分主要介绍调查设计、数据收集和数据分析。

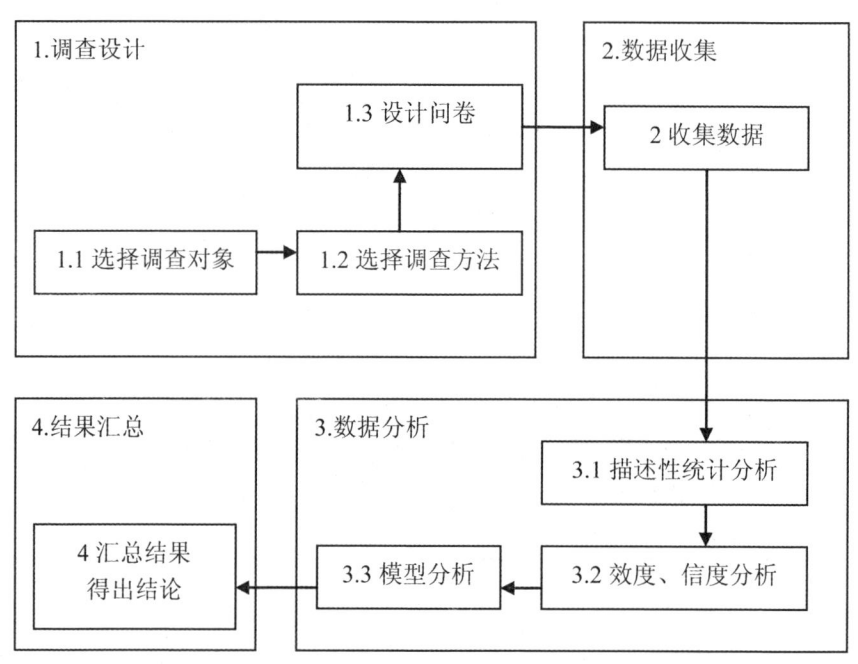

图3—2　实证研究过程

资料来源：作者整理。

3.2.2　调查对象的选择

由于行业不同，其技术创新的特点也不尽相同。如果将所有的行业不加区分地作为本书的研究对象，将会影响到研究结论的准确性和有效性。因此，本书研究的对象为山东省的高新技术企业，选择高新技术企业的主要原因有三个：第一，瞬息万变的市场竞争环境对企业的适应性、应变能力和创新速度提出了更高的要求和挑战，技术创新已成为高新技术企业获取竞争优势的主要手段；第二，只有通过持续的技术创新，企业才能够更深入地洞察和获取那些具有潜在价值的信息，从而在企业内部建立起一些难以被竞争对手所模仿的异质能力，因此，高新技术企业对技术创新非常重视，并将其视为企业持续发展的动力源泉；第三，本书的选择对象以山东省高新技术企业为主，这些高新技术企业受中国经济转型的影响，其技术创新受内部资源和研究能力有限的约束，它们都非常重视利用社会资本促进组织学习，通过建立各种联系来获取资源，充分有效地整合企业内、外部资源，并在此基础上不断提高企业的技术创新能力。

对于本书的研究，为了减少偏见对假设和系统模型的影响，研究中对企业内技术创新主要参与和执行者从不同角度进行评估。调查范围主要为高新技术企业的战略事业单元或事业部，调查对象以企业中高层主管与业务主管为主，同时也选择了相当部分的基层企业员工作为代表，比例在 8∶1 左右。尽量不在调查表中出现不必要的术语，以减少由于心理偏好造成的影响。

3.2.3 设计问卷

问卷的设计遵循了几个原则：首先，问卷必须紧扣主题，每一道问题都应该忠实于模型；其次，问题的表达方式必须符合被调查对象的文化水平、社会背景等特点，例如问题不宜过于学术化，也不应要求被访者需要一定的专业知识背景来答题；此外，问题不宜过长。国外学者发现解释变量和被解释变量在问卷中出现的顺序、正负不同影响的问题的交叉混乱都会影响答题的效果，所以问卷设计必须专业和细心，该项工作是后续工作的基础。

在问卷设计过程中，首先通过大量的文献阅读收集到与本研究相关的问题，结合国内技术创新研究领域的相关专家，对本研究的核心概念——企业社会资本、组织学习和技术创新绩效进行了定义和度量，并设计初步的调查问卷。然后抽取了济南 6 家高新技术企业，对上述 6 家企业的 20 名技术创新的管理人员和研发人员进行实地的深入调查，进行问卷调查的测试，验证问卷变量的表面效度、可辨别性和相关性。同时，为了使问卷的内容更准确地反映企业的实际情况，作者与导师和博士同学进行了多次交流与探讨，并在问卷测试发现问题的基础上对问卷进行修改和调整并最终定稿。

根据前文对企业社会资本的定义，本研究将企业社会资本分为社会资本的结构维度、社会资本的关系维度和社会资本的认知维度三个部分，其中社会资本的结构维度包括权力、联系的稳定性、产业间管理者纽带和产业内管理者纽带四个方面，社会资本的关系维度包括信任和义务与期望；社会资本的认知维度包括一致性和共同愿景两个方面。技术创新绩效主要通过被调查者对于投资回报、新产品的销售额、增长的利润、资产回报四个方面的评价来测度。控制变量的测度，主要包括企业所有制性质、产业类型、技术不确定性、市场不确定性、企业规模、企业年龄、新产品质量等方面。另外，考虑到企业社会资本的构建是一个长期的培育过程，其对企业技术创新绩效的影响具有一定的时滞性，因此，本研究在设计问卷时特别指出，对企业社会资本的测度主要是根据2004—2007年三年的平均状况打分，而对创新的绩效的测度则是根据2007年企业的实际情况来打分的。

最后的调查问卷包括62个测量题项，其中题项1–9用于测量企业的基本信息，题项10–36用于测量企业社会资本，题项37–62用于测量被解释变量和控制变量。请被调查者根据本企业的实际状况来填制问卷。

本研究调查问卷采用结构化问卷方式，按照Likert多选项量表设计，用分值1–5分表示被调查人员对问题的认知程度，如5分表示完全同意，4分表示同意，3分表示中立，2分表示不同意，1分表示完全不同意。

3.2.4 变量的测量

变量测量项目主要有三个来源，一是对于相关文献中已经进行过论述和测量的项目直接引用；二是对于相关文献中已提到的测量项目根据研究需要进行调整后使用；三是根据已有的研究开发新的测量项目。

3.2.4.1 被解释变量

由于无法取得企业技术创新绩效的档案数据，本研究主要依靠被调查者对于绩效的价值判断的业绩。本研究设计了一个主观测量方法去测量技术创新绩效，主要是通过被调查者认为以下几个有关技术创新绩效的指标的实现程度与当初设立的目标进行对比来进行评价的，这几个指标是：销售收入，利润，资产收益率，投资回报率。

3.2.4.2 解释变量

结构维度、关系维度和认知维度为企业社会资本的三个维度，也是本研究的解释变量，下面将就这三个解释变量水平的测量进行说明。

关于企业社会资本的结构维度，本书用四个指标来测量权力，通过让被调查者对以下四个问题的赞同程度来测量权力：（1）拥有技术学科背景的企业高级管理人员比拥有其他学科背景的企业高级管理人员更有影响力；（2）拥有技术学科背景的企业高级管理人员比拥有其他学科背景的企业高级管理人员对企业的成功更重要；（3）拥有技术学科背景的企业高级管理人员在技术创新方面体现出了更大的权力；（4）拥有技术学科背景的企业高级管理人员因为具有技术创新方面的专长要比拥有其他学科背景的企业高级管理人员更受尊重。本书借鉴了 Hogarth 和 Michaud、Calantone, Cavusgil 和 Yushan、Daniel 和 Fernando Jose 等人对于指标体系的建立，用两个指标测量联系的稳定性：（1）跟关联企业合作的时间比较长；（2）跟关联企业之间合作关系变动不大。本书用四个指标去测量产业内管理者纽带，这四个指标主要是要求被调查者评估企业与本产业内其他企业保持密切接触的程度。本书借鉴了 Geletkanycz 和 Hambrick 的研究，用三个指标去测量产业间管理者纽带，主要是询问企业高级管理人员与本产业之外的有识之士保持关系的程度。

关于企业社会资本的关系维度，本书借鉴了 Dooley 和 Fryxell 对于信任测量建立的指标体系，用四个指标去测量信任，这四个指标是被调查者对于以下问题的接受程度：高层管理人员认为企业员工能够熟练地、认真地、可靠地、专业地完成他们应该完成的工作。本书借鉴了 Beugelsdijk、Noorderhaven、Chiu，Hsu、Wang、Cullen、Johnson、Sakano 对于义务和期望测量建立的指标体系，用三个指标测量义务与期望：（1）技术创新成员能够信守承诺；（2）成员之间遵守互惠原则，会给予施惠方相应回报；（3）具有关联关系的企业定期或经常地评价、比较和总结合作关系。

关于企业社会资本的认知维度，为了适应本书的研究，并结合目前技术创新的实际状况，本书专门设计了三个指标用于测量一致性。这些指标反映了被调查者对以下三个问题的接受程度：（1）通过团队解决问题比通过单个的人解决问题有更好的绩效；（2）团队的需要应该比个人的需要更值得重视；（3）即使单个的成员不同意团队的目标，他们也应该接受这一目标。本书通过四个指标测量共同愿景，这四个指标借鉴了 Mille, Burke 和 Glick 开发的对于战略目标和共同愿景的指标体系，这一指标体系考察了在技术创新过程中，被调查者在何种程度上同意整个团队的主意、目标和运作流程。

3.2.4.3 中介变量

由于缺乏良好的比较客观的指标,学者们(例如 Yli‑Renko, Autio 和 Sapienza; Zahra, Ireland 和 Hitt)在测量组织学习时经常通过主观评价来进行。为了测量利用式学习,本书设计了五个指标,这五个指标用于衡量企业为了提高技术创新的生产率和效率,通过向邻近的企业学习来获取有关市场和产品知识的信息。为了测量探索式学习,本书设计了五个指标,要求被调查者回答企业为了进行探索式的创新,他们寻找和利用与本企业目前的市场领域、产品领域以及知识基础无关的信息的程度如何。

3.2.4.4 控制变量

控制变量可能对被解释变量(即企业的技术创新绩效)产生影响,为了进行假设检验,本书设立了以下几个因素作为控制变量:(1)本书用五个指标去测量企业开发的新产品的质量,通过回答这五个方面的问题,可以反映被调查者对于新产品质量各方面特性的主观评价;(2)本书用四个指标测量技术的不确定性:技术变化的速度;技术变化的广度;技术的不确定性;本产业内由于技术变化推出的新产品。(3)以下三个指标测量市场的不确定性:顾客需求的变化速度;顾客对于产品偏好的变化速度;本产业新的客户群体的出现速度。上述三个指标是通过对 Jaworski 和 Kohli 的研究利用的指标进行调整得出的。(4)Nadler 和 Tushman 认为:企业大小是影响企业行为和决策的重要属性,企业越大,企业的规模效应和声誉优势就越明显,则企业绩效可能越好,这对于提高技术创新效率具有一定的影响。本书用企业的员工数量衡量企业的大小。(5)本书用企业从创立起到目前为止的年份作为标准测量企业的年龄。(6)本书还把企业性质作为控制变量,因为不同性质的企业拥有的资源数量和进行技术创新的程度会有所差异。本书将个人制企业记为 0,其他类型的企业记为 1。(7)本书借鉴了 Li 和 Atuahene‑Gima 的研究,将企业划分为不同的类型以反映技术复杂程度的差异。本书将企业划分为电子企业和非电子类企业,并把电子企业记为 0,非电子类企业记为 1。

本书对企业社会资本、组织学习和技术创新绩效的测量共包括 53 个项目,分别从各个角度反映了企业社会资本、组织学习和技术创新的实际状况(见表3—8)。

表3—8 企业社会资本、组织学习和技术创新绩效指标一览表

题号	问题
10	技术创新成员能够信守承诺
11	成员之间遵守互惠原则，会给予施惠方相应回报
12	具有关联关系的企业定期或经常地评价、比较和总结合作关系
13	不能信赖企业高管人员可以顺利完成他们的责任
14	企业高管人员不能很职业化地从事他们的工作
15	企业的高管人员做工作时不细心
16	企业的高管人员从事工作能力不够强
17	拥有工程学科背景的高管人员比其他背景的企业员工更有发言权
18	拥有工程学科背景的高管人员比其他背景的企业员工更有影响力
19	拥有工程学科背景的高管人员比其他背景的企业员工更有权力
20	拥有工程学科背景高管人员的工作绩效比其他背景员工的更重要
21	跟关联企业合作的时间比较长
22	跟关联企业之间合作关系变动不大
23	企业高级管理人员跟其他企业的创始人保持密切的联系
24	企业高管人员通过跟本产业内其他企业高管互动学到了好多东西
25	企业高管人员与本产业内企业的创始人存在专业知识交流
26	为跟通晓本产业内知识的高管建立关系，企业高管人员付出很多努力
27	企业高管人员完全同意企业的市场目标和战略重点
28	企业高管人员同意实现新的长期发展战略的最佳方案
29	在最大化地实现长远的战略目标上，企业高管人员的目标是一致的
30	企业高管人员全部同意哪一个战略市场目标最重要
31	企业高管人员认为整个团队的需要应该比个人需要更优先考虑
32	企业高管人员即使有不同的观点也会接受团队的决策
33	企业高管人员解决问题，多人决策要比个人解决问题有更好的结果
34	企业高管人员为培植与产业外企业高管的关系花费了大量的资源
35	企业高管人员与不在本产业经营的企业高管有联系
36	企业高管人员与不在本产业经营的企业董事有密切的关系
37	我们的产品比竞争产品质量更好
38	我们的产品质量比我们所有竞争对手的产品要好

续表

题号	问题
39	对消费者来说我们的产品是值得信赖的
40	我们的产品质量比其他的产品要好
41	消费者认为我们的产品比我们的竞争对手的产品好
42	本企业所属产业的技术变化很快
43	技术变化为本产业提供了很大的发展机遇
44	通过技术突破使得大量新产品的理念得以实现
45	我们企业所属的产业有很大的技术发展
46	为解决某一项目遇到的问题我们的目标是通过寻找信息改善方法
47	在某一项目中或在特定的市场上，我们的目标是寻找促使我们能够更好地实现生产的主意和信息
48	我们为解决产品发展的问题要寻找已经被证明成功的普通方法
49	我们利用获取信息的方法（比如通过对消费者和竞争对手进行调查）帮助我们理解和更新企业的项目和市场经验
50	我们强调与我们企业经营项目有关的知识的运用
51	在信息搜寻时，我们关注与试验和高市场风险项目有关的知识获得
52	我们喜欢搜集没有被识别的战略市场信息以确保项目试验能够成功
53	我们的目标是获得与新技术与新市场领域有关的知识
54	我们搜集超越我们目前的市场和技术经验的新信息和新主意
55	我们搜集信息的目标集中于有关新产品和新项目的新信息
56	与目标相比我们的投资回报率
57	与目标相比我们的销售额
58	与目标相比我们增长的利润
59	与目标相比我们的资产回报
60	我们经营的领域和顾客的产品偏好变化得非常快
61	我们的顾客一直喜欢寻求新产品
62	新顾客希望企业能够提供与现存产品不同的产品，以满足新需要

资料来源：作者整理。

注：详细问卷见附录1。

3.2.5 数据的收集

本书的数据收集主要采用问卷调查的方式，并辅以部分企业的实地调查，问卷所涉及的企业主要集中在济南、青岛等地。由于本研究的被调查对象主要是企业负责技术创新的主管或研发部经理，在做正式问卷调查前，不可能对他们大范围地进行走访访谈。所以，在调查过程中，一方面通过走访相关企业，对选择的几个企业高级主管进行访谈；另一方面对在校 MBA 学员进行调查来完成，通过这种形式的导航研究为问卷的细化设计提供了良好的参考基础，虽然学校的 MBA 学员不能完全代表最终被调查群体的意见和要求，但 MBA 学员中有很多来自于高新技术企业的管理层和基层管理岗位，具有代表性，再结合访谈的其他公司高级主管的回馈，其结果是可以接受的，同时对他们调查也为集中访谈带来便利。

为了确保问卷的回收率和企业提供信息的准确性，本研究主要是通过政府相关职能部门和金融机构，如山东省科技厅、山东省人事厅、青岛开发区科技局、威海市科技局、中国农业银行、济南市人才服务中心等部门，将问卷发放到有关的企业，然后通过邮寄、电子邮件等方式直接反馈给作者本人；同时利用作者朋友跟攻读 MBA 的学员接触的机会直接将问卷发给其所在的企业；并且直接向作者企业界的朋友或者同学的朋友发放问卷。为了保证问卷收集到的信息能够较准确地反映企业的实际情况，问卷的填写人大多数都是该企业负责技术创新的主管或研发部经理等职务的人员。

正式的问卷调查于 2007 年 12 月开始，对济南、青岛等地的高新技术企业进行了抽样调查，2008 年 10 月调查结束，共回收问卷 163 份。

3.2.6 统计分析与模型分析方法

经过调查，所有问卷回收筛选后，对最终的有效问卷进行了数据的录入和复核，形成完整数据库。本研究所使用的分析软件为 SPSS 14.0 版。归纳为三个步骤：

(1) 描述性统计分析

本书通过对调查对象背景资料的常规统计进行描述性统计分析。主要包括企业的规模、所属行业、成立时间等进行统计分析，说明各变量的均值、百分比、次数分配表等，以描述样本的类别、特性以及比例分配状况。得到调查对象的基本信息，对调查的样本结构形成全貌了解，考察了其选取的有效性。

(2) 对问卷效度、信度的检验

效度是指测量工具能正确测量出想要衡量的性质的程度，即测量的正确性。效度可分为内容效度（Content Validity）、构建效度（Construct Validity）和准则相关效度（Criteria–Related Validity）等三类。本研究中的各测量题项都是直接测量，在同一时期内很难找到其他标准资料作辅助，无法进行准则相关效度的分析，因此仅讨论内容效度和构建效度。内容效度旨在检测衡量内容的适切性，本研究为达到内容效度，以相关理论为基础，参考现有实证研究的问卷设计，并加以修订。问卷初稿完成后，多次与相关领域学者和企业界人士讨论修正，因此，确信应有相当的内容效度。效度分析是采用因素分析对问卷的理论构建效度进行验证。对理解测量结果的含义而言，构建效度非常重要。对构建效度进行评定，首先对项目的结构、测量的总体安排以及项目之间的关系做出说明，然后运用因素分析等方法从若干数据中离析出基本构思，以此来对测量的构建效度进行分析。本研究针对企业社会资本各维度、控制变量和因变量所涉及的问卷题项进行验证性因子分析，以确定各题项是否具有构建效度。

信度分析是指对于调查问卷中连贯的问题，只有当答案相同或相近时，其度量才是可靠的，一般采用"Cronbach α"系数来确定各指标的信度，只有当信度系数 α 值大于 0.7 时，才认为可靠性较强。

(3) 模型分析也即变量间的结构关系分析

本研究以 Pearson 相关分析研究企业社会资本各维度、组织学习与技术创新绩效等变量间的相关系数，考察各研究变量间是否有显著相关，作为下一步分析变量间相互作用的基础。以多元回归分析探讨企业社会资本、组织学习与技术创新绩效三组变量之间的关系，检验研究假设。

3.2.7 研究设计与研究方法总结

从问卷设计、数据收集、变量测量和分析方法等方面对本书所采用的研究方法进行了详细的阐述。在问卷设计中，本研究采用了多种方法科学合理地设计调查问卷，尽可能排除干扰因素的影响。在数据收集过程中，采取了多种方式对问卷发放和回收过程进行管理，确保所获数据的可靠性和有效性。在变量度量分析中，本书参照了国内外现有的关于企业社会资本、组织学习和技术创新绩效的理论以及实证研究，确立了被解释变量、解释变量、中介变量和控制变量。在分析方法的说明中，对本书将采用的信度测试、多元回归等主要计量分析方法进行了说明。本书将基于所获取的数据，利用上述分析方法，对本书概念模型中的研究假设进行实证研究。

3.3 数据分析和假设检验

数据分析和假设检验内容主要分为两部分，第一部分对样本情况进行了描述性统计分析。第二部分对所获取的数据进行统计分析，并对分析结果进行阐述和解释。第二部分为重点，首先对测量项目的信度和效度进行检验；然后进行确定性因子分析，以确定维度的合理性；最后，在相关分析的基础上使用多元回归分析方法对变量之间的关系进行分析，对本书提出的模型进行假设检验。

3.3.1 描述性统计分析

本研究共发放问卷220份，回收问卷163份，其中有效问卷131份，有效回收率59.5%。研究对象描述性统计分析主要包括企业所在地区、被调查者在企业的身份、被调查者的年龄、被调查者的学历、企业拥有的员工数量等项目。通过这些数据可以了解被调查企业的有关信息和被调查者所在企业的状况，对样本结构有个全貌的了解。

3.3.1.1 被调查者所在企业的地区分布

表3—9 被调查者所在企业的地区分布表

	地区	Frequency	Percent	Valid Percent	Cumulative Percent
Valid	青岛	73	55.7	55.7	55.7
	济南	50	38.2	38.2	93.9
	淄博	3	2.3	2.3	96.2
	烟台	2	1.5	1.5	97.7
	其他	2	1.5	1.5	99.2
	威海	1	0.8	0.8	100.0
	Total	131	100.0	100.0	

3.3.1.2 被调查者在企业里的身份分布

表3—10 被调查者身份分布表

	身份	Frequency	Percent	Valid Percent	Cumulative Percent
Valid	高层管理者	38	29.0	29.0	29.0
	中层管理者	78	59.5	59.5	88.5
	基层管理者	13	10.0	10.0	98.5
	一般员工	2	1.5	1.5	100.0
	Total	131	100.0	100.0	

被调查的对象主要是管理者，只有11.5%的被调查对象是一般的员工和基层管理者，高层管理者和中层管理者对于企业的全局有更全面的了解，这在一定程度上保证了调查结果的准确性。

3.3.1.3 被调查者所在企业的性质分布

表3—11 被调查者所在企业的性质分布表

	企业性质	Frequency	Percent	Valid Percent	Cumulative Percent
Valid	有限责任公司	63	48.1	48.1	48.1
	合伙企业	32	24.4	24.4	72.5
	股份有限公司	23	17.6	17.6	90.1
	个人独资企业	13	9.9	9.9	100.0
	Total	131	100.0	100.0	

被调研者所在的企业近50%是有限责任公司，17.6%是股份有限公司，这说明高新技术企业大部分具有规范的公司制度。

3.3.1.4 被调查者学历分布

表3—12 被调查者学历分布表

	学历	Frequency	Percent	Valid Percent	Cumulative Percent
Valid	本科生	95	72.5	72.5	72.5
	研究生	24	18.3	18.3	90.8
	其他学历	12	9.2	9.2	100.0
	Total	131	100.0	100.0	

3.3.1.5 被调查者年龄分布

表3—13 被调查者年龄分布表

	年龄	Frequency	Percent	Valid Percent	Cumulative Percent
Valid	30~50岁	74	56.5	56.5	56.5
	30岁以下	39	29.8	29.8	86.3
	50岁以上	18	13.7	13.7	100.0
	Total	131	100.0	100.0	

3.3.1.6 被调查者所在企业的产业类型分布

表3—14 被调查者所在企业的产业类型分布表

	产业类型	Frequency	Percent	Valid Percent	Cumulative Percent
Valid	电子信息产业	68	51.9	51.9	51.9
	医药生化	43	32.8	32.8	84.7
	其他	13	10.0	10.0	94.7
	石油化工	7	5.3	5.3	100.0
	Total	131	100.0	100.0	51.9

注：电子信息产业内的企业包括从事信息技术、通讯、电子等经营类型的企业。

3.3.1.7 被调查者及其所在企业的其他信息

表3—15 被调查者及其所在企业的其他信息统计表

	N	Mean	Std. Deviation
服务本企业的年限	131	2.73	1.95
企业年龄	131	3.79	2.91
企业员工数	131	161.23	197.47

3.3.2 效度测试

本研究对于模型中包含的潜在变量测量量表的设计是在参考了国外相关研究的基础上而得出的，有些测量变项的效度和信度已经得到过验证。但由于在问卷的设计过程中量表的含义不可能完全和原文一致，而且山东省内企业管理人员对问卷的反应和国外企业管理人员可能会有所不同，再加上本研究新增加的一些量表的设计还需要检验，所以在统计分析中，本研究对于每个潜在变量的量表设计进行项目分析、探索性因子分析，来验证量表的构建效度。在本研究中，探索性因子分析采用了主成分分析法并按照如下步骤来进行：抽取主成分为因子，Eigen值小于1的主成分被忽略，测量变项和因子之间的相关系数（负荷）应大于0.5，测量变项和非相关的因子之间的交叉负荷应小于0.4。

3.3.2.1 企业社会资本测量的因子分析

由于研究的变量比较多，而且变量的测量都集中在一份问卷中，可能导致共同测量的偏差。这里对问卷的自变量（涉及企业社会资本的测量指标）的效度采用主成分分析。将问卷获取的数据在统计软件SPSS14.0的因子分析模块进行运行。

反映企业社会资本测量项目共由27个题项组成。在进行因子提取之前，先进行样本充分性检验，根据数据分析结果（见表3—16），样本充分性KMO测试系数为0.832，样本分布的球形Bartlett检验χ^2值为255.733，显著性为0.000，可以对数据进行因子分析。

表3—16 企业社会资本样本充分性描述

KMO and Bartlett's Test		
Kaiser – Meyer – Olkin Measure of Sampling Adequacy.		.832.832
Bartlett's Test of Sphericity	Approx. Chi – Square	255.733
	df	118
	Sig.	0.000

在样本充分性检验基础上，采用主成分分析法提取因子。因子提取结果如表3—17所示。根据SPSS14.0软件提取的因子分析表，共提取8个主要因子，问题10—12构成一个主因子，问题13—16、问题17—20、问题21—22、问题23—26、问题27—30、问题31—33、问题34—36分别构成其他7个因子。得到表3—18所示的样本总体的主成分结果。其中特征值大于1的主成分有8个。集中总方差的67.9%，第一个因子解释的方差比例为11.7，说明共同测量偏差并没有出现。

表 3—17 企业社会资本的测量提取的主要因子

问题	因子1	因子2	因子3	因子4	因子5	因子6	因子7	因子8
10				0.72				
11				0.70				
12				0.73				
13	0.73							
14	0.78							
15	0.81							
16	0.73							
17		0.72						
18		0.73						
19		0.79						
20		0.70						
21					0.69			
22					0.71			
23			0.71					
24			0.79					
25			0.68					
26			0.70					
27							0.69	
28							0.67	
29							0.72	
30							0.67	
31						0.70		
32						0.63		
33						0.76		
34								0.68
35								0.66
36								0.69

Extraction Method: Principal Component Analysis.

a. 8 components extracted.

表3—18 企业社会资本的测量提取因子的贡献率统计

Total Variance Explained			
Component	Initial EigenValues		
	Total	% of Variance	Cumulative %
1	2.7	11.7	11.7
2	2.4	10.3	22.0
3	2.4	8.5	30.5
4	2.3	8.3	38.8
5	2.1	7.6	46.4
6	1.9	7.4	53.8
7	1.9	7.1	60.9
8	1.8	7.0	67.9

Extraction Method: Principal Component Analysis.

表3—18是各因子的主要贡献指标，从表中可以看出各主要因子的贡献率。第一因子主要代表信任，命名为信任因子；第二个因子主要代表权力，命名为权力因子；第三个体现为产业内管理者纽带，命名为产业内管理者纽带因子；第四个因子主要代表义务与期望，命名为义务与期望因子；第五个因子体现的是联系的稳定性，命名为联系稳定性因子；第六个因子主要代表一致性，命名为一致性因子；第七个因子体现的是共同愿景，命名为共同愿景因子；第八个因子体现为产业间管理者纽带，命名为产业间管理者纽带因子。上表还反映出各个因子的贡献水平，其中信任因子的贡献率最高，达到11.7%，其次是权力因子的贡献率为10.3%，等等。

3.3.2.2 控制变量和被解释变量测量的因子分析

反映控制变量和被解释变量测量的项目共由26个题项组成。在进行因子提取之前，先进行样本充分性检验，根据数据分析结果（见表3—19），样本充分性KMO测试系数为0.856，样本分布的球形Bartlett检验χ^2值为287.733，显著性为0.000，可以对数据进行因子分析。

表 3—19 控制变量和因变量样本充分性描述

KMO and Bartlett's Test		
Kaiser – Meyer – Olkin Measure of Sampling Adequacy.		0.856
Bartlett's Test of Sphericity	Approx. Chi – Square	287.733
	df	15
	Sig.	0.000

在样本充分性检验基础上，采用主成分分析法提取因子。因子提取结果如表 3—20 所示。根据 SPSS14.0 软件提取的因子分析表，共提取 6 个主要因子，问题 37—41 构成一个主因子，问题 42—45、问题 46—50、问题 51—55、问题 56—59、问题 60—62 分别构成其他 5 个因子。得到表 3—20 所示的样本总体的主成分结果。其中特征值大于 1 的主成分有 6 个。集中总方差的 55.9%，第一个因子解释的方差比例为 11.2，说明共同测量偏差并没有出现。

表 3—20 控制变量和因变量测量提取的主要因子

问题	Component					
	因子1	因子2	因子3	因子4	因子5	因子6
37	0.81					
38	0.80					
39	0.79					
40	0.71					
41	0.71					
42					0.76	
43					0.76	
44					0.75	
45					0.70	
46				0.70		
47				0.74		
48				0.73		
49				0.66		
50				0.57		

续表

问题	Component					
	因子1	因子2	因子3	因子4	因子5	因子6
51			0.72			
52			0.68			
53			0.67			
54			0.66			
55			0.59			
56		0.79				
57		0.79				
58		0.70				
59		0.69				
60						0.74
61						0.70
62						0.69

Extraction Method: Principal Component Analysis.

a. 6 components extracted.

表3—21　控制变量和因变量测量提取因子的贡献率统计

Total Variance Explained			
Component	Initial EigenValues		
	Total	% of Variance	Cumulative %
1	3.0	11.2	11.2
2	2.7	10.2	21.4
3	2.7	9.3	30.7
4	2.4	9.1	39.8
5	2.1	9.0	48.8
6	1.7	7.1	55.9

Extraction Method: Principal Component Analysis.

表3—21是各因子的主要贡献指标，从表中可以看出各主要因子的贡献率。第一因子代表新产品的质量，命名为新产品质量因子；第二个因子主要代表新产品绩效，命名为新产品绩效因子；第三个因子体现的是探索式学习，命名为

探索式学习因子；第四个因子体现为利用式学习，命名为利用式学习因子；第五个因子主要代表技术的不确定性，命名为技术不确定性因子；第六个因子体现为市场的不确定性，命名为市场的不确定性因子。上表还反映出各个因子的贡献水平，其中新产品质量因子的贡献率最高，达到11.2%，其次是新产品绩效因子的贡献率为10.2%，等等。

3.3.3 信度检验

因素分析完成后，为进一步验证问卷的可靠性与有效性，需要做信度检验。信度是指测试分数的特性，分数会因受试者的不同会有所不同，所以多数学者认为每次利用问卷的量表进行调研后，应估计分数的特性。即使是前人编辑或修订过的量表也应该进行信度检验。

本研究的信度检验采用常用的"Cronbach α"系数检验方法。α系数是内部一致性系数，α系数的临界值设为0.7。如果信度系数α在0.9以上，则表示量表有很高的信度；如果信度系数$0.7<\alpha<0.9$，则表示信度高；如果信度系数$0.35<\alpha<0.7$，则表示信度中等；$\alpha<0.35$表示低信度。一般认为，在社会科学研究中$\alpha>0.6$就认为问卷调查题目的信度能够接受。通过SPSS14.0统计软件对问卷所涉及的变量进行Cronbach α信度检验，结果如表3—22所示。

表3—22 变量内部一致性检验（α系数）

变量名称	变量内容	α系数
新产品的质量	我们的产品比竞争产品质量更好	0.82
	我们的产品质量比我们所有竞争对手的产品要好	
	我们的产品对消费者来说是值得信赖的	
	我们的产品质量比其他的产品质量要好	
	消费者认为我们的产品比我们的竞争对手的产品好	
信任	不能信赖企业高级管理人员可以顺利完成他们的责任	0.79
	企业高级管理人员不能很职业化地从事他们的工作	
	企业的高级管理人员做工作时不细心	
	企业的高级管理人员从事工作能力不够强	

续表

变量名称	变量内容	α系数
技术不确定性	本企业所属产业的技术变化很快	0.78
	技术变化为本产业提供了很大的发展机遇	
	通过技术突破使得大量的有关新产品的理念得以实现	
	我们企业所属的产业有很大的技术发展	
技术创新绩效	与目标相比我们的投资回报率	0.76
	与目标相比我们的销售额	
	与目标相比我们增长的利润	
	与目标相比我们的资产回报	
共同愿景	企业高级管理人员完全同意企业的市场目标和战略重点	0.74
	企业高级管理人员同意实现企业新的长期发展战略的最佳方案	
	企业高级管理人员在最大化地实现长远的有效战略目标上是一致的	
	企业高级管理人员全部同意哪一个战略市场目标是最重要的	
义务与期望	技术创新成员能够信守承诺	0.73
	成员之间遵守互惠原则，会给予施惠方相应回报	
	具有关联关系的企业定期或经常地评价、比较和总结合作关系	
产业间管理者纽带	企业高级管理人员为培植与产业外其他企业高管的关系花费了大量的资源	0.73
	企业高级管理人员与不在本产业经营的企业高管有联系	
	企业高级管理人员与不在本产业经营的企业高管有密切的关系	
权力	拥有工程学科背景的高级管理人员比其他背景的企业员工更有发言权	0.73
	拥有工程学科背景的高级管理人员比其他背景的企业员工更有影响力	
	拥有工程学科背景的高级管理人员比其他背景的企业员工更有权力	
	拥有工程学科背景高级管理人员的工作绩效比其他背景企业员工的绩效更重要	

续表

变量名称	变量内容	α系数
探索式学习	在信息搜寻时，我们关注与试验和高市场风险项目有关的知识获得	0.72
	我们喜欢搜集没有被识别的战略市场信息以确保项目的试验能够成功	
	我们的目标是获得与新的技术与市场领域的知识	
	我们搜集超越我们目前的市场和技术经验的新信息和新主意	
	我们搜集信息的目标集中于有关新产品和新项目的新信息	
产业内管理者纽带	企业高级管理人员跟其他企业的创始人保持密切的联系	0.71
	企业高级管理人员通过跟本产业内其他企业高管互动学到了好多东西	
	企业高级管理人员与本产业内企业的创始人存在有关专业知识的交流	
	企业高级管理人员为跟通晓本产业内专业知识的高管建立关系付出了很多努力	
联系稳定性	跟关联企业合作的时间比较长	0.71
	跟关联企业之间合作关系变动不大	
一致性	企业高级管理人员认为整个团队的需要应该比个人需要更优先考虑	0.66
	企业高级管理人员即使有不同的观点也会接受团队的决策	
	企业高级管理人员多人决策解决问题要比个人独立解决问题有更好的结果	
市场不确定性	我们经营的领域和顾客的产品偏好变化得非常快	0.66
	我们的顾客一直喜欢寻求新产品	
	新顾客喜欢企业提供的产品能够满足与现存产品不同的需要	

续表

变量名称	变量内容	α 系数
利用式学习	为解决某一项目遇到的问题,我们的目标是通过寻找信息改善方法	0.65
	在某一项目中或在特定的市场上,我们的目标是寻找促使我们能够更好地实现生产的主意和信息,而不是有可能导致执行错误的信息	
	我们为解决产品发展的问题要寻找已经被证明成功的普通方法	
	我们利用获取信息的方法(比如通过对消费者和竞争对手进行调查)帮助我们理解和更新企业的项目和市场经验	
	我们强调与我们企业经营的项目有关的知识的运用	

由表3—22可知,对问卷所涉及的多数变量的内部一致性系数α均在0.7以上,仅有3个变量的α系数小于0.7,但是都大于0.6。这表明14个因子的内部一致性都完全符合统计要求,问卷设计的内部一致性获得通过。

3.3.4 相关分析

相关分析的目的是初步检查变量之间是否存在相互影响,它反映的是相互作用的可能性。通过相关分析,可以初步判断模型设置或假设是否合理,也可以根据变量相关程度决定是否做共线性检测。本书用SPSS14.0把所有变量做Pearson相关分析,见表3—23。按照Williams的分类标准,相关系数大于0.7为高度相关,介于0.4—0.7为中等相关,小于0.4为低度相关。

表 3—23 相关系数

变量	1	2	3	4	5	6	7	8	9	10	11
1. 技术创新绩效											
2. 社会资本结构维度	0.398**										
3. 社会资本关系维度	0.423**	0.604**									
4. 社会资本认知维度	0.572**	0.655**	0.598**								
5. 利用式学习	0.521**	0.546**	0.621**	0.589**							
6. 探索式学习	0.416**	0.532**	0.602**	0.621**	0.421**						
7. 所有制性质	−0.123	0.154	0.121	0.097	−0.076	−0.096					
8. 产业类型	−0.061	0.021	0.027	0.057	−0.143	−0.067	0.084				
9. 技术不确定性	0.121	0.089	0.132	0.104	0.178*	0.096	0.103	0.218*			
10. 市场不确定性	0.137	0.097	0.096	0.103	0.059	0.141	0.142	0.159	0.372**		
11. 企业规模	−0.118	0.189*	0.149	0.154	−0.183*	0.152	0.076	0.178*	0.011	0.176*	
12. 企业年龄	−0.105	−0.054	−0.018	−0.031	−0.086	−0.085	0.012	0.076	0.105	−0.123	0.394**

注：** 表示显著性水平 $p < 0.01$（双尾检测）；* 表示显著性水平 $p < 0.05$（双尾检测）。

从表3—23可以看出，企业社会资本的三个维度的水平均与企业的利用式学习和探索式学习以及技术创新绩效之间具有正向并且统计上显著的相关系数，利用式学习和探索式学习与技术创新绩效之间也具有正向而且统计上显著地相关系数。这一结果说明企业社会资本的三个维度的水平有利于企业的利用式学习和探索式学习，利用式学习和探索式学习则有利于技术创新绩效的提高。利用式学习和探索式学习之间存在着较高的正相关，这说明这些要素可能共同发生作用以提高技术创新绩效。

此外，从表3—23可以发现，企业社会资本的三个维度之间也存在着较高的正相关关系，这说明企业社会资本的三个维度之间不是孤立地发挥作用的，企业社会资本一个维度会积极地影响另外两个维度。企业社会资本的三个维度的水平两两之间存在的正向而且统计上显著的相关关系，这说明三个维度的水平之间具有相互作用，他们可能共同促进了企业的组织学习（包括利用式学习和探索式学习）。其他变量之间的相关系数从 -0.143 到 0.394 不等，说明它们之间存在着一定的关联性，但是均属于低度相关的范围。

总之，数据相关性分析的初步结果预示着本书模型和假设之间的合理性。

3.3.5 多重共线性检验

在对变量做 Pearson 相关分析时，发现有些变量之间并非完全独立，而是存在着一定程度的相关性，此时就有必要做共线性诊断，以判断变量之间是否存在共线性及其严重程度，并根据理论逻辑和模型假设确定共线性问题是否需要修正。通过多重共线性检验，可以保证正确地使用多元回归模型并得出科学的结论。在 SPSS14.0 统计中，一般用方差膨胀因子（Variance Inflation Factor, VIF）指数来衡量变量之间是否存在多重共线性，经验判断方法表明：当 $0 < VIF < 10$，变量之间不存在多重共线性，当 $10 < VIF < 100$，则变量之间存在较强的多重共线性；当 $VIF > 100$，则变量之间存在严重的多重共线性。

通过对后面将要进行的变量之间回归模型的 VIF 计算可知，企业社会资本的结构维度、关系维度和认知维度的方差膨胀因子分别为 2.191，1.981 和 2.623，利用式学习和探索式学习的方差膨胀因子分别为 2.573 和 2.351，均小于10，因此可以认为，这些变量之间不存在严重的多重共线性。

3.3.6 模型回归分析结果

3.3.6.1 企业社会资本与组织学习的关系分析

为了对假设1至假设8做出验证,需要对这些变量根据因果关系建立回归模型进行分析。表3—24列出了验证企业社会资本与组织学习(包括利用式学习和探索式学习)各假设的回归模型的运算结果。

表3—24中模型1和模型3验证了各控制变量对于利用式学习和探索式学习的独立影响。对于利用式学习,模型2增加了企业社会资本各变量的主要影响,这比模型1中由控制变量单独解释对利用式学习的影响增加了25%($\Delta F = 6.90, p < 0.001$)的解释度。对于探索式学习,模型4增加了企业社会资本各变量的主要影响,这比模型2中由控制变量单独解释对探索式学习的影响增加了21%($\Delta F = 9.50, p < 0.001$)的解释度。

H_{1a}和H_{1b}都通过了验证;权力对于利用式学习具有积极的显著影响($\beta = 0.18, p < 0.01$),权力对于探索式学习也具有积极的显著影响($\beta = 0.15, p < 0.01$)。H_{2a}和H_{2b}认为联系的稳定性与高新技术企业的利用式学习正相关,与高新技术企业的探索式学习正相关。H_{2a}通过了验证($\beta = 0.24, p < 0.01$),H_{2b}也通过了验证($\beta = 0.19, p < 0.05$)。H_{3a}和H_{3b}认为产业内管理者纽带与利用式学习正相关,与探索式学习负相关。H_{3a}通过了验证($\beta = 0.21, p < 0.01$),但是H_{3b}被拒绝,因为产业内管理者纽带与探索式学习呈显著的正相关关系($\beta = 0.17, p < 0.01$)。H_{4a}和H_{4b}认为产业间管理者纽带与利用式学习负相关,与探索式学习正相关,这两种观点都通过了验证(验证的结果分别是$\beta = -0.27, p < 0.01$,$\beta = 0.20, p < 0.01$)。H_{5a}和H_{5b}认为信任与高新技术企业的利用式学习和探索式学习正相关。H_{5a}通过了验证($\beta = 0.17, p < 0.05$),H_{5b}也通过验证($\beta = 0.14, p < 0.01$)。H_{6a}和H_{6b}认为义务和期望与利用式学习和探索式学习都是正相关的关系。H_{6a}通过了验证($\beta = 0.21, p < 0.05$),但是H_{6b}没有通过验证。H_{7a}和H_{7b}分别认为一致性与利用式学习正相关,与探索式学习负相关。H_{7a}通过了验证($\beta = 0.16, p < 0.05$),但是H_{7b}没有通过验证。H_{8a}和H_{8b}认为共同愿景分别与利用式学习正相关,与探索式学习负相关。H_{8a}没有获得支持,H_{8b}被拒绝。共同愿景与探索式学习呈现出显著地正相关关系($\beta = 0.33, p < 0.001$)。

表 3—24 企业社会资本各维度与组织学习的分层回归分析

	利用式学习		探索式学习	
	模型 1	模型 2	模型 3	模型 4
控制变量				
所有制性质	-0.06	-0.06	-0.07	0.06
	(-0.79)	(-0.57)	(-0.60)	(0.78)
产业类型	-0.07	-0.07	-0.30	-0.17
	(-0.81)	(-0.69)	(-2.72)**	(-2.78)**
技术不确定性	0.01	-0.04	0.32	0.15
	(0.11)	(-0.41)	(3.11)**	(2.46)*
市场不确定性	0.23	.15	-.06	-.07
	(2.75)**	(1.62)	(-0.49)	(-0.89)
企业规模	-0.07	-0.09	0.12	0.16
	(-0.77)	(-1.21)	(1.54)	(1.95)†
企业年龄	-0.06	-0.03	-0.07	-0.03
	(-0.66)	(-0.29)	(-0.89)	(-0.30)
解释变量				
权力（H_1）		0.18		0.15
		(2.59)**		(2.97)**
联系稳定性（H_2）		0.24		0.19
		(2.61)**		(2.40)*
产业内管理者纽带（H_3）		0.21		0.17
		(2.77)**		(2.72)**
产业间管理者纽带（H_4）		-0.27		0.20
		(-2.62)**		(2.99)**
信任（H_5）		0.17		0.14
		(2.30)*		(2.60)**
义务与期望（H_6）		0.21		0.06
		(2.31)*		(0.55)
一致性（H_7）		0.16		-0.06
		(2.11)*		(-0.90)

续表

	利用式学习		探索式学习	
	模型1	模型2	模型3	模型4
共同愿景（H_8）		0.09		0.33
		(1.01)		(3.49)＊＊＊
R^2	0.08	0.33	0.15	0.36
调整后的 R^2	0.05	0.24	0.06	0.36
F值	2.87＊＊	4.36＊＊＊	2.90＊＊	6.27＊＊＊
ΔR^2		0.25		0.21
局部F值		6.90＊＊＊		9.50＊＊＊

注：†表示在 $p<0.10$ 的水平上显著 ＊表示在 $p<0.05$ 的水平上显著 ＊＊表示在 $p<0.01$ 的水平上显著 ＊＊＊表示在 $p<0.001$ 的水平上显著。

3.3.6.2 企业社会资本与技术创新绩效的关系分析

为了对假设9做出验证，需要对这些变量根据因果关系建立回归模型进行分析。表3—25 列出了验证企业社会资本与技术创新绩效各假设的回归模型的运算结果。

表3—25 中模型1说明了各控制变量对于技术创新绩效的独立影响。对于企业社会资本的结构维度、关系维度和认知维度各自影响程度的研究，模型2、模型3、模型4 分别增加了企业社会资本的结构维度、关系维度和认知维度对于企业技术创新绩效的主要影响。模型2 增加了企业社会资本的结构维度对于技术创新绩效的影响，这比模型1 中由控制变量单独解释对技术创新绩效的影响增加了11%（$\Delta F = 4.53, p < 0.001$）的解释度；模型3 在模型2 的基础上增加了企业社会资本的关系维度对于技术创新绩效的影响，这比模型2 中由控制变量和企业社会资本的结构维度共同解释对技术创新绩效的影响增加了12%（$\Delta F = 50.76, p < 0.001$）的解释度；模型4 在模型3 的基础上增加了企业社会资本的认知维度对于技术创新绩效的影响，这比模型3 中由控制变量、企业社会资本的结构维度和关系维度共同解释对技术创新绩效的影响增加了11%（$\Delta F = 8.50, p < 0.001$）的解释度。

H_{9a} 认为企业社会资本的结构维度与技术创新绩效正相关，表3—25 的模型

2、3、4 都对该假设进行了验证，各个模型的验证结果分别为 $\beta=0.19, p<0.01$ $\beta=0.14, p<0.05$ $\beta=0.11, p<0.05$。H_{9b} 认为企业社会资本的关系维度与技术创新绩效正相关，表 3—25 的模型 3、4 都对该假设进行了验证，模型的验证结果分别为 $\beta=0.15, p<0.05; \beta=0.12, p<0.05$。$H_{9c}$ 认为企业社会资本的认知维度与技术创新绩效正相关，表 3—25 的模型 4 都对该假设进行了验证，模型的验证结果为 $\beta=0.19, p<0.05$。所以，H_{9a}、H_{9b}、H_{9c} 三个假设都通过了检验。

表 3—25　企业社会资本各维度与技术创新绩效的分层回归分析

	技术创新绩效			
	模型 1	模型 2	模型 3	模型 4
控制变量				
所有制性质	-0.07	-0.15	-0.16	0.08
	(-0.37)	(-0.58)	(-0.68)	(0.63)
产业类型	-0.05	-0.06	-0.13	-0.17
	(-0.91)	(-1.97)*	(-2.01)*	(-2.81)**
技术不确定性	0.13	0.15	0.22	0.25
	(0.21)	(0.14)	(2.22)**	(2.22)*
市场不确定性	0.18	0.22	0.17	0.11
	(1.99)*	(1.22)	(0.79)	(0.97)
企业规模	0.16	0.19	0.16	0.19
	(0.79)	(0.98)	(1.49)	(1.88)
企业年龄	-0.07	-0.16	-0.11	-0.13
	(-0.81)	(-0.18)	(-0.77)	(-0.27)
解释变量				
社会资本的结构维度（H_{9a}）		0.19	0.14	0.11
		(2.61)**	(2.38)*	(2.12)*
社会资本的关系维度（H_{9b}）			0.15	0.12
			(2.32)*	(2.01)*
社会资本的认知维度（H_{9c}）				0.19
				(2.03)*
R^2	0.06	0.17	0.29	0.40

续表

	技术创新绩效			
	模型 1	模型 2	模型 3	模型 4
调整后的 R^2	0.05	0.15	0.26	0.35
F 值	1.87†	2.50*	4.36***	5.27***
ΔR^2		0.11	0.12	0.11
局部 F 值		4.53***	5.76***	8.50***

注：†表示在 $p < 0.10$ 的水平上显著 * 表示在 $p < 0.05$ 的水平上显著 ** 表示在 $p < 0.01$ 的水平上显著 *** 表示在 $p < 0.001$ 的水平上显著。

3.3.6.3 组织学习对企业技术创新绩效的影响分析

表3—26列出了验证组织学习（包括利用式学习和探索式学习）与企业技术创新绩效各假设回归模型的运算结果。

表3—26中模型1说明了各控制变量对于技术创新绩效的独立影响。对于利用式学习和探索式学习影响程度的研究，模型2增加了利用式学习和探索式学习对于企业技术创新绩效的主要影响，这比模型1中由控制变量单独解释对技术创新绩效的影响增加了8%（$\Delta F = 5.89, p < 0.01$）的解释度。模型3增加了利用式学习和探索式学习各自的平方项以及它们的乘积项对企业技术创新绩效的主要影响，这比模型2中对于技术创新绩效影响的解释又增加了12%（$\Delta F = 5.37, p < 0.01$）的解释度。

H_{9a} 认为利用式学习和高新技术企业的创新绩效呈倒 U 形关系。利用式学习系数显著为负（$\beta = -0.29, p < 0.01$），但是利用式学习的平方显著为正（$\beta = 0.20, p < 0.05$）。这说明利用式学习和技术创新绩效呈 U 形关系，U 形曲线是先下降后升高。从而拒绝 H_{9a}。H_{9b} 认为探索式学习和高新技术企业的创新绩效呈倒 U 形关系。表3—26中模型3显示：探索式学习（$\beta = 0.29, p < 0.01$）和探索式学习平方（$\beta = 0.31, p < 0.001$）的系数都显著为正。这说明探索式学习和技术创新绩效呈同方向变化的曲线关系。从而拒绝 H_{9b}。

H_{10} 认为探索式学习和利用式学习的相互作用与高新技术企业的创新绩效正相关。换句话说，探索式学习（利用式学习）和技术创新绩效之间的关系是因利用式学习（探索式学习）的水平而异。结果显示二者的作用系数显著为负

（$\beta = -0.30, p < 0.001$）；拒绝 H_{10}。

表3—26 组织学习与技术创新绩效的分层回归分析

	技术创新绩效		
	模型1	模型2	模型3
控制变量			
所有制性质	-0.06	-0.04	-0.03
	(-0.60)	(-0.54)	(-0.19)
产业类型	0.12	0.17	0.16
	(1.23)	(1.55)	(1.63)
技术不确定性	0.28	0.21	0.33
	(2.59)**	(2.69)**	(2.55)*
市场不确定性	-0.28	-0.21	-0.23
	(-2.20)*	(-2.77)**	(-2.26)*
企业规模	-0.03	-0.05	
	(0.18)	(-0.40)	(-0.49)
企业年龄	0.02	0.02	0.08
	(0.06)	(0.17)	(0.88)
新产品质量	0.12	0.17	0.20
	(1.41)	(1.99)*	(1.49)
解释变量			
利用式学习	-0.23	-0.29	
		(-2.39)*	(-2.90)**
探索式学习		0.28	0.29
		(2.46)*	(2.97)**
利用式学习的平方（H_{9a}）			0.20
			(2.01)*
探索式学习的平方（H_{9b}）			0.31
			(4.11)***
利用式学习×探索式学习（H_{10}）			-0.30
			(-3.90)***

续表

	技术创新绩效		
	模型 1	模型 2	模型 3
R^2	0.13	0.21	0.33
调整后的 R^2	0.07	0.15	0.25
F 值	2.29 *	2.69 * *	3.31 * * *
ΔR^2		0.08	0.12
局部 F 值		5.89 * * *	5.37 * * *

注：†表示在 $p < .10$ 的水平上显著 * 表示在 $p < .05$ 的水平上显著 * * 表示在 $p < .01$ 的水平上显著 * * * 表示在 $p < .001$ 的水平上显著。

3.4 本章小结

本章首先在对企业社会资本通过探索式学习和利用式学习影响技术创新绩效进行理论分析的基础上，提出了企业社会资本、组织学习和技术创新绩效的概念模型，并提出了 22 个假设。假设分为两类：（1）验证性假设。这类假设已有学者做过分析，并通过经验研究加以证实。（2）开拓性假设。这类假设其他学者还没研究过，或者虽有相关理论分析，但尚未通过经验研究加以证实。按照此标准，对本书的研究假设进行归类。此后，从问卷设计、数据收集、变量测量和分析方法等方面对本书所采用的研究方法进行了详细的阐述。在对样本进行描述性统计分析和效度、信度检验之后，经过相关分析、验证性因子分析和多元回归分析，对本研究提出的 22 个假设进行验证，在本研究的 22 个假设中，H_{2b}、H_{6b} 等 6 个假设被拒绝，H_{1a}、H_{1b} 等 8 个假设被支持，其他假设没有通过验证（部分支持），本研究的假设及检验结果如表 3—27 所示。

表 3—27　假设检验结果总结

编号	假设内容	验证结果
H_{1a}	在技术创新过程中，权力与高新技术企业的利用式学习正相关	支持

续表

编号	假设内容	验证结果
H_{1b}	在技术创新过程中,权力与高新技术企业的探索式学习正相关	支持
H_{2a}	在技术创新过程中,联系稳定性与高新技术企业的利用式学习正相关	支持
H_{2b}	在技术创新过程中,联系稳定性与高新技术企业的探索式学习正相关	支持
H_{3a}	产业内管理者纽带与高新技术企业的利用式学习正相关	支持
H_{3b}	产业内管理者纽带与高新技术企业的探索式学习负相关	拒绝
H_{4a}	产业间管理者纽带与高新技术企业的利用式学习负相关	支持
H_{4b}	产业间管理者纽带与高新技术企业的探索式学习正相关	支持
H_{5a}	信任与高新技术企业的利用式学习正相关	支持
H_{5b}	信任与高新技术企业的探索式学习正相关	支持
H_{6a}	义务和期望与高新技术企业的利用式学习正相关	支持
H_{6b}	义务和期望与高新技术企业的探索式学习正相关	不支持
H_{7a}	一致性与高新技术企业的利用式学习正相关	支持
H_{7b}	一致性与高新技术企业的探索式学习负相关	不支持
H_{8a}	共同愿景与高新技术企业的利用式学习正相关	不支持
H_{8b}	共同愿景与高新技术企业的探索式学习负相关	拒绝
H_{9a}	企业社会资本的结构维度与技术创新绩效正相关	支持
H_{9b}	企业社会资本的关系维度与技术创新绩效正相关	支持
H_{9c}	企业社会资本的认知维度与技术创新绩效正相关	支持
H_{10a}	利用式学习和高新技术企业的技术创新绩效呈倒 U 形关系	拒绝
H_{10b}	探索式学习和高新技术企业的技术创新绩效呈倒 U 形关系	拒绝
H_{11}	探索式学习和利用式学习的相互作用与高新技术企业的技术创新绩效呈正相关关系	拒绝

资料来源:作者整理。

第四章　社会资本促进中小企业技术创新的案例分析

中小企业是技术创新的主体，但在技术创新过程中需要寻求与其他组织的合作。由于合作创新强调的理念是合作，所以存在于创新网络中的社会资本成为合作创新战略实施的重要因素。本章在对齐鲁软件园内的中小企业进行案例研究的基础上，发现社会资本的关系、结构和认知三个维度都可以降低风险规避行为和合作成本，从而促进中小企业的合作创新。为提升社会资本对合作创新的作用，企业应具有可持续发展的理念，高层管理者需要在合作理念上对员工进行自上而下的推动，政府部门应该积极为中小企业的创新活动提供良好的服务，提供政策扶持。

4.1　中小企业的技术创新效率

2015年末，全国工商登记中小企业超过2000万家，个体工商户超过5400万户，中小企业利税贡献稳步提高。以工业为例，截至2015年末，全国规模以上中小工业企业36.5万家①，占规模以上工业企业数量的97.4%；实现税金2.5万亿元，占规模以上工业企业税金总额的49.2%；完成利润4.1万亿元，占规模以上工业企业利润总额的64.5%。中小企业提供80%以上的城镇就业岗位，成为就业的主渠道。中小企业知识产权战略推进工程试点工作取得成效，

---

① 从2011年起，规模以上工业企业起点标准由原来的年主营业务收入500万元提高到年主营业务收入2000万元。

全国32个试点城市的中小企业集聚区专利申请量年均增长53%，专利授权增速超过30%，中小企业在产业链和创新链中的作用日益凸显，产业集群取得了快速发展。信息化应用水平进一步提高。中小企业信息化推进工程成效显著，电子商务等信息化应用不断扩展，研发、生产、财务、管理等各类软件及服务应用日益普及，两化融合进一步深化。全国中小企业信息化服务网络基本形成，依托大型信息化服务企业建立6000多个分支服务机构，配备近10万名专业服务人员，汇聚60多万家软件开发商和信息化服务商，每年开展数万场宣传培训和应用推广等活动，参加线上线下培训的人数达千万人次。[1]

中小企业成为了我国经济发展的主动力之一。中小企业除了在上述各方面为国民经济的发展发挥了较大的作用之外，中小企业还是技术创新的重要载体。中小企业具有反应迅速、机制灵活的优势，在技术创新、技术进步和机制创新中，发挥着极其重要的作用。中小企业量大面广，对市场需求反应最灵敏，适应市场需求进行创新的愿望最强烈，与创新是天然的盟友。改革开放以来，我国65%的发明专利、75%以上的技术创新、80%的新产品是由中小微企业完成的，部分中小企业经过创新成长为跨国公司。[2] 在进行技术创新方面，中小企业表现出活力强等优势，但是也面临着资源等方面的劣势。

4.1.1 中小企业技术创新的优势

相对于中小企业而言，大型企业具有正式的规章制度、充裕的创新资金和庞大的创新队伍，这些特点一直被认为是促进企业技术创新的有利因素。但是研究数据已经表明，中小企业在技术创新过程中的重要作用日趋明显。中小企业存在着占有资源较少的实际情况，技术创新后的转换成本低，而且中小企业一般专注于某一专业领域的技术创新，所以能够在技术创新时具有其独特的优势。[3]

---

[1] 工信部：《工业和信息化部关于印发促进中小企业发展规划（2016—2020年）》的通知，工信部规〔2016〕223号。
[2] 张来明：《中小企业必须创新发展》，载《经济日报》，2015年6月18日。
[3] 张鹏：《科技型中小企业技术创新的优劣势比较及启示》，载《贵州社会科学》，2008年第10期。

4.1.1.1 中小企业创新行为灵活性好

大企业一般都有较深厚的技术积累,技术积累对企业的创新活动,尤其是渐进性创新有非常重要的支持作用,但对于根本性创新又在一定程度上起阻碍作用。中小企业,由于员工数量、基础设施都比较少,企业转产造成的沉没成本比较小,所以转产的损失比较小,转产的压力比较低;由于中小企业员工数量较少,管理层级较少,标准化和规范化的程度比较低,转产对企业规章制度带来的冲击比较小;中小企业较小的规模使得企业部门之间协调的工作量比较少,更容易形成集中统一的意见。所以,中小企业具有更强的灵活性,能够在尽可能短的时间内形成统一的决策,并顺利贯彻执行。由于技术创新对提供新技术的时间有较高的要求,中小企业的灵活性对于提高技术创新的速度和效率具有更重要的意义。

4.1.1.2 中小企业适应性强

中小企业组织结构不同于大企业严格的直线等级制组织结构,组织内各部门间隔阂较少、有利于信息在企业内部有效地传递,在共同目标下各部门结成平等的伙伴关系;中小企业的组织结构灵活而有弹性,具有"小型化""柔性化"的特点。其"组织资产"的专用性不是很强,甚至开发与营销之间也可以不设界限,开发人员包括高级研究人员都能与用户直接接触。领导层比较精干,创新活动一般是由企业家本人直接承担或由企业家与技术人员和销售人员共同承担,这种机制有利于新构思的再现,做出技术创新决策,更有益于捕捉和开发出市场上急需的新兴技术和产品,具有较强的适应性。

4.1.1.3 中小企业技术创新效率高

现代高新技术是以智力和技术为基本价值的,科技型中小企业的科技人员占职工总数的比例较高,科技型中小企业的科技人员特别是关键的技术负责人多来自科研院所或高等院校,许多人有多年从事基础研究、应用研究的经历,有很深的学术背景,了解技术发展的前沿领域和新动向,这使得他们开展一项创新时能从较高的起点切入。他们对新技术不仅知其然而且知其所以然,特别是其中的一些人直接参与了某项创新前期的深入研究,对技术的可行性有一定的把握,选择技术创新的环节涉及面较窄,从而使企业将成果商品化的周期大大缩短。其次,市场需求多样性的拉动和制造技术的形成与应用使得小批量、多品种生产成为可能;更为重要的是,在日益激烈的竞争环境下,中小企业只有靠不断创新才能获得生存,科技型中小企业的较高的创新效率是压力使然。

4.1.2 中小企业技术创新的劣势

毋庸讳言,科技型中小企业在技术创新方面也存在明显的劣势,主要体现为在创新资源方面的劣势。

4.1.2.1 中小企业融资难

我国中小企业目前依靠传统融资渠道筹资的现状不容乐观:第一,内源融资已无法满足中小企业的发展对资金的需求;第二,股票市场以扶持国有大、中型企业的发展为目的,针对中小企业的二板市场仍处于起步阶段,债券融资由于受到发行条件的严格限制,大多数中小企业因其规模和业绩而很难挤进证券市场的大门;第三,一方面,中小企业由于经营时间短,经营风险高,业绩不稳定等原因大都无法获得银行信用贷款的支持;另一方面,由于中小企业主要依赖研发人员推动新技术、新产业的发展来获取利润,相对于传统的制造企业,其用于生产经营的有形资产规模相对较少,金额相对较低,资产总体流动性高,可用于抵押、质押方式贷款的资产规模较少,无法满足各类金融机构、融资担保机构对于融资安全性的基本要求,从而也无法获得银行等金融机构抵押、质押贷款。第四,创新基金对中小企业的支持方式有待进一步改善。创新基金作为我国支持中小企业实施科技创新的国家创新体系的重要组成部分,其重点是对初创期中小企业,特别是有自主知识产权、技术含量高、竞争力强,市场前景好的企业给予重点支持。对于发展到一定规模的中小企业,特别是那些需要投入大量资金实施科技创新的重点科技型中小企业,创新基金扶植和资助占整个项目投资的比例非常有限,其对重点科技型中小企业资金扶植和支持的规模,力度还远远不够。因此,融资难成为困扰中小企业健康稳定发展的障碍和瓶颈。[①]

企业研发投入强度的下降,对于一个正在建设中的创新型国家来说,是一个必须扭转的严重问题。

---

① 弓锋伟:《科技型中小企业融资现状与改进对策探微》,载《事业财会》,2007年第6期。

4.1.2.2 中小企业技术创新人才缺乏

从技术开发能力看，我国 2/3 以上的技术开发力量在企业之外，其他的也主要分布于大型企业集团，多数中小企业都存在着技术短缺的问题，特别是缺乏具有市场眼光的技术骨干，真正拥有创新意识和专业技术背景的企业家更是寥寥无几。

我国大型企业拥有比较丰富的技术创新人力资源，在企业中从事技术创新工作的工程技术人员、科学家和工程师，以及 R&D 人员主要集中在大型企业，中小型企业、特别是小型企业所拥有的人力资源比重较小。

4.1.2.3 中小企业技术创新服务体系和法律法规体系不健全

在技术创新和技术成果转化的过程中，中介服务发挥着桥梁和纽带的作用，资源能力有限的中小企业更离不开中介服务体系的支持和帮助。目前全国已有各级各类技术转移、风险评估、政策管理咨询、信息服务等机构 5 万多家，但总的来说，这些中介机构普遍存在人员素质不高、条件设施较差、服务水平不尽人意等问题。中介服务机构的运作往往是各自为政、没有形成互补的服务体系，难以为企业提供全方位的优质服务。

现今中小企业实施自主创新不够配套的法规和政策主要表现在三个方面：一是融资法规政策体系对中小企业规定得不甚具体，执行起来有一定难度，缺乏普遍性，包括直接融资、间接融资、专项资金支持、信用担保等方面。二是政府相关税收优惠政策等对中小企业开展自主创新吸引力不足，像目前我国企业自身 R&D 投入的税收减免程度过低。三是相关法规政策对知识产权保护不到位，降低企业自主创新热情。目前国内的法律环境、政策环境和执法环境对保护知识产权和不正当竞争缺乏应有的力度，专利被仿制、商业秘密被盗等现象很普遍，从而大大抑制了自我保护能力相对较差的中小企业自主创新的动机。

4.1.2.4 中小企业技术创新存在较大的风险

首先，由于中小企业资金、人才缺乏，往往只能进行单一技术的开发活动，很难同时从事多种替代研究，以便相互补充、降低风险。一旦一种技术开发失败，则意味着整个技术开发的失败，而且多数中小企业无法得到政府和研究单位在技术方向上的有效指导，很容易造成重复研究及研究方向的偏差，导致创新活动的失败。其次，中小企业科技成果转化能力较弱，即使技术开发成功，在技术转化为生产力的过程中，由于资金短缺和缺乏开发市场的经验，很难将技术成果大规模推向市场，实现投资回报。再次，中小企业从业人员的离职率非常高，很难保证研发人员的稳定性，在研发过程中，如果关键研发人员流失，就会造成研发项目的失败以及知识产权的外溢。此外，由于中小企业技术力量较弱，一旦一项技术产业化后，如果产品质量出了问题，对消费者造成了较大损害，会使企业遭受沉重的打击甚至被强行解散。①

4.1.3　技术创新效率与企业规模的关系

尽管中小企业在技术创新方面有许多优势，但与大企业相比较，中小企业仍然有很多不足。事实上，不同规模的企业在技术创新上各有优势和劣势。见表4—1。

表4—1　大企业与中小企业技术创新的优劣势比较

	大企业	中小企业
灵活性	差	强
市场反应速度	慢	较快
内部信息传递速度	慢	快
决策的过程	比较迟缓	敏捷
创新人才的供给	相对充足	不足
创新资金充裕程度	比较充裕	相对缺乏
创新成果推广能力	较强	较弱
管理环境对创新行为的影响	严格的规章制度限制了技术创新	宽松环境有利于企业技术创新
利用"知识溢出"程度	基本不能享受"知识溢出"	可以利用大企业的"知识溢出"
抵御风险的能力	较强的抵御风险能力	较弱的抵御风险能力
技术创新成果的规模经济性	较明显	较差
技术创新造成的转换成本	很高	很低

---

① 韩辉：《中小企业技术创新的影响因素和路径的选择》，载《中小企业》，2005年第9期。

续表

	大企业	中小企业
企业家精神的发挥程度	不利于企业家精神的发挥	市场压力促进了企业家精神的发挥
持续创新的动力	垄断优势会降低持续创新的动力	持续创新是企业生存之本

资料来源：根据多篇相关文献整理。

由表4—1可以看出，大企业和中小企业在技术创新方面各有优势和劣势。大企业拥有充足的资金、技术、人才等创新资源，具有技术创新的资源优势，同时具有技术创新的规模经济性，能获得较高的技术创新规模效益，但是大企业的市场垄断地位和企业组织刚性则会阻碍技术创新的涌现。大量的中小企业由于激烈竞争及其自身的脆弱性使中小企业的技术创新难以在一个合理的规模内实现，造成创新资源的浪费。但是中小企业在体制上的灵活以及面临的巨大市场压力，经营者的锐意进取，往往创新意识非常强，对新的市场机会和创新机会非常敏感，中小企业内在的灵活性以及对环境变化的迅速反应使中小企业具有明显的行为优势和创新活力。

4.2 社会资本促进中小企业技术创新的理论框架

与企业外的利益相关者进行积极的合作已经成为企业融入世界经济的战略需要。在过去十余年间，将关注点放在企业外部因素的创新研究范式已经成为企业创新管理研究的重要内容。Maula（2006）等认为：企业之间的合作关系对于促进企业的创新和提高竞争力发挥着至关重要的作用，对于中小企业来说，与其他企业进行合作更有其独特的必要性。[1] 汤临佳（2016）认为：由于在创

---

[1] Maula, M. V. J., Keil, T., & Salmenkaita, J. P. (2006). Open innovation in Systemic Innovation Context. In H. Chesbrough, W. Vanhaverbeke, & J. West (Eds.). *Open Innovation: Researching a New Paradigm.* Oxford University Press, New York.

新过程中缺乏规模经济性，并且较难获得外部的信息和关键的创新资源，各个中小企业需要通过协作来补充内部资源的不足。而单个中小企业没有能力在全部创新过程中进行创新，这促使各个中小企业积极地寻求共享信息和资源。①

以往有关创新网络的研究主要从两个角度来进行：第一是集体创新，第二是共享创新。以往的研究表明，加入到创新网络中的中小企业可以更有效地利用外部资源，能够尽可能降低创新风险，并尽可能地减少创新带来的成本，使创新周期尽可能缩短，减少由创新带来的转换成本。这种类型的合作不可避免地会出现问题，比如企业的创新活动要服从于网络内各参与方的主流创新活动，从而有可能失去自身的特点和优势，而且加入到网络后带来的益处不是短时间内就可以见效的，需要一段时间才能进行评价。创新网络内企业之间相对牢固的关系使他们之间更加相互信任，但是这有可能会限制更多新思路的产生。由此可见，寻找信任和获取创新机会之间的平衡是很难的。一个创新网络能够存在，网络内的各个企业应该具有如下特点：（1）多样性；（2）网络内所有成员的相互依赖和充分参与；（3）新思想的产生和选择；（4）鼓励创新的气氛。②但是，这个战略的实施会经常由于参与方的机会主义行为导致出现风险规避行为。对于中小企业来说，参与创新网络可能会有更大的风险和复杂性。第一，资源的缺乏导致与其他参与者的讨价还价能力低，从而在与较大的合作伙伴进行合作时，中小企业不能获得自己的预期创新利益。这种讨价还价能力的不平衡，使得更强大的合作伙伴在分配创新利益时更有主动权。第二，行为的不确定性（比如机会主义）会导致战略合作的不稳定性。第三，与其他成员建立信任需要增加管理成本，增加了合作成本，这对中小企业来说是一笔不小的负担。③

对于中小企业而言，合作风险是影响其生存和发展的重要问题，而且网络内各个企业的管理与协调比单个企业内部的管理更加复杂而且更难以协调，这

---

① 汤临佳等：《科技型中小企业技术管理能力的动态演化研究》，载《科研管理》，2016 年第 3 期。
② West, R. E. (2009). What is Shared? A Framework for Studying Communities of Innovation. *Educational Technology, Research, & Development* 57 (3).
③ 刘学元、丁雯婧、赵先德：《企业创新网络中关系强度、吸收能力与创新绩效的关系研究》，载《南开管理评论》，2016 年第 1 期。

需要企业付出更大的管理成本。如果创新网络内各个成员能够建立足够的信任，通过建立创新网络促进企业的技术创新就会变得可行。所以，合作创新方法作为一个视角，关注于各个经济组织之间资源和能力的共享，目标是为企业和社会创造价值。这一方法在一定程度上解决了创新网络的风险和成本，平衡了网络所有企业间的信任和心理距离，这可以促进他们自由地分享新的想法。我们的研究目的是弄清楚创新网络内各经济体的合作动力如何促进中小企业的创新。从这个角度看，通过研究合作创新来分析创新网络内的中小企业是一个比较合适的方法。作为一种创新的形式，合作创新试图将具有创新潜力的企业联合起来，系统地建立一个能够给企业和社会带来持续价值的联合体。

第一，通过合作技术创新，可以使各企业通过分工协作关系，不用分散自己的人力、财力、物力，进行多个环节的技术创新，使单个的企业致力于某一个环节的技术创新，降低创新风险。各个企业拥有的创新资源具有一定的互补性，把其他企业的技术专长嫁接到自己的核心能力上，集中精力于自己的核心专长，最终各个企业的技术创新能力都将得到增强。

第二，创新要以既有知识为基础创造出新的知识，因此可以认为创新是一个复杂的学习过程。技术创新的特点决定了企业之间相互学习的重要性，而影响学习效果的一个重要因素是企业之间在地域上的距离。合作技术创新根本优势就是集体学习机制，它为各个企业进行互动的、开放式的学习提供了可能。众多在同一产业或相近产业内的企业，通过提高社会资本进行技术创新可以很好地进行学习，相互借鉴其他企业在技术上的进步。

第三，合作技术创新可以产生"知识溢出"效应。创新过程所需的大部分知识本质是隐性的，大部分的创新依赖于个体在组织中干在组织中学所获得的隐性知识。由于隐性知识很难传递，需要在面对面的接触中来学习彼此的经验，这就要求企业建立在竞争者和供应商附近以便于交流，而各个合作企业由于类同文化因素，加上员工频繁流动，更容易实现隐性知识的传播，获得"知识溢出"效应。

第四，合作技术创新可以降低风险。由于技术创新过程存在着诸多不确定性，在技术研究和商业化之间会存在着很长的时间差，尤其是一些领域的技术改变非常迅速，产品生命周期很短。因此，企业进行创新需要承担较大的风险，通过社会资本和相互合作，通过企业间分工协作减少了创新的不确定性，降低了企业参与创新过程的风险。

为了能够给中小企业带来持续的竞争优势，企业必须寻求与其他利益相关者的合作。本书认为社会资本是促进知识共享的驱动力。由于合作创新强调合作的理念，所以存在于创新网络中的社会资本成为合作创新战略实施的重要因素。因此，本部分研究社会资本的三个维度对创新网络内中小企业创新的影响。

本部分沿用第三章 Nahapiet 和 Ghoshal（1998）对社会资本维度的划分。关系维度是指促进合作创新战略的发展所需要的一组包括信任、互惠和承诺的价值观。信任对于促进社会结构的改善具有十分关键的作用，它是促进经济交流与合作的润滑剂。为了使信任关系能够长期有效的存在并能够逐步扩大，互惠关系也很重要。互惠关系可以定义为彼此独立又有相互联系的双方一系列的相互交换。互惠可以使独立的寻求外部合作的个人转变为利益共享团体中的一员，并能促进合作创新战略的相互承诺。这样一组价值观为中小企业提供了一个相对安全的环境，如此一来，中小企业就可以接触到它们需要的信息以促进它们所期望的技术创新。

结构维度是指参与者之间建立联系的结构模式。具体到中小企业而言，它们与其他经济组织在原来或者现在的关系与合作状态会在很大程度上影响合作创新的效果。网络的结构特征也是影响企业技术创新的重要因素。这一维度最重要的要素是各参与者之间的网络连接是否存在以及连接的具体形式。Granovetter 和 Uzzi 将网络的具体形式用网络的密度、可连接性和层次性进行分析。

认知维度是指各参与者共享的信念，信念的共享可以让各参与者认清共同的需要，从而更有效地促进创新过程中的合作。在影响认知维度的诸要素中，与不同的利益相关者在目标和创新进程上接近的程度是非常重要的，因为它表明各参与者认识和分享共同目标的意愿和能力。同时，各参与者共享与创新相关的共同愿景也是非常重要的。与共同愿景相关联的是，各参与者的期望对于他们建立更加紧密的关系起着重要的影响，因为参与者是被一定的目的驱使来培育社会资本的，加入社会资本可以使他们获得竞争优势。通过合作提高创新效率和竞争力的期望可以明显地促进网络内成员的相互交流。

上述三个维度都会对企业的创新活动产生影响。首先，通过提升社会资本的关系维度，可以提高各参与者之间的信任，从而降低网络内各成员的风险规避行为，更好地促进他们的合作；其次，通过提升社会资本的结构维度，网络内成员之间建立的联系和良好的关系降低了合作成本，促进了交流，增加了知识的转移；最后，通过提升社会资本的认知维度，也就是发现网络内各成员共同的价值观和共同愿景，可以促进潜在合作创新意愿的实现。如果上述三种维度都能够发挥作用，社会资本可以更好地促进网络内成员的创新，这样，中小企业的风险规避行为就可以最小化，使得各企业释放创新的潜力，由此改善网络内各中小企业的创新效果。

4.3 研究设计

4.3.1 研究方法与研究对象

本书的研究目的是了解网络内企业的合作如何促进技术创新。由于合作创新战略包括众多参与者的复杂社会活动，所以用质性研究方法分析社会资本对于企业创新的影响比较合适。相对于定量研究方法，质性研究方法在探索隐含假设及抽象概念方面更有优势和可行性，它对于建构新的理论也更恰当。本书使用的是质性研究中的案例研究方法。案例研究对于理解当代复杂的社会现象更合适。[1] 本书的案例是一个探索性案例。这种类型的案例研究是探索影响因素不清晰的情况。由于齐鲁软件园的主导产业方向为各行业的应用软件、信息安全技术、新一代信息技术、集成电路设计、智慧制造研发等，园区内的中小企业发展潜力大，绝大多数都从事创新活动[2]，所以本书选取了齐鲁软件园内的中小企业作为研究对象。

---

[1] Yin, R. K. (1994). *Case Study Research: Design and Methods* (2nd ed.). Sage, Thousand Oaks. Yin, R. K.

[2] 齐鲁软件园为全国首批"国家火炬计划软件产业基地"和被国家发展与改革委员会、国家信息产业部认定的"国家软件产业基地""国家信息通信国际创新园""国家软件出口（创新）基地""国家集成电路设计产业化基地""国家新型工业化产业示范基地（软件和信息服务业）"。

4.3.2 研究过程设计

本案例研究收集了来自于 7 家企业的 7 个受访对象的相关信息。相关数据见表 4—2。从表 4—2 可以看出，7 个受访对象具有一定的代表性，行业分布比较广泛，受访对象在企业的职位比较高，对于企业与外部的联系比较熟悉。除了访谈之外，本案例研究所用到的数据还包括各企业的年报、网页和其他内部文件。7 家企业具有不同的规模，2 家企业是小企业（员工人数低于 40 人），5 家企业属于相对比较大的企业（员工人数在 100 人以上）。

表 4—2 受访对象的信息

受访对象编号	所在企业经营活动	所在企业规模	受访对象描述
1	软件	221 人	在本岗位超过 4 年，高层管理者
2	软件	202 人	在本领域有 18 年工作经验，高层管理者
3	软件	182 人	企业创立者，总经理
4	通讯	132 人	在本领域具有 10 年工作经验，在本企业工作 5 年，高层管理者
5	电子商务	118 人	具有 10 年研发经验，高层管理者
6	动漫	38 人	在本领域具有 6 年工作经验，企业创立者，高层管理者
7	服务外包	32 人	企业创立者之一，高层管理者

资料来源：作者整理。

为了确保调查数据的真实性，我们进行的是半结构式访谈（见表 4—3）。7 个受访对象的访谈时间控制在 80－100 分钟。为了避免访谈过程中可能会错误理解受访对象的意思，我们采集到的数据还要经过受访对象确认。

表4—3 结构访谈的主要问题

类型	问题
受访对象及所在企业信息	1. 在企业所处的职位
	2. 在本领域的工作经历
	3. 企业主要经营活动、企业规模、组织结构、目标和经营绩效
企业的技术创新活动及其运行过程	1. 软件园有关创新的使命、愿景、战略目标
	2. 影响创新行为的要素
	3. 对于创新的认识
	4. 与创新相关的关键事件
	5. 合作原则
	6. 合作原则对创新产生的影响
	7. 组织结构如何提升创新战略实施
	8. 有关组织结构调整的关键事件
	9. 哪个过程提升了技术创新战略的实施
	10. 对突出的技术创新事件和活动的认识及描述
	11. 合作创新的概念性理解
	12. 合作创新与非合作创新的企业有什么不同
	13. 软件园内部合作的状况
企业的社会资本	1. 软件园的文化所提倡的领导关系
	2. 与不存在合作关系的其他企业的领导关系有什么差异
	3. 正式领导关系和非正式领导关系的作用
	4. 寻求和发现社会资本的关系、结构和认知维度

资料来源：作者整理。

4.4 案例分析

齐鲁软件园在其发展过程中，始终坚持"注重环境创新，引领产业发展，促进协同发展，确保全面提高"的指导思想，以"引领产业发展，专心服务企业"作为其重要目标，精心创造"强化技术核心作用、优化人才进退机制、促进企业协同合作、改善融资投资渠道"的工作平台，通过各种途径促进企业健康发展。齐鲁软件园内的技术创新服务平台,为进驻园区的各行业企业在软件的开发与模拟、企业运行的过程监控和质量保证等环节提供技术支持。园区适时地创造了促进各个企业协作创新的合作发展平台,尽可能地促进各个行业在功能上的互补,促进技术上的相互补充与支持,促进产品与服务上的相互支撑,尽可能促进各个企业在资源与人才上的共享发展。2015 年底,齐鲁软件园有入园企业 1750 家,从业人员达 10 万人。① 如我们预期的一样,齐鲁软件园的企业一直致力于促进共享过程并积极发展可持续的合作战略,积极寻求合作伙伴。

命题 1:社会资本的关系维度可降低风险规避行为和合作的成本,由此可以促进中小企业网络内的合作创新。

在齐鲁软件园,社会资本的关系维度主要体现在共同的价值观。以齐鲁软件园国际合作联盟为例,银行、财务、电子政务、公共软件、证券、医疗、保险、金融等行业软件和嵌入式软件的委托开发以及金融数据、地理信息、法律、医疗等专业数据处理、游戏、动漫美术加工等在该联盟都有所体现。齐鲁软件园国际合作联盟内的软件企业以及其他研究机构和个人能够本着互惠互利的宗旨,尽可能地共同实现市场的开发和联盟内人力资源的共享,从而促进联盟的高效发展。联盟自成立以来,一直得到了济南高新区管委会和济南市各个部门的鼎力支持。齐鲁软件园国际合作联盟以软件园这个良好的合作平台作为依托,积极为企业和政府提供信息服务、促进服务部门和企业所需人才的引进、教育与培养,并逐步完善政策;齐鲁软件园发展中心为软件园内的企业在美化产品形象、促进宣传、各类人才的引培、产品和服务的推介等方面提供比较完善的指导和服务。②

为加强齐鲁软件园内通信企业之间的交流与合作,促进园区通信企业规模化,开拓通信市场,促进通信产业的发展,2007 年齐鲁软件园成立 CIIIC 通信企业联盟。③ 目前联盟共有会员二十多家,从业人员 3600 余人,总资产约为 110500 万元。联盟内企业努力发挥联盟的联合优势,以联盟的高速成长促进山

---

① http://www.qilusoft.org/park.
② 齐鲁软件园国际合作联盟章程。
③ CIIIC 企业联盟,即国家信息通信国际创新园企业联盟,在该联盟内,各会员企业间通过产品互补、技术互补,密切合作,致力于共同打造 CIIIC 通信企业联盟新的品牌,并发扬开拓创新精神,抓住机遇,抵御风险,推动地域经济健康、快速地发展。

东省"以信息技术改造提升传统产业"的战略实施。①

齐鲁软件园内的企业基于对技术创新的关注而形成了共享的价值观。促使合作顺利进行而逐步产生的互信成了促进他们顺利开展业务和共同战胜困难的重要条件。

"我和企业的总经理原来是大学同学,正是由于我们认识的时间非常长,所以我们能够相互信任。这更加有利于我们共担风险,不会因为创新活动的高风险而拒绝非常有价值的创新项目。信任对于我们从事创新性的项目是非常重要的。"(受访对象4)

当然,如果在长时间的合作过程中,出现了合作上的分歧,其中一家企业认为自己业绩很突出,错误地认为自己的发展可以不需要齐鲁软件园这个网络的支持,但后来可能会面对意想不到的困难:比如更有效地面向市场需求、更方便地获取企业日常运营需要的各种资源等。

"在齐鲁软件园这个创新网络里面,企业之间相互信任会在一定程度上促进相互学习,促进各个企业知识的积累和创新活动。如果网络内的企业相互不沟通,加入齐鲁软件园这个创新网络的好处就会打折扣,不会实现自身利益的提高。即使企业短期内没有通过建立相互信任促进相互交流的实际行动,长期他也会感到相互信任的缺乏对企业发展是个瓶颈。"(受访对象6)

"在齐鲁软件园,通过与其他企业进行合作提高了创新的可能性和创新效率。而对于一个网络内的企业来说,企业员工合作创新的价值观非常重要,因为通过这一共同的价值观,在完成一个创新项目的时候,大家的行动就会比较一致,齐心协力致力于创新,促进创新合作,提高技术创新效率。"(受访对象1)

"当你告诫园区内的其他企业在未来可能面对的威胁,并告诉他们要进行创新,但是你和这些企业关系不紧密而且信任度不高的话,可能就不会产生合作创新的情况。如果不能合作创新,成功应对挑战几乎是不可能的。"(受访对象5)

园区内企业的合作可以促进信任和互惠以及促进共同的承诺,而这种共同的承诺促进了园区内企业的创新精神,不用过于担心企业之间的合作可能带来

---

① http://www.qilusoft.org/server.

的风险，企业之间进行信息的交流时便能够有更少的顾虑，从而更便于获取其他企业的有价值信息，从而有效地实现创新。所以，社会资本的关系维度促进了合作创新战略的发展。

命题2：社会资本的结构维度可降低风险规避行为和合作的成本，由此可以促进中小企业网络内的合作创新。

结构维度的社会资本在齐鲁软件园体现为各个企业在面对挑战、战略目标实现困难时共同合作的模式。齐鲁软件园的创新模式使我们相信：企业与利益相关者加强联系和合作，可以促进战略目标的实现和共同应对技术创新难题带来的挑战。企业所有者、企业员工和其他利益相关者具有共同的利益，他们共同面对困难，有利于各自目标的实现。企业各利益相关者的紧密合作是促进创新、提升经营效率的重要措施。

齐鲁软件园内的企业有一个共同的认识：创新是事关自己的生存与发展的重要活动。每一个企业都把创新作为自己的重要计划之一，而且把寻求与外部的合作放在至关重要的位置。当然，在企业规模较小的时候，它们关注的是产品创新，只有当企业发展到一定程度，它们才把服务创新放在重要的位置。

促进合作创新战略实施需要有与之相对应的计划安排、组织结构和知识结构。齐鲁软件园内的企业和政府花费了很大的投资去改善基础设施、促进企业联合。园区内企业的管理者也认识到与其他企业合作的重要性。

"*企业的创新活动应该是全方位的创新，而不仅仅是工艺流程创新或者产品创新、品牌创新。将企业的创新活动理解为企业纷繁复杂活动中的一小部分，肯定是大错特错的。面对瞬息万变的外部市场环境尤其是竞争对手的行为变化，企业自身必须要通过系统的、全方位的创新活动来促进竞争力的提升，甚至需要进入一个全新的领域。*"（受访对象7）

"*现实条件下，企业所处的环境越来越难以预测，这使得企业做决策越来越困难。瞬息万变的市场环境造成单个企业穷于应对市场带来的冲击，而与同行的合作可能会使企业转危为安，起死回生——因为同行企业可能会提供给你促使企业创新、获得生机的机会。在齐鲁软件园这个创新网络里面，企业合作创新尤为必要。*"（受访对象2）

企业面临外部环境的不断变化使得企业需要跟外部组织保持紧密的联系。所以，企业与外部的经济组织可能会自愿地以开放的态度在一起工作，促进创新的实现。知识背景和经历不同的人聚在一起，通过相互激发、建立互信，这会增进各方的合作。在这一过程中，他们除了分享各自的经历之外，通过头脑风暴过程，会有一些新主意的出现。

"现在科技进步日新月异，所以任何一个企业想在各个领域都保持领先是不可能的，所以企业为了赶上创新的步伐、紧跟技术前沿，促进与其他企业的合作就很有必要，在合作的过程中相互学习较先进的技术，实现合作创新，就有可能产生意想不到的创新成果。所以，在技术飞速发展、市场竞争日趋复杂、国际交流日渐增多的今天，企业只有积极地寻求外部合作才能使自己立于不败之地。"（受访对象5）

"创新没有止境，企业需要日复一日的努力，并把创新当作其生存和发展的基本手段。只有坚持不懈地创新，企业才有可能保持竞争力；否则竞争力会不断减弱，甚至会很快面对灭亡。"（受访对象3）

命题3：社会资本的认知维度可降低风险规避行为和合作的成本，由此可以促进中小企业网络内的合作创新。

本案例中有关社会资本的认知维度可以通过齐鲁软件园内众多企业共享的信念、共同面对挑战的合作意识以及相似的发展目标体现出来。为了能够更好地融入这个网络，齐鲁软件园内的企业尽可能地去适应其他企业的价值观、行为方式和处事规则，以便能够和其他企业进行更有效的合作。

"尽管从短期来看，企业积极地做一些对社会有益的工作，积极地承担社会责任，企业的利润会造成一定程度的降低，因为承担社会责任的过程就是企业的投入过程。但是企业的发展应该有长远眼光，应该意识到自己承担社会责任是有积极意义的，对企业的发展很有帮助，而且随着社会的发展这一点会越来越重要。所以，企业时时刻刻要装着社会责任。"（受访对象7）

企业积极承担社会责任，总需要一定的投入，所以从短期看可能会造成成本的增加，而不能即刻带来收益。但是从长期来看，企业积极承担社会责任造成社会公众对于企业的好感，这种"美誉"还会放大社会公众对于企业的良好印象，从而有利于企业的经营和持续发展。因此，积极承担社会责任所带来的回报是不可低估的。

"企业的目标肯定应该是多元化的。一个单纯看中经济目标的企业可能会走入歧途。企业应该确立多元化的经营目标，其中一个能够促使企业持续发展的

经营目标就是承担社会责任。从某种意义上说，企业多元化的经营目标会使企业发展得更健康，发展得更长远。"（受访对象1）

  齐鲁软件园内的企业高度关注技术创新，这源于齐鲁软件园的定位。齐鲁软件园从成立到现在，经历了持续健康的发展，诞生了一些很有影响的高新技术企业，这与园区内企业关注创新并时刻关注经济与科学技术的变化有重要关系。齐鲁软件园内的企业对于创新的重视，体现在它们的创新计划、组织结构、基础设施及其他相关活动尽可能适应创新的要求。

  "作为我们企业来说，我们时常面临着巨大的挑战，应对挑战的最好答案就是进行创新。这是我们解决难题、方便社会大众的负责任的行为，也是我们在所属行业获得生存的根本手段。当然，应对挑战、解决难题还是需要跟外部企业合作的，只有如此才可以完成便利社会公众、方便人民生活的使命。"（受访对象3）

4.5 案例讨论与启示

4.5.1 社会资本能够发挥中小企业行为优势

  尽管中小企业在技术创新方面具有独特的优势，但在很多方面，尤其是与大型企业相比，中小企业具有明显的劣势。促进中小企业之间的合作交流，既能充分发挥中小企业的行为优势，又能克服中小企业的劣势，并使这种组织模式能够兼具大企业的规模优势，对于理论界和企业的技术创新实践便具有重要的现实意义。

  它能够获得快速的发展，是因为这种组织形式具有特定的竞争优势，主要体现在以下几个方面。

  第一，有利于企业获得外部经济。

  中小企业通过建立广泛的联系，可以使每个企业在不牺牲灵活性的条件下获得规模经济。这主要是从横向的同行企业交流带来的外部范围经济和外部规模经济。首先，企业由于通过合作或建立联盟等方式共同进行生产、销售等活动的同时，中小企业可以通过共同使用公共设施减少分散布局所要增加的额外投资，产业联系紧密的企业因地理位置接近而降低相互间物质和信息的转移费用，从而降低生产成本。其次，可以实现相同部门的中小企业数量增加，整体规模增大，进而使无法获得内部规模经济的单个企业在实现合作的基础上获得外部规模经济。而且，中小企业通过相关部门之间的专业化分工以及在生产和交易过程中的密切合作，可以获得外部范围经济。

第二，可以节约企业间的交易成本。

产生交易成本的原因很多，其中最主要的是信息搜寻成本和交易中机会主义行为的存在。信息的搜寻成本指的是寻找到供需双方能够匹配的交易信息，包括要素市场和产品市场的供求信息；交易中的机会主义行为是指由于参与市场交易主体都是追求利益最大化的，因此，他们就有为了实现自身利益最大化而通过各种手段损害交易对象利益而自己谋利的动机。企业之间良好的关系可以有效地降低交易费用，这主要体现在：（1）企业的经济活动是根植于地方社会网络之中，人与人之间的信任度较高从而促使交易双方很快达成并履行和约，地方社会网络可以节省企业搜索市场信息的时间和成本。（2）如果企业能够集聚在范围较小的地域空间中，信息传播扩散十分便捷，与此同时，由于特有的地缘、人缘等关系的存在，在内部已建立一套大家共同遵守的行为规范，在规范的指导下，企业间相互信任程度很高，任何采取机会主义行为的损失都很大，使得市场交易的机会主义行为大大减少了，从而降低交易成本。

第三，强化了中小企业的营销优势。

相关产业的众多中小企业可以及时获得产品供应并及时向客户提供产品，还可以比较方便的控制分销商。对企业来说，在市场竞争方面，这种优势通常比节约成本更重要。企业可以通过共同举办博览会加强广告宣传，降低营销费用，大批量购进原材料降低了原材料的价格，也节约了单位运输成本。通过"区位品牌"效应，一方面使每个企业受益，消除外部经济性，改变了单个企业广告费用过大、不愿参与投入的状况；另一方面，"区位品牌"与单个企业的品牌相比，更形象更直接，更具有广泛的、持续的品牌效应。

第四，能够提高企业的创新能力。

可以提供企业创新能力的四个要素：（1）带动了地方劳动力市场的形成，可以吸引一些优秀人才。劳动力的高速流动加快了知识和信息的交流，增强了创新机会。(2) 中小企业之间竞争激烈程度远远超过分散的个体优胜劣汰的自然选择，迫使企业不断进行技术创新和组织管理创新，从而促进了企业家才能的培养。(3) 企业之间更加充分的信息交流有利于知识的传播与扩散。一家企业的创新很容易外移到区域内的其他企业，因为这些企业通过实地参观和经常性的面对面交流，能够较快的学习到新的知识和技术。

4.5.2　社会资本促进中小企业技术创新的效率分析

4.5.2.1 影响企业技术创新效率的因素

因素 1. 企业技术创新所需投入的资金数量（用 M 表示）。技术创新需要的资金越多，意味着较大的投入和较高的风险（主要来自于可能存在的沉没成本）。一般情况下，企业技术创新需要的投资越多，企业越不愿意进行技术创新，从而企业技术创新的成果（用 N 表示）越少。反之亦然。可见，技术创新所需投入的资金量与技术创新成果成反方向的变化关系。即

$$\frac{dN}{dM} < 0 \tag{1}$$

因素 2. 企业技术创新后的转换成本（用 T 表示）。企业技术创新后，原来的机器设备、技术工人可能不适应技术创新后的环境，企业需要更新设备、新建厂房、重新聘请员工等，这使企业不得不承担转换成本。一般而言，企业的转换成本越低，企业越具有技术创新的动力，企业的技术创新成果越多；反之，企业的转换成本越大，企业的技术创新越缺乏积极性，企业的技术创新成果一般会少。企业技术创新后的转换成本与技术创新成果成反方向的变化关系。即

$$\frac{dN}{dT} < 0 \tag{2}$$

因素 3. 企业技术创新的风险程度（用 R 表示）。一般而言，企业会尽可能地规避风险。在其他条件相同的条件下，企业一般会选择风险较小的方案。企业技术创新的风险越小，企业的技术创新成果越多。反之亦然。可见，企业技术创新的风险程度与技术创新成果成反方向的变化关系。即

$$\frac{dN}{dR} < 0 \tag{3}$$

因素 4. 享受"知识外溢"的程度（用 S 表示）。只要有可能，企业会尽量

接受外部企业的"知识外溢",为自己的经营活动提供便利;而企业如果只是提供"知识外溢"而得不到回报,就会降低企业的积极性。企业享受"知识外溢"的程度越高,企业获取知识的成本越低,企业进行技术创新的积极性越强,企业的技术创新成果越多。反之亦然。可见,企业享受"知识外溢"的程度与技术创新成果成正方向的变化关系。即

$$\frac{dN}{dS} > 0 \qquad (4)$$

因素 5. 企业组织结构的层次(用 L 表示)。企业的组织结构越简单,层次越少,企业内部信息传递的速度越快,越能够及时准确地把握外部的市场信息和机会,越有利于决策和企业的技术创新活动,从而企业的技术创新效率越高。相反,企业的组织结构越复杂,企业内部信息传递速度越慢,越容易出现信息失真,技术创新的效率越低。可见,企业组织结构的层次与技术创新成果成反方向的变化关系。即

$$\frac{dN}{dL} < 0 \qquad (5)$$

因素 6. 影响企业技术创新的其他因素(用 E 表示)。

4.5.2.2 企业技术创新影响因素模型

考虑以上六个因素,我们可以得到企业技术创新影响因素模型

$$N = f(M, T, R, S, L, E)$$

其中

$$\frac{dN}{dM} < 0, \frac{dN}{dT} < 0, \frac{dN}{dR} < 0, \frac{dN}{dS} > 0, \frac{dN}{dL} < 0 \qquad (6)$$

公式(6)表明影响企业技术创新的因素包括需要投入的资金量、技术创新给企业带来的转换成本的大小、技术创新风险的大小、享受"知识外溢"的程度、组织结构的层次等。而且由上述公式 1 至公式 5 可知,前 5 个因素对于企业技术创新的影响方向是确定的:或者促进企业的技术创新行为(正向),或者阻碍企业的技术创行为(反向)。

4.5.2.3 社会资本对技术创新效果的影响

在技术创新所需要的资金方面,由于各企业之间存在着分工协作关系,相对于单个企业,企业只需要承担个别环节上的技术创新,需要的技术创新资金

较少，而企业如果孤立地进行技术创新，则需要较多的资金。所以技术创新有利于企业的技术创新活动。

在技术创新所承担的风险方面，由于各企业之间存在着密切的分工协作关系，相对于单个企业，各个企业都要与其他企业进行紧密地合作，共同承担风险，从而降低每个企业的风险程度，降低了企业技术创新的潜在风险，有利于提高企业技术创新的积极性。

在享受"知识外溢"的程度方面，企业会共享"知识外溢"，某个企业的"知识外溢"会让众多的相关企业受益；由于享受"知识外溢"是相互的，企业在"知识外溢"到其他企业的同时可以享受其他企业的"知识外溢"，因此，企业不会因为"知识外溢"得不到暂时的回报而降低技术创新的积极性。

在企业组织结构的层次方面，中小企业相对默契地存在着一定程度的分工协作，组织结构更为简单，层次更少，单个企业内部信息传递的速度越快。企业之间关系比较紧密，能够更及时准确地把握外部的市场信息和机会，有利于提高企业的创新效率。由于组织结构的不同，在获取市场信息的能力方面，中小企业更加准确、快速。

在企业技术创新后的转换成本方面，大企业由于规模太大，企业技术创新后如果存在较大的转换成本，会降低技术创新的积极性。中小企业机器设备、厂房、员工数量更少，由于技术创新造成的转换成本小，中小企业更具有技术创新的动力，企业的技术创新成果更多。

4.5.3 有效发挥社会资本在技术创新中的作用

通过齐鲁软件园内中小企业的案例研究，我们发现社会资本可以在一定程度上促进企业合作创新。通过社会资本三个维度综合发挥作用，有利于减少风险规避和合作成本，促进信息的有效流动，从而有更大的机会促进创新。

第一，就关系维度而言，信任、互惠和共同承诺提供了合作创新所需的安全环境。信任、互惠和共同承诺是合作的重要原则，也是加入到创新网络中的中小企业应该恪守的条件。然而，这些价值观不能够强加于中小企业。这些价值观非常脆弱而且从长期看是很难持续的。比如，在危机时期，互惠的原则有时很难实施，网络内的一些成员可能不再进行创新。创新是一个不确定的活动。

所以，从长远的角度才能提升合作创新的动力。因此，需要让企业具有长远眼光，具有可持续发展的理念。

第二，就结构维度而言，中小企业共享各自的能力，使企业能够在一个更广阔范围内进行创新，这个过程有助于激发每一个企业的创新行为，并给创新网络内的众多中小企业的持续创新带来持久的动力。创新的高度复杂性和高度不确定性，决定了企业需要较高的抗风险能力，所以，与其他企业进行创新过程上的分工协作很有必要。各中小企业面临的挑战越来越大，面临的问题越来越新颖，企业的合作与分工愈显重要。此外，政府应该为中小企业的创新提供资金支持；在人才引进和教育培训方面提供服务，通过教育提高企业的创新能力。

第三，就认知维度而言，合作创新需要各参与方具有相似的研发基础以促使创新项目顺利完成。齐鲁软件园的案例表明：为了更好地促进中小企业创新，各服务部门应主动适应创新环境的变化设立相应的机构，比如创立行业联盟，设立培训机构。园区内的企业都高度关注创新，通过高效率的创新提升园区内企业的竞争力。当然，在危机时期，可能会出现企业之间不信任的情况，这会阻碍各方的合作，减少彼此信息交流和促进创新的可能。所以，集体主义的原则有时候会被"人不为己、天诛地灭"的信条取代。这样的行为会导致合作行为的消除，从而又提升了创新风险和交易成本，阻碍了合作创新战略的有效实施。为了防止这一情况的出现，不断加强合作理念的宣传是很有必要的。对于中小企业高层管理者进行合作理念的宣传教育更为重要，让高层管理者进行自上而下的推动，会使合作理念更容易被广大员工接受。

4.6 本章小结

通过本章的研究发现：社会资本的关系、结构和认知三个维度都可以降低风险规避行为和合作成本，从而促进中小企业的合作创新。为提升社会资本对合作创新的作用，企业应具有可持续发展的理念，高层管理者需要在合作理念上对员工进行自上而下的推动，政府部门应该积极为中小企业的创新活动提供良好的服务，提供政策扶持。

第五章 大数据环境下企业技术创新能力的提升

在大数据环境下,企业在向外部学习、获取外部知识、吸取外部资源等方面面临着更多的机会,所以企业需要准确地认识它所处的外部环境,建立一种新的知识管理模式,通过增强知识吸收能力提高自身的竞争优势。本章将通过信息共享、共同释义和知识整合三个方面探讨如何更好地促进企业技术创新能力的提高,从而为企业适应大数据环境更好的进行技术创新。

5.1 大数据时代带来的机遇与挑战

随着信息技术、生物技术、新材料技术和智能制造技术等技术的快速发展,诸多领域的数据量都呈现急剧增长态势,而且数据形态日益复杂。国际数据公司(IDC)的研究报告称,2011 年全球有 1.8ZB 的数据被创建和复制,该报告预测 2020 年全球将拥有 35ZB(1ZB = 10 亿 TB)的数据量,这标志着大数据时代已经到来。近年来,学术界和产业界提出了"大数据"的概念,对大数据研究与应用的关注度持续升温。2008 年 9 月,《Nature》杂志推出了"Big Data"专刊,关注如何处理正在产生的洪水般的大量数据,从互联网技术、网络经济学、超级计算、环境科学、生物医药等多个方面分析了大数据带来的挑战。计算社区联盟(Computing Community Consortium)于 2008 年发布了大数据报告"Big - Data computing:Creating revolutionary breakthroughs in commerce, science, and society",总结了大数据的相关技术和应用及其面临的挑战,并给出了政府投资的行动建议。《Science》杂志也在 2011 年 2 月推出"Dealing with data"专刊,指出了大数据带来的挑战与机遇并存。2011 年 6 月,麦肯锡(Mc Kinsey)公司在其发布的大数据报告中指出"大数据时代已经到来",并详细分析了大数据的影响、关键技术和应用领域等。2012 年以来,大数据获得了全球范围内更广泛的关注。2012 年 1 月的达沃斯世界经济论坛上发布了大数据报告"Big Data, big impact: New possibilities for international development",2012 年 3 月 29 日,奥巴马政府推出了"大数据研究和发展倡议(Big Data research and development initiative)",这标志着大数据研究和发展已经成为国家的发展战略;2012 年 5 月,联合国"Global Pulse"倡议项目也发布了专题报告,旨在尽可能具体和公开地界定发展大数据面临的挑战,并给出方法建议以解决其中的问题。然而,现有关于大数据的研究主要基于数据的获取、存储、分析、处理、管理和应用等技术层面,一些研究聚焦于大数据的潜在商业价值,预测大数据可能对经济社会产生的深远影响。这些研究对大数据发展过程中自身面临的诸多关键管理问题关注较少。IBM 公司认为大数据是一类新的自然资源,高德纳咨询公司也认为大数据是一种信息资产。虽然大数据与自然资源有着一定程度的类似,但二者并不完全相同,大数据是一类特殊的战略性信息资源。由于其自身特性,这类特殊资源为管理领域带来了新机遇的同时,也带来了诸多挑战。[①]

5.2 企业技术创新在大数据环境下的知识需求

随着经济全球化的加快和信息技术的进步,越来越多的个人、企业和非营利组织存储和共享大量的数据,这一趋势导致大量数据流的涌现。[②] 麦肯锡 2013 年进行的调查显示:到 2020 年,全球将会有 35 泽它字节的数据,这无疑是个天文数字。所以,这些非结构化的数据必须进行智能化的处理以将获取的数据转化为竞争优势,而要处理这些数据,需要用大数据处理技术来完成。大数据有四个特点:第一,容量巨大;第二,移动速度快;第三,品种上呈现多结构性;第四,价值大。Srirangpatna, Dialani 和 Muscolino (2014) 将大数据定

---

① 杨善林、周开乐:《大数据中的管理问题:基于大数据的资源观》,载《管理科学学报》,2014 年第 5 期。

② The Economist, A Special Report on Managing Information: Data, Data Everywhere. *The Economist*. February 25, 2010.

义为在信息技术和结构方面的新发现,如果能够对多样化的非结构化数据进行提取、捕获、发现和分析,这些数据将会产生经济价值。① 科学高效地利用大数据需要利用软硬件对数据进行整合、组织、管理、分析和显示。在大数据环境下,知识管理将呈现出如下趋势:数据来源广泛、需要科研设备增多、管理主体多元化和科研需求的个性化,所以,应该建立一种新的知识管理模式顺应这一发展趋势。② 基于此,本书从知识吸收能力的角度探讨企业的创新问题。

近年来,随着市场经济体制的逐步完善和对外开放程度的进一步加快,中国企业经营越来越规范,管理更加科学,扩大就业、创造税收、出口创汇、技术创新等方面做出了很大贡献。但是对于大多数企业来说,有突破性的创新理念,并根据这些理念更新它们的产品线或者具体的经营活动,它们才能够获得生存和发展。③ 创新从内容上看包括企业从外部获取新颖知识以实现对产品、服务或者工艺流程的更新,这种更新可能是激进的更新,也可能是渐进的更新。企业在创新能力方面的潜力与他们先期的知识积累有密切的关系。从以往的研究看,学者们对于知识管理和创新绩效具有浓厚的兴趣,并产生了大量的研究成果。Damanpour(1991)将创新定义为新产品、新服务或者新工艺的产生和发展。所以,创新能力与能够提升企业价值的"新颖性"有关。④ Cohen(2010)指出:创新程度高的企业可以实现更高的绩效。⑤ 尽管企业的创新能力是指企业开发新工艺、新产品和新服务的能力,而且这些新产生的能力与他们原来的能力是不同的,但是企业的开发能力是以已有资源和工艺流程为基础,并在此基础上进行持续不断的完善。⑥

---

① Srirangpatna Dinesh, Dialani Mukesh, and Muscolino Holly (2014). The Big Data Analytic Services Opportunity for the Hard – copy Industry. IDC: Industry Development Models.

② 李欢:《大数据背景下科技管理创新平台构建研究》,载《科学管理研究》,2014年第2期。

③ A. S. Alexiev, J. J. P. Jansen, F. A. J. V. D. Bosch, H. W. Volberda (2010). Top Management Team Advice Seeking and Exploratory Innovation: The Moderating Role of TMT Heterogeneity. Manage. Stud. 47, pp. 1343 – 1364.

④ Damanpour, F. (1991). Organizational Innovation: A Meta – analysis of Effects of Determinants and Moderators. Acad. Manag 34, pp. 555 – 590.

⑤ Cohen, W. M. (2010). Fifty Years of Empirical Studies of Innovative Activity and Performance. In B. Hall & N. Rosenberg (Eds.). Handbook of the Economics of Innovation. Amsterdam: North – Holland, pp. 129 – 213.

⑥ G. Yalcinkaya, R. J. Calantone, D. A. Griffith (2007). An Examination of Exploration and Exploitation Capabilities: Implications for Product Innovation and Market Performance Int. Mark 15, pp. 63 – 93.

有的学者根据创新程度大小和手段不同将创新划分为探索式创新和利用式创新。探索式创新包括面向市场的新技术、新思想的开发和利用，这种新技术或者新思想可能原来根本不存在，或者会促使现有市场发生革命性的变化。[1] 当然，创新对于企业来说也是一种挑战，因为它可能跟企业既有的能力不相干，企业会面临很大的不确定性。比如 Sainio（2012）对 209 家芬兰的跨行业企业进行的经验研究发现：技术创新导向的企业可以在几乎所有方面都有激进创新，而客户关系导向的企业仅仅在商业模式方面有所创新。[2] 利用式创新通常指的是扩展已有的产品线或者有限度地扩展既有的工艺流程。利用式创新是在现有的基础上进行的创新，创新幅度较小，而且在很大程度上是沿着原来的技术路径进行的修补，把企业限制在原有的业务领域。有关创新的研究文献表明：企业应该根据当前的市场竞争状况和自身的能力来决定是进行探索式创新还是利用式创新。比如：利用式创新可以使企业在短期内保持较强的竞争力，但是只有探索式创新才可以确保企业成为市场的主导者，保持持续的竞争力。[3] 与此相对的另一种发现是：激进式创新（探索式创新）可能不一定符合董事会的意图，而较小程度的创新可能会被忽视，所以较多的企业采取了"缓慢而稳定的"渐进式创新（利用式创新）方法，而且在实践中许多高新技术企业利用渐进式创新取得了很好的业绩。[4] 其他的研究结果表明：一个企业要想成功，必须根据环境的变化做出更有效的决策，在一个急剧变化的环境中，探索式创新对于企业更有意义，而在高度竞争压力的环境下，企业采取利用式创新往往能获得较高的利润。[5] 在一个动荡变化的环境中，企业往往具有较大的创新压力，企业创新的成功不仅取决于其内部的研发能力，而且还要具备准确、恰当地利用外部环

---

[1] C. M. Mcdermott, G. C. O'Connor (2002). Managing Radical Innovation: An Overview of Emergent Strategy Issues. *Prod. Innov. Manage* 19, pp. 424–438.

[2] L.-M. Sainio, P. Ritala, P. Hurmelinna-Laukkanena (2012). Constituents of Radical Innovation— Exploring the Role of Strategic Orientations and Market Uncertainty, *Technovation* 32, pp. 591–599.

[3] R. Leifer, C. M. McDermott, G. C. O'Connor, L. S. P. R. M. Peters, M. Rice, R. W. Veryzer (2006). *Radical Innovation: How Mature Companies Can Outsmart Upstarts*, Harvard Business School Press, Boston.

[4] M. Treacy (2004). Innovation as a Last Resort. *Harvard Buiness Review* 82, pp. 29–30.

[5] J. Jansen, F. V. D. Bosch, H. Volberda (2006). Exploratory Innovation, Exploitative Innovation, and Performance: Effects of Organizationa Antecedents and Environmental Moderators. *Manage. Sci.* 52, pp. 1661–1674.

境、创造机会的能力。① March 和 Simon（1958）指出，大多数的创新来自于从外部的购买而不是单纯的创造发明。② 通过有效地利用外部的知识，企业可以扩大他们的创新能力，提高他们的创新效率，可以在促进研究开发、创新产品方面提高成功的可能性。③

并不是所有的重要知识都存在于单一的企业，企业要想保持竞争力和有效地进行创新，需要越来越多地依赖外部知识。对于企业来说，知识是形成并维持其竞争优势、促进其创新的重要因素。④ 因此从外部吸收知识并充分发挥知识带来的好处是企业成功进行创新的重要选择。企业需要根据外部环境的状况和自身的特点采取恰当的创新方式。企业需要积极地分析外部环境，尽可能地获取外部知识，使之变为对自己发展有益的资源。

大数据已经成为将数据转换成有效知识的革命性的技术。为了从大数据中获得有价值的信息，研究者和企业人员持续不断地用不同的方法获取、分析、整合和利用数据。信息可以帮助企业提高竞争力和生产效率，而且随着时间的发展，信息对于企业日益重要，越来越多的企业努力寻求各种渠道获取对他们有价值的信息。随着大数据时代的到来，企业的信息有更大的机会成为其他企业的信息，甚至是竞争对手的信息。数据以及根据数据创造的知识可能存在于不同的所有者手中，这给知识管理带来了挑战，但是也给企业充分利用大数据产生的有价值信息提供了机会，为企业有效地进行知识管理产生了挑战同时也创造了机遇。

---

① Cohen, W. M., & Levinthal, D. A. (1989). Innovation and Learning: The Two Faces of R&D. *Economic Journal* 99 (397), pp. 569 – 596.

② March, J. G., & Simon, H. A. (1958). *Organizations*. New York: Wiley.

③ Stock, G. N., Greis, N. P., & Fischer, W. A. (2001). Absorptive Capacity and New Product Development. *Journal of High Technology Management Research* 12, pp. 77 – 91.

④ Shu, C., A. L. Page, S. Gao, and X. Jiang. (2012). Managerial Ties and Firm Innovation: Is Knowledge Creation a Missing Link? *Journal of Product Innovation Management* 29 (1), pp. 125 – 143. Chesbrough, H. W. (2003). *Open innovation: The New Imperative for Creating and Profiting from Technology*. Boston, MA: Harvard Business School Press.

5.3 知识吸收能力促进企业创新的机理分析

5.3.1 企业利用外部知识的重要性

面对激烈的市场竞争,企业必须不断跟上瞬息万变的市场。因此,企业的快速应变能力是影响其市场竞争力的关键因素。然而,企业为了生存与持续发展,不可能仅仅依靠组织内部的资源创造知识和能力。[1] 他们需要吸收来自外部的知识。尽管企业获取外部知识很容易,但是充分利用这些外部知识是很难的,因为企业可能缺乏与此相关的先验知识。所以,为了克服遇到的上述困难,企业需要提高吸收能力,企业通过持续不断的学习外部的知识,对知识进行获取、消化、吸收、转化和利用。Walter Rostow(1956)首次提出了吸收能力的概念,他指出一个国家的经济起飞需要整个社会(包括企业等经济组织)在政治方面和社会方面都有所变化,以此促进吸收能力的提高。一个知识吸收能力强的企业应该具有高水平的先验知识,来帮助企业认识新信息的价值并对它进行同化,由此来创造商业价值。[2] Zahra 和 George(2002)整理前人的相关研究发现:大多数的实证研究表明企业的知识吸收能力与企业的创新绩效以及其他的与创新有关的活动都有显著的正相关关系,企业较强的吸收能力可以使企业获得更强的竞争优势,而且企业现实的吸收能力是企业绩效提升的基本要素。[3] 包括 Lynn、Madhavan 和 Grove 在内的许多学者将吸收能力看做创新成功的关键资源。他们认为,企业的吸收能力与创新能力越难以被复制和模仿,企业越可能在创新方面获得更大的成功,并产生更理想的创新绩效。吸收能力良好、学习机制

---

[1] Kang, K. H., Jo, G. S., and Kang, J. (2015). External Technology Acquisition: A Double - edged Sword. *Asian Journal of Technology Innovation* 23 (1), pp. 35 - 52.

[2] Cohen, W. M., Levinthal, F. A. (1990). Absorptive Capacity a New Perspective on Learning and Innovation. *Adm. Sci. Q* 35 (1), pp. 128 - 152.

[3] Zahra, S. A., George, G., (2002). Absorptive Capacity: A Review, Reconceptualization and Extension. *Acad. Manag. Rev* 27 (2), pp. 185 - 203.

完善的企业，更有可能进行有效的创新，进而帮助企业建立长期的竞争优势。

创新是企业实现和保持其竞争优势的重要手段。因此以往有许多研究从企业技术创新的视角探讨企业竞争优势的获得与保持。企业要实现持续、健康的发展，需要准确地认识它所处的外部环境，积极主动地与其他组织构建合作网络，尤其是在大数据环境下，企业在向外部学习、获取外部知识、吸取外部资源并转换为企业自身的技术和优势等方面面临着更多的机会，企业可以通过增强知识吸收能力提高自身的竞争优势。

5.3.2 知识吸收能力及其维度

学者们一般认为知识吸收能力是一大宗包括处理隐性知识和修改完善引进知识的能力，他们将知识吸收能力定义为企业的评价、吸收和应用新知识的能力。Zahra 和 George（2002）指出：知识吸收能力应该包括四个方面的能力：获取能力、消化能力、转化能力和利用能力。这些多样化的能力可以帮助企业实现竞争优势，提高企业的业绩。[1]

获取能力是指一个企业识别和获得外部关键信息的能力。识别和使用外部信息的能力在很大程度上与企业已有的相关领域知识成正相关关系，企业已有的相关领域知识可以帮助企业识别新信息的价值，对新信息进行甄选，将新信息转化为企业的知识，企业可以利用这些知识实现商业化的目的。[2] 消化能力是指促使企业分析、处理、阐释和理解所获取信息的例行程序和流程。消化能力与企业相关人员的知识阐释水平和理解能力密切相关。这一能力更突出了企业内个人的能力而不是一个集体对问题的理解力。[3] 知识消化需要员工具有较强的对于外部新信息的理解能力，这种理解能力很大程度上取决于企业员工自身的既有知识储备。转化能力是指外部知识的内部化，并通过企业的工艺流程或者

---

[1] Zahra, S. A., George, G. (2002). Absorptive Capacity: A Review, Reconceptualization and Extension. *Acad. Manag. Rev.* 27 (2), pp. 185–203.

[2] Barney, J. (1991). Firm Resources and Sustained Competitive Advantage. *Manag* 17, pp. 771–792.

[3] Cohen, W. M., Levinthal, D. A. (1990). Absorptive Capacity: A New Perspective on Learning and Innovation. *Adm. Sci. Q.* 35, pp. 128–154.

产品更新体现出来。良好的转化能力可以有效促进现有知识和外部新知识的融合，这一能力的实现需要通过对企业现有知识进行增添或者删减并以不同的方式对既有知识进行新的理解。利用能力是指企业通过提炼、扩展和利用现有知识，将外部获取和转化的知识付诸实施的能力。这一过程在企业看来是至关重要和被高度重视的，Cohen 和 Levinthal（1990）指出：企业员工必须有能力将外部的新知识进行商业化。[1] 从逻辑上来说，这一过程的重要性凸显了其他三个方面的重要性，企业的获取、消化和转化能力决定了企业是否可以形成利用外部知识的能力。因此，企业在知识吸收方面的获取、消化、转化和利用四个方面的能力都不可或缺。

本书在研究过程中使用 Zahra 和 George（2002）提出的对知识吸收能力的划分，将知识吸收能力划分为"潜在的吸收能力"和"现实的吸收能力"。潜在的吸收能力包括信息的获取和消化能力，它衡量的是企业获得外部信息可能性方面的能力，但是这不能保证外部的能力转化为企业自身的能力；现实的吸收能力包括信息的转化和利用能力，它反映了企业将外部的信息转化为企业自身知识的能力，通过这一能力企业可以提高自身的竞争优势。由此可见，潜在的吸收能力可以被看作是获取新知识的过程，现实的吸收能力可以被看作是一个开发和利用这些知识的过程。企业的潜在吸收能力与现实吸收能力不是独立的，而是相辅相成的。它们承担不同的角色，并从不同的角度对企业创新发挥各自的作用，最终实现改善企业创新绩效的目的。企业如果没有获得知识就不可能利用知识，与此同时，企业有可能在获取和消化知识后没法对它进行转化和利用，从而有可能没法给企业带来利润。因此，高度的潜在吸收能力不一定必然导致高的创新绩效。

5.3.3 知识吸收能力对企业创新的促进作用

新奇事物的产生需要两个阶段："发明"和"创新"。第一阶段的"发明"与概念的新颖性（应用于特定业务的新思想、新概念）相关。根据 Nonaka 和

---

[1] Cohen, W. M., Levinthal, D. A. (1990). Absorptive Capacity: A New Perspective on Learning and Innovation. *Adm. Sci. Q.* 35, pp. 128–154.

Takeuchi (1995) 的解释，概念的新颖性根植于个人对于隐性知识的掌握。① 第二阶段的"创新"包括在工具方面的新奇创造，这是一个利用新创造知识并把知识转化为不同使用方式的过程。这一过程的成功有赖于企业的吸收能力以及与企业已有知识结合的能力。② 一般认为，企业的创新绩效很大程度上源自于外部知识而不是外部的发明创造，企业的创新绩效更大程度上取决于获取外部知识的能力，而且与企业既有知识紧密相关。企业潜在的提高创新绩效的能力取决于他们已经积累的知识。企业在努力进行创新的时候，他们需要经常购买知识并雇佣掌握特定知识的员工，这些投资提高了创新绩效。同样，基于新产品或者新工艺的创新过程也有助于新知识的产生。从这个角度讲，创新和知识之间是高度关联的。对于一个企业来说，有必要将新产生的知识存储起来并将它维护好，如果企业的员工在将来要使用它的时候，就比较容易获取。否则，这些有价值的知识很有可能丢失。

基于上述分析，本书通过信息共享、共同释义和知识整合三个过程来分析企业通过促进知识吸收能力的提高实现创新的过程。

5.3.3.1 信息共享

信息共享是指信息在不同利益主体之间的交流。通过信息交流，各方都可以获得运营效率提高带来的好处。为了能够更有效地吸收和利用外部信息，企业与相关组织之间共享信息是很关键的，因为信息共享可以实现对知识的更准确理解。通过信息共享，他们可以共同建立在信息、资源、市场、技术等方面的竞争优势并实现规模经济和范围经济，而且可以分担风险，实现价值链某个环节的外包，促进他们战略目标的实现。通过信息共享，企业与其他经济组织会尽力提高他们的知识资源和学习能力，并在与其他经济组织交流的过程中，改善与其他经济组织的关系，并且提升自身的竞争力。

信息是不同组织之间交流的最主要对象。信息共享能够积极地帮助企业为消费者提供更优质的产品或者服务，减少从生产到投入市场的时间，降低生产成本，确保产品或者服务更高效地到达消费者。信息共享促进企业绩效改善的

---

① Nonaka, I., Takeuchi, H. (1995). *The Knowledge Creating Company: How Japanese Companies Create the Dynamics of Innovation*. Oxford University Press, New York, NY.

② Cohen, W. M., Levinthal, F. A. (1990). Absorptive Capacity a New Perspective on Learning and Innovation. *Adm. Sci. Q.* 35 (1), pp. 128 – 152.

实例表明：不同经济组织之间的信息交流确实很重要，这些信息主要包括消费者的需求以及行为的变化、由于兼并、收购等带来的市场结构的变化、与技术革新相关的信息、与企业运营紧密相关的金融政策、战略问题以及其他方面的问题。

5.3.3.2 共同释义

共同释义是指由于各个经济组织的信息共享，各个经济组织在洞察力和知识理解方面有所提高，能够对自身过去的行为方式、行为效率以及未来的行为选择有更加准确的判断和预期。随着信息对于企业创新的重要性不断提高，有关共同释义方面的研究逐步成为知识管理的重要内容。Sense（2007）指出："社会建构主义理论强调了社会关系对学习的重要性，意义构建、工作场所内的非正式性、集体主义行动以及相互谈话都会对学习产生重要的影响，学习本身就是社会实践活动的组成部分。"[1] 不同组织成员之间建立社会关系可以促进学习过程的改善，进而促进社会个体在隐性知识方面的学习。对于同样的信息，不同的组织可能会有不同的理解，而且不同的组织在意义构建方面的形式也有所不同。这些形式包括促进信息共享的论坛、会议和跨职能团队的交流，这些形式的信息交流是为了更好地促进对知识的准确理解，并产生新的知识。相关研究发现：团队成员之间的交流和外部知识的引入可以帮助企业完善企业的规章制度和工作程序，更新产品设计，重新组织工艺流程。[2] 由此可见，为了更好地实现对信息的释义，除了要在企业内部或者企业下的各个部门进行内部的信息交流之外，企业还需要与外部的经济组织进行团队或者个人层面的交流。

Maqsood 等（2007）研究发现：在一个复杂并且边界不清晰的系统内部，比如在一个项目团队内部，由于一些信息被隐藏或者缺乏团队成员之间的交流，好多与本团队紧密相关的问题就不能被正确理解。这时就需要用共同释义机制来正确理解这些问题，项目团队成员需要共同面对，集体讨论，共同理解态势的发展，才可以使企业面临的问题得到解决。团队成员相互交流的工作场所提

---

[1] Sense, A. J. (2007). Structuring the Project Environment for Learning. Int. Proj. Manag 25 (4), pp. 405–412.

[2] Mesquita, L. F., Anand, J., Brush, T. H. (2008). Comparing the Resource-based and Relational Views: Knowledge Transfer and Spillover in Vertical Alliances. Strateg. Manag. 29 (9), pp. 913–941.

供了一个有利于促进信息交流和共同学习的良好环境，在这样的环境里面，组织成员通过共同释义，达到对于问题的准确理解。基于项目组建的团队在促进共同释义方面体现出的作用更加明显：团队提供了动态学习的空间；团队成员本身就是基于学习和解决问题而遴选的；团队提供了成员之间互动和相互启发的机会，可以使成员更有信心去解决问题。所以企业应该建立这样的项目团队以促进信息共享和共同释义。此外，与合作伙伴的共同学习对企业的创新是一种更有意义的渠道，应该尽可能借鉴最先进的知识和最先进的经验。为了能够从外部学习对企业发展有益的东西，建立跨企业的合作团队是一个行之有效的办法。建立跨组织团队可以使企业获得隐性知识，可以使企业从市场上获得更有价值的信息，赢得更高的经营效率。

总之，通过共同释义行为，企业可以促进生产工艺的改进，提高供应方和需求方的效率，可以促进新产品的生产，更有效地满足消费者的需求，进而可以提高创新绩效。因此，企业与各利益相关者建立合作关系有利于解决其面临的战略问题。

5.3.3.3 知识整合

知识整合是指为了应对环境变化带来的新需求，各个部门需要联合起来实现相互协作以达到对知识的正确认识。"整合"最初是指企业各个部门之间的相互协作，其实也可以用于任何组织内部各个部门之间以及不同企业联合形成的项目团队之间的协作。整合包括三个层面的内容：一是基于利益的合作关系；二是基于行动的协调关系；三是合作和协调如何提高了各自的绩效。

项目团队成员长期在一起工作会形成特定的知识，如果这种特定的知识与团队的集体认知、信仰和价值观念密切相关，我们就可以说，这种特定的知识就是知识整合的结果。项目团队成员之间的相互关系是信息的存储器，这种关系可以帮助企业解决遇到的问题。Selnes 和 Sallis（2003）的研究发现：超过 2/3 的有关技术进步的合作是通过非正式的人际网络合作来完成的。知识整合同时需要企业可以编码的正式文件和非正式的程序共同作用来完成。[①]

如果团队成员对于问题的理解非常一致，对于问题的调整方案也很一致，那么这个团队的知识整合程度就比较高。团队成员需要共同理解的问题包括：

---

① Selnes, F., Sallis, J. (2003). Promoting Relationship Learning. *Mark* 67, pp. 80 – 95.

消费者的需求和行为；技术发展趋势；企业的订单交付程序和正式合同；如何使自身形象更具有吸引力；数据库的信息更新。专注于全球化整合的企业推动了经营的整体观念，它倡导的是全球化经营，主张的是组织间的业务流程的协调。不同的知识整合方法会影响知识在其功能方面的质量。对于跨功能的知识整合，其特点是经常性地更新和评估市场、工艺流程、数据库以及跟合作伙伴展开交流的技术。嵌入关系以及知识整合使得具体的信息能够持续不断地进行交流，促进了新知识的产生。反过来，这些整合后的最新知识给企业发展带来了好处，它可以使企业准确预期未来的市场变化并尽早地采取对策，尤其是企业产品、服务和市场方面的信息，对这些数据库信息的整合会给企业带来明显的经济效益。通过对合作伙伴的技术、方法和产品设计需求的更准确理解，知识整合提高了供需双方的能力，并且增加了他们的合作需求。

5.4 大数据环境下提升企业技术创新能力的对策

大数据的研究和应用应该遵循顶层设计、实践导向和理论升华的科学路径。顶层设计就是要制定好大数据资源产业的发展规划，科学引导大数据的研究工作；实践导向就是要在大数据发展实践中发现科学问题，并解决实际问题，坚持从实践中来到实践中去。事实上，在"大数据"的概念被提出以前，大数据已经在很多领域被研究和应用，已经有很多关于大数据获取、存储、处理和应用的研究和应用成果，这表明，大数据的实践应用是先于理论研究的，当然深入的理论研究一定能够促进大数据应用实践更好更快的发展；理论升华就是要将解决大数据实践问题的科学方法凝炼总结，建立并完善大数据相关的理论体系。[1]

（一）在大数据环境下，更应该通过提高知识吸收能力促进企业创新

在大数据环境下开展创新并从创新中获得利润，要求具有新数据、新思想

---

[1] 杨善林、周开乐：《大数据中的管理问题：基于大数据的资源观》，载《管理科学学报》，2014年第5期。

和新方法，但企业的市场细分活动造成企业可能没法同时具备多样性的异质能力，所以，各个企业基于创新优势上的互补性而展开分工协作，并积极吸收其他经济组织的信息并转化为知识，更有意义，通过合作提高企业创新效率是一个合理的思路。①

大数据环境下，企业管理层应该高度重视外部知识的学习，并积极创造机会与外部环境进行交流，以获取外部知识。获取外部知识的对象包括竞争对手、消费者、供应商、高校、政府机构（尤其是政府的科技部门）等。而且，企业也可以模仿竞争对手，跟竞争对手的合作伙伴（如高校）进行 R&D 方面的合作。

（二）企业知识吸收能力的提高需要发挥团队的作用

在一个团队中，每个人对于提高企业的吸收能力做的具体贡献是不一样的，团队中的不同个体会对外部的具体信息有不同的消化能力，所有个体能力的有效结合才能提升企业的吸收能力。具体来说包括两个方面：第一，社会化过程。团队中每个人的个人直觉和对问题的认知会在团队中共享并成为团队成员之间广为流传的特定知识；第二，外部化过程。团队中个人的比较含蓄、表达含糊的隐性知识，会在团队成员的深入交流过程中被其他成员感受到。总之，吸收能力必须要通过集体的智慧才可以实现。

为了能够集体消化每个人的知识，团队成员需要尽可能地采取各种不同的方法。从这个意义上说，团队中的各个成员单独地吸收外部知识后，他们的知识必须要进行整合，将各自的知识通过充分的消化过程变成企业层面的有效知识。企业管理者应该支持团队从外部获取、消化、转化和利用知识，而且应该给团队的成员提供更多的面对面的交流的机会，以方便团队成员之间的合作以及与外部的合作，通过充分沟通来减少某些问题的误解和不确定性，从而能够更顺畅地转化和利用信息，获得新知识。

（三）要创造条件充分利用潜在吸收能力，以实现向现实吸收能力的转化

企业的潜在吸收能力和现实的吸收能力包含的内容不同，但是它们在促进企业吸收能力提升方面是互相补充、缺一不可的，二者只有相互协调，在每个

---

① 李天柱等：《接力创新的一般规律与应用价值——以生物制药产业为例》，载《技术经济》，2012 年第 11 期。

环节都处理得当，才能在提升企业竞争优势方面真正发挥作用。潜在的吸收能力对现实的吸收能力具有重要的影响，为了使企业的潜在吸收能力积极地向现实吸收能力转化，必须要做到：(1) 与合作伙伴尽可能的实现信息共享，尤其是与产品与服务创新相关的信息共享对于促进企业潜在吸收能力向现实吸收能力的转化具有重要影响；(2) 通过建立跨企业的项目团队以尽可能避免在与利益相关者合作时对问题的理解不准确；(3) 经常性地召开会议，促进人与人之间的面对面交流，这样可以相互启发，共同提高。企业管理者需要积极组织各种活动，使团队成员充分交流沟通，拉近潜在吸收能力与现实吸收能力的距离，以实现创新的目的。

获取和消化外部信息，并把它转化为新创造的知识，企业具备了这种能力，才可以促使企业产生新思想从而进行创新。这进一步说明了团队中相互启发、共同学习的重要性，它对企业创新是必不可少的。总之，企业的项目团队应该尽可能的实现潜在吸收能力和现实吸收能力的互补，尤其加强对外部获取信息的学习，才可以将潜在的吸收能力转化为企业的创新成果。

大数据浪潮袭来，正在改变着社会生活的方方面面，以社会关系为核心内容的企业经营者的社会资本首当其冲。大数据浪潮的本质是信息传播与应用的颠覆性变革，其作用的核心是人们之间社会关系的根本改变。由于有遍布全球网络的支撑，信息空前透明化，使企业乃至经营者个人正在走向全球化，可以实现在全球范围的直接交流与交往；使任何一个企业及其经营者都可以有条件与世界上的企业与个人开展合作或竞争，跨时空地提供产品与服务；相应地，企业的任何决策与经营活动的成功也都离不开各种各样的利益相关者的态度与行为，企业的一切经营管理行为的社会关系含量从来没有像今天这样广泛渗透与深度影响，企业的社会资本的价值在飙升。企业经营者社会资本转型是适应大数据时代的必然趋势，而转型的核心是社会资本培育机制的创新。①

---

① 单凤儒：《论大数据时代企业经营者社会资本培育机制创新》，载《中国软科学》，2014 年第 6 期。

5.5 本章小结

在大数据环境下，企业在向外部学习、获取外部知识、吸取外部资源等方面面临着更多的机会，所以企业需要准确地认识它所处的外部环境，建立一种新的知识管理模式，通过增强知识吸收能力提高自身的竞争优势。本章的研究发现：通过信息共享、共同释义和知识整合，可以使企业获得隐性知识，使企业从市场上获得更有价值的信息，达到与合作伙伴对技术、方法和产品设计需求的更准确理解，并增加合作需求，赢得更高的经营效率。因此企业应该为提高知识吸收能力需要发挥团队的作用，创造条件充分利用潜在吸收能力，实现向现实吸收能力的转化。

第六章 总结与展望

通过前面五章的分析和阐述,本书已经对企业社会资本如何通过组织学习影响企业技术创新绩效进行了系统实证研究与案例分析,并对企业在大数据环境下如何通过信息共享、共同释义和知识整合,使企业获得隐性知识,并增加合作需求,赢得更高的经营效率。本章将对前面的研究做出总结,阐明本研究的主要结论、理论和实践意义以及论文的主要创新点,并在此基础之上,对本研究的不足进行说明,同时指出未来的研究方向。

6.1 主要研究结论

全球经济一体化的加速,对企业的技术创新提出了新的挑战,组织学习已成为技术创新最重要的源泉。组织学习离不开企业与内外部环境的联系,企业社会资本的建立则离不开企业内外部之间的联系。企业技术创新的实践和现有的理论研究一致表明:企业提高技术创新水平的关键在于通过内外部社会资本有效地获取和利用知识。目前的研究已经证实:高新技术企业的内外部关系对于企业获取知识和进行学习至关重要[1],从而影响企业的绩效。[2] 然而,关于企业内部和外部社会资本如何影响企业不同类型的学习和企业技术创新绩效的研

---

[1] Zahra, Shaker A., R. Duane Ireland, and Michael A. Hitt (2000). International Expansion by New Venture Firms: International Diversity, Mode of Entry, Technological Learning, and Performance. *Academy of Management Journal* 43 (5), pp. 925–950.

[2] Yli-Renko, H., Autio, E., et al. (2001). Social Capital, Knowledge Acquisition, and Knowledge Exploitation in Young Technology Based Firms. *Strategy Management Journal* 22, pp. 587–613.

究却很少。本研究关注的是高新技术企业的社会资本、组织学习和技术创新绩效的关系，该研究可以在一定程度弥补上述缺陷。本书以山东高新技术企业为研究对象，在提出和验证企业社会资本测量维度的基础上，全面系统地研究了企业社会资本、组织学习与技术创新绩效的关系，运用模型构建和统计验证等研究方法，运用 SPSS14.0 计量统计工具，明晰了企业社会资本与组织学习和技术创新绩效的关系，形成的主要研究结论如下：Nahapiet 和 Ghoshal 提出的社会资本的三个维度（结构维度、关系维度和认知维度）对于企业的利用式学习和探索式学习以及技术创新绩效具有不同程度的影响。探索式学习和利用式学习对企业的技术创新绩效有不同程度的影响，探索式学习和利用式学习的不同结合方式会对企业技术创新绩效造成不同的影响。企业应该有意识地促进探索式学习和利用式学习的平衡。

6.1.1　企业社会资本对组织学习的影响

企业社会资本的结构维度（包括权力、联系的稳定性、产业内管理者纽带和产业间管理者纽带）对于利用式学习和探索式学习具有不同的影响。权力与利用式学习和探索式学习都呈正相关的关系，这表明在高新技术企业内部，具有技术背景的技术创新团队成员往往对于利用式学习和探索式学习都起主导作用。以此类推，联系的稳定性与利用式学习和探索式学习都呈正相关的关系，这表明在高新技术企业内部，企业员工尤其是从事技术创新工作的员工与企业内外的成员建立持续稳定的合作关系有利于企业进行利用式学习和探索式学习。产业内管理者纽带与高新技术企业的利用式学习和探索式学习都呈正相关的关系，从而使得本书有关利用式学习的假设得到验证，而有关探索式学习的假设被拒绝。合理的解释是：由于企业技术创新人员在本产业的经验相对欠缺，对本产业的一些专业知识的了解也不够全面，负责技术创新的企业人员就通过与同一产业内其他企业进行接触获得本产业的新知识，尤其是从本产业内比较成熟的同类企业获得知识。与此相反，产业间管理者纽带使得企业从产业外获得了与自己从事的领域根本不同的信息和考虑问题的视角，企业从外部获得的多种多样的产业以外信息可能会干扰企业巩固和加强自己的主导产业，从而阻碍利用式学习。本研究的一个重要观点是：对于新成立的高新技术企业而言，产业间管理者纽带是企业的一种重要社会资本，企业可以通过产业间管理者纽带促进企业的技术创新，而新成立的企业需要一定的时间才能建立产业内管理者纽带，因为企业进入所从事的产业领域需要多方的认定，建立产业内管理者纽带并不容易。如果企业建立了广泛的产业内管理者纽带，产业内管理者纽带可以帮助企业获取能够主导产业的诀窍，这些诀窍可能会给企业提供探索式学习的机会，企业可以通过试验和与众不同的洞察力在一个相对新颖的领域经营，从而促使企业技术创新绩效的提高。

企业社会资本的关系维度，本书通过信任与义务和期望这两个指标进行了衡量。信任促进了利用式学习，同时促进了探索式学习。因此，当企业成员之间存在信任的时候，他们更愿意从事信息交流[1]，这反过来又增强了利用式学习的机会。信任促进探索式学习的观点在本书的研究中获得支持，信任增加了技术创新人员提供新观点和新思路的意愿，技术创新人员之间因为信任而增加对对方的思路和观点进行尖锐的相互批评的意愿，从而有助于企业的探索式学习。上述结果意味着，企业成员之间存在着信任，新颖的思路和观点就可能会出现。所以信任促进企业的探索式学习。而对于义务和期望，企业成员在未来从事某项活动的承诺或责任可以促使企业进行利用式学习，但是并不能明显的促进探索式学习。

结果表明，企业社会资本的认知维度（包括一致性和共同愿景）对组织学习具有积极的或中性的关系。一致性通过促进资源交换和重组提高了企业的利用式学习，但一致性不足以影响到企业的探索式学习。Tsai 和 Ghoshal 的研究发现共同愿景与新颖的思想的组合没有显著的相关关系，本书的研究发现正好与他们的研究结果相反，本书发现，共同愿景促进了企业的探索式学习。由于存在共同愿景，就可以减少企业内其他成员行为的不确定性，从而可以使得企业能够有更多的机会在新领域进行建设性的探索。[2]

---

[1] Tsai, Wenpin & Sumantra Ghoshal (1998). Social Capital and Value Creation: The Role of Interafirm Networks. *Academy of Management Journal* 41 (4), pp. 464 – 476.

[2] Iaquinto, Anthoy L. & James W. Fredrickson (1997). Top Management Team Agreement about the Strategic Decision Process: A Test of Some of Its Determinants and Consequences. *Strategic Management Journal* 18 (1), pp. 63 – 75.

6.1.2 企业社会资本与技术创新绩效的关系

结果表明，企业社会资本的结构维度、关系维度和认知维度都会对企业的技术创新绩效产生积极的影响。这通过实证证实了前人的结论。Nahapiet 和 Ghoshal 在对社会资本、智力资本、价值创造以及组织优势之间的关系研究中，认为企业社会资本能促进智力资本的创造。可见，企业社会资本的结构、关系和认知维度都能够促进企业的资源交换和技术创新，一个合理的解释是：社会交互作用（结构维度）和信任（关系维度）促进了部门间资源交换，而共同的认知（认知维度）促进了企业成员行动的一致性，可以保证企业快速高效地应对多变的市场需求和技术变化，从而促进了企业的技术创新。

中小企业是技术创新的主体，但在技术创新过程中需要寻求与其他组织的合作。由于合作创新强调的理念是合作，所以存在于创新网络中的社会资本成为合作创新战略实施的重要因素。对齐鲁软件园内的中小企业进行案例研究的基础上，研究发现社会资本的关系、结构和认知三个维度都可以降低风险规避行为和合作成本，从而促进中小企业的合作创新。为提升社会资本对合作创新的作用，企业应具有可持续发展的理念，高层管理者需要在合作理念上对员工进行自上而下的推动，政府部门应该积极为中小企业的创新活动提供良好的服务，提供政策扶持。

6.1.3 组织学习对技术创新绩效的影响

除了对企业社会资本各个维度与利用式学习和探索式学习的关系进行研究之外，本书还对利用式学习和探索式学习对于企业技术创新绩效的影响进行了研究。本书研究发现，利用式学习和技术创新绩效之间呈 U 形关系，而不是倒 U 形关系。这在一定程度上从实证检验了利用式学习和知识创造之间的关系。[①]探索式学习和技术创新绩效之间的关系是正相关关系，而且随着企业的探索式

---

① Nerkar, Atul（2003）. Old Is Gold? The Value of Temporal Exploration in the Creation of New Knowledge. *Management Science* 49（2），pp. 211 – 229.

学习程度的增加,企业技术创新的收益增加得越来越快。利用专利数据,Katila 和 Ahuja 的研究没有能够支持探索式学习和技术创新之间的倒 U 形关系,相反,他们发现了探索式学习和产品创新的正相关关系。① 如 Katila 和 Ahuja 描述的一样,探索式学习和技术创新绩效之间呈现出这种关系可能是因为本书研究用的样本企业过于注重外部信息的收集。其实利用式学习和探索式学习各自都会对技术创新绩效有越来越多的回报,这表明随着新高新技术企业更多的进行利用式学习和探索式学习,他们在学习过程中变得更加有效率,从而有更好的技术创新绩效。这一论点与 Cyert 和 March 的适应性学习观点是一致的:学习是一个根据经验调整行为的过程。②

如果企业同时进行利用式学习和探索式学习,而且这两个学习过程结合得较为紧密,应该会给企业的技术创新绩效带来消极的影响。本书的研究结果表明,如果利用式学习层次较低,提高探索式学习的水平能够提高企业的技术创新绩效。然而,如果探索式学习层次较高,提高利用式学习的水平降低了企业的技术创新绩效。这些结果支持了 Nerkar 的论点:利用式学习和探索式学习能够使企业受益,但是在一个高度竞争的市场环境下,探索式学习才能够显著提高企业的绩效。本书的研究结果为 Benner 和 Tushman 的"利用式学习和探索式学习方式的采取需要不同的组织结构和环境"③ 观点提供了一些经验支持。

6.1.4 大数据环境对企业技术创新的影响

在大数据环境下,企业在向外部学习、获取外部知识、吸取外部资源等方面临着更多的机会,所以企业需要准确地认识它所处的外部环境,建立一种新的知识管理模式,通过增强知识吸收能力提高自身的竞争优势。通过信息共享、共同释义和知识整合,使企业获得隐性知识,使企业从市场上获得更有价

---

① Katila, Riitta & Gautam Ahuja (2002). Something Old, Something New: A Longitudinal Study of Search Behavior and New Product Introduction. *Academy of Management Journal* 45 (6), pp. 1183–1194.
② Cert., Richard M. & James G. March (1963). *A Behavioral Theory of the Firm Englewood Cliffs.* NJ: Prentice Hall, pp. 56–122.
③ Benner, Mary J. & Michael L. Tushman (2003). Exploitation, Exploration, and Process Management: The Productivity Dilemma Revisited. *Academy of Management Review* 28 (2), pp. 238–256.

值的信息，达到与合作伙伴对技术、方法和产品设计需求的更准确理解，并增加合作需求，赢得更高的经营效率。企业为提高知识吸收能力需要发挥团队的作用，创造条件充分利用潜在吸收能力，实现向现实吸收能力的转化。

6.2 研究意义与研究创新

6.2.1 研究意义

面对激烈的市场竞争，技术创新已成为企业生存和发展的不竭动力。通过持续的技术创新，企业能够更深入地洞察和获取那些具有潜在价值和企业特性的资源，从而在企业内部形成一些难以被竞争对手所模仿和超越的异质能力。因此，通过对企业社会资本、组织学习与技术创新绩效关系的研究，不仅可以推动技术创新理论的进一步发展，而且对企业的技术创新实践而言，也具有较强的指导意义。

6.2.1.1 理论意义

如前述及，企业社会资本这一研究领域尚处于起步阶段，目前关于企业社会资本的研究理论分析居多，定量研究较少，对于企业社会资本、组织学习与技术创新绩效关系的实证研究也较为缺乏。如何通过企业社会资本建设来提高技术创新的能力已成为学术界和企业界比较关心的话题。特别地，传统的创新方式已开始朝着开放、合作、网络和动态整合的方向迈进。从社会资本理论的角度系统而全面地研究企业的技术创新绩效，是本书的一个尝试。本研究以面向我国企业的问卷调查所获数据为基础，在系统梳理企业社会资本相关研究文献的基础之上，提出企业社会资本通过正向影响组织学习从而促进技术创新绩效提升的概念模型，并对此进行了较为系统的定量研究。通过对高新技术企业技术创新实践的调查和分析，本研究得出这样一个结论：企业社会资本确实能够影响企业的组织学习并影响企业的技术创新绩效。这一研究不仅可以为企业社会资本功效的定性分析提供实证支持，而且对我国企业社会资本的定性定量研究也具有一定的参考意义和借鉴作用。

6.2.1.2 实践意义

习近平总书记指出：如果我们不识变、不应变、不求变，就可能陷入战略被动，错失发展机遇，甚至错过整整一个时代。实施创新驱动发展战略，是应对发展环境变化、把握发展自主权、提高核心竞争力的必然选择，是加快转变经济发展方式、破解经济发展深层次矛盾和问题的必然选择，是更好引领我国经济发展新常态、保持我国经济持续健康发展的必然选择。我们要深入贯彻新发展理念，深入实施科教兴国战略和人才强国战略，深入实施创新驱动发展战略，统筹谋划，加强组织，优化我国科技事业发展总体布局。①

尽管社会资本理论在理论界存在诸多争议，难以达成共识，但在企业界，与社会资本相关的实践活动一直在积极地进行着。随着全球经济一体化进程的加速，企业为更好地开展技术创新已逐渐开始重视寻求合作者。而寻求合作者并非仅限于企业外部，企业与外部的互惠合作，以及企业内各相关部门之间的沟通协调，均对技术创新具有不可忽视的作用。本研究在实践领域主要有如下启示：

Nahapiet 和 Ghoshal 断言："企业之间的不同，包括企业绩效的不同，可以在一定程度上反映企业创造和利用社会资本的能力的差异。"本书研究证明：投资于企业内部和外部的社会资本，有助于企业提高技术创新绩效。为了促进企业的探索式学习和利用式学习，高新技术企业应该特别重视创造有利于组织学习的氛围。此外，企业应当努力培养与建立企业内外部的各种联系，包括与产业内外各企业的联系，以促进企业增加现有知识的掌握和新领域知识的开拓。最后，应该通过让企业员工加强社会互动、分享共同愿景并参与企业决策的制定，使他们可以提高相互信任的水平、促进意见和观念的一致性。

高新技术企业应该认识到探索式学习和利用式学习的重要性。为了能够使高新技术企业求得生存并能获得发展，企业应该有意识地促进探索式学习和利用式学习的平衡。如果一个高新技术企业的利用式学习水平比较低，该企业应该采取措施进行探索式学习，以使企业获得较高的技术创新绩效。与此相反，当一个高新技术企业的探索式学习和利用式学习的水平都挺高时，这样的组织

---

① 习近平：《在全国科技创新大会、中国科学院第十八次院士大会和中国工程院第十三次院士大会、中国科学技术协会第九次全国代表大会上的讲话》，载《人民日报》，2016年5月30日。

学习可能不利于企业提高技术创新绩效，这是因为探索式学习和利用式学习之间存在着固有的差异，如果探索式学习和利用式学习的水平都超过了一定的界限，会导致企业没法进行有效的管理。

6.2.2 研究创新

企业社会资本和组织学习作为技术创新理论研究的新视野，在国内外的研究均已经具有一段历史，但是将企业社会资本、组织学习和技术创新绩效相结合进行研究目前还很少见。在梳理和继承现有研究成果的基础上，本研究在以下三个方面具有较大的创新性：

（1）区分了不同组织学习方式及其相互作用对企业技术创新绩效的贡献

以往研究从静态角度分析不同组织学习方式对技术创新绩效影响时，大多采用独立分析各组织学习方式对技术创新绩效影响的研究思路。但是，各种组织学习方式之间可能会存在相互影响，完全剔除各种组织学习方式的交互作用很难全面解释组织学习对技术创新绩效影响的实际情况。基于这一点，本书对不同组织学习方式对技术创新绩效的联合影响进行了探讨，弥补了前人研究的不足。

（2）提出企业社会资本、组织学习和技术创新绩效概念模型

以往研究从社会资本与创新绩效的关系进行了探讨，或者从组织学习与技术创新绩效的关系进行了探讨，但是并未将企业社会资本、组织学习和企业的技术创新绩效作为一个整体的理论框架进行系统地研究。本书在对企业社会资本、组织学习和技术创新绩效之间关系研究的文献综述基础上，构建了企业社会资本、组织学习和技术创新绩效的概念模型，并提出相应的理论假设，对三者的关系进行了系统深入地探讨。

（3）拓展了组织学习理论

以往研究就组织学习的过程、组织学习对于知识转移的影响路径以及组织学习影响企业技术创新分别进行了深入研究，解释了组织学习为什么会促进企业技术创新、增强竞争优势，但是却忽视了企业社会资本对于组织学习的影响研究。事实上，影响组织学习的最重要的原因是企业社会资本。本研究针对山东省的高新技术企业，系统阐释了企业社会资本的各个维度如何通过组织学习

影响企业技术创新绩效的问题,从而实现了社会资本、组织学习与技术创新研究的融合,拓展了组织学习的研究领域,拓展了组织学习理论。

6.3 研究的局限和未来的研究

尽管本研究得出了一些较有意义的结论,但在研究过程中仍存在一些局限之处,需要在未来研究中加以改善,并进一步深化。这些局限性或在未来值得深入研究之处主要包括:

(1) 变量测度方面。本书的研究主要集中为数不多的几个内部社会资本因素与外部社会资本因素,然而,其他因素的社会资本也会影响到组织学习。这些因素包括可能会对企业的探索式学习和利用式学习产生不同的影响并进而影响高新技术企业的技术创新绩效。在未来的研究中,设计更为客观的指标来评价企业社会资本、组织学习和技术创新绩效,将有助于提高研究的有效性。

(2) 样本方面。尽管本研究花费大量的精力进行问卷调查,获得的有效问卷数量通过变量处理基本满足了样本量的要求,但是由于问卷调查工作的困难,本研究的实证分析仍非真正意义上的大样本研究。同时样本选择涉及较多的行业(包括电子、软件、医药和机械等)和不同规模的企业,但未来的研究采取随机抽样方式将能够使样本的代表性和泛性更强。此外,同样由于问卷调查的能力所限,本书抽取的样本企业都是山东省内的企业,收集的数据带有一定的地域特征,因此,会对研究结论的推广和普及产生一定的制约作用。

(3) 其他方面。本研究在概念模型中虽然考虑了企业规模、所处行业、成立年数等控制变量,但从目前已有的研究来可看,它们中可能有一些变量对于企业社会资本与技术创新绩效的关系具有调制作用。在不同的企业规模和企业发展期间,企业社会资本对于技术创新的作用亦可能有所区别。由于本书研究是截面设计,没有历史地考察企业的组织学习和技术创新历程,所以不能建立因果关系。

为了解决本研究的局限,在将来的研究中将会关注以下几个方面:第一,更多地开发影响企业探索式学习和利用式学习的企业社会资本构成要素。比如,可以考虑将企业与政府、供应商、金融机构等组织的联系纳入企业社会资本的构成要素。第二，将来在中国的其他地区做更广泛的调查，搜集更广泛的数据，可以得出更加具有代表性和普遍性的结论。第三，选择个别典型高新技术企业进行案例研究，通过长时间的跟踪调查，深入探讨企业社会资本、组织学习和技术创新绩效的因果关系。

6.4　本章小结

本章对第三章的实证研究和第四章的案例分析结果进行分析，得出了四个方面的结论；通过研究结论可以发现本研究既有较强的理论意义，又有较强的实践意义。本研究在以下三个方面具有较大的创新性：（1）区分了不同组织学习方式对企业技术创新绩效的贡献。（2）提出企业社会资本、组织学习和技术创新绩效概念模型。（3）拓展了组织学习理论。但是本书在研究过程中仍然存在着不足，主要体现在变量测度、样本选择等方面，在将来的研究中将通过适当的措施来解决研究中的不足，以使得研究的结论更具有普遍性，从而更好地指导企业的实践。

附录1　调查问卷

尊敬的先生/女士：

非常感谢您给我们提供的帮助，该问卷可能耽误您5-8分钟。

由于环境的变化以及企业专业化程度的提高，高新技术企业的技术创新越来越重要。我们期望通过您了解企业社会资本、组织学习和技术创新绩效的关系。特别要提醒您的是：本调查旨在了解我国高新技术企业社会资本、组织学习和技术创新绩效的有关问题，您所提供的信息对我们的研究很有价值。感谢您在百忙之中接受我们的问卷调查，我们承诺对所有回收的资料只作学术研究之用，并对问卷内容保密。

企业社会资本、组织学习与技术创新绩效问题调查问卷

（山东大学管理学院课题组）

一、基本信息（请您在符合的选项打上"√"）	
1. 您所在的地区	□济南　　　□青岛　　　□淄博　　　□烟台 □威海　　　□日照　　　□其他
2. 您在企业中的身份	□高层管理者　　　□中层管理者 □基层管理者　　　□一般员工
3. 您的学历	□研究生　　　□本科生　　　□其他
4. 您的年龄	□50岁以上　　□30-50　　□30岁以下
5. 企业所属行业类型	□电子信息产业　　　□石油化工 □医药生化　　　□其他

续表

6. 您所在企业的性质	□个人制企业　　　□合伙企业 □有限责任公司　　□股份有限公司
7. 您所在企业的员工数	□1-50　　　□50-200　　　□超过200人
8. 你的企业成立的时间	□2年以内　　　　□2-4年 □4-8年　　　　　□8年以上
9. 你服务本企业的年限	□2年以内　　　　□2-4年 □4-8年　　　　　□8年以上

二、企业社会资本、组织学习与技术创新的信息（请您对每一个问题，按照级别在对应的方格中打"√"，除56-59题外，级别1-5分别表示"完全不同意、不同意、中立、同意、完全同意"，10-36题根据近三年的平均状况打分，其余题目根据过去一年的实际情况来打分的。）

		级别				
		1	2	3	4	5
10	技术创新成员能够信守承诺					
11	成员之间遵守互惠原则，会给予施惠方相应回报					
12	具有关联关系的企业定期或经常地评价、比较和总结合作关系					
13	不能信赖企业高管人员可以顺利完成他们的责任					
14	企业高管人员不能很职业化地从事他们的工作					
15	企业的高管人员做工作时不细心					
16	企业的高管人员从事工作能力不够强					
17	拥有工程学科背景的高管人员比其他背景的企业员工更有发言权					
18	拥有工程学科背景的高管人员比其他背景的企业员工更有影响力					
19	拥有工程学科背景的高管人员比其他背景的企业员工更有权力					
20	拥有工程学科背景高管人员的工作绩效比其他背景员工的更重要					
21	跟关联企业合作的时间比较长					

续表

		级别				
		1	2	3	4	5
22	跟关联企业之间合作关系变动不大					
23	企业高级管理人员跟其他企业的创始人保持密切的联系					
24	企业高管人员通过跟本产业内其他企业高管互动学到了好多东西					
25	企业高管人员与本产业内企业的创始人存在专业知识交流					
26	为跟通晓本产业内知识的高管建立关系，企业高管人员付出很多努力					
27	企业高管人员完全同意企业的市场目标和战略重点					
28	企业高管人员同意实现新的长期发展战略的最佳方案					
29	在最大化地实现长远的战略目标上，企业高管人员的目标是一致的					
30	企业高管人员全部同意哪一个战略市场目标最重要					
31	企业高管人员认为整个团队的需要应该比个人需要更优先考虑					
32	企业高管人员即使有不同的观点也会接受团队的决策					
33	企业高管人员解决问题，多人决策要比个人解决问题有更好的结果					
34	企业高管人员为培植与产业外企业高管的关系花费了大量的资源					
35	企业高管人员与不在本产业经营的企业高管有联系					
36	企业高管人员与不在本产业经营的企业董事有密切的关系					
37	我们的产品比竞争产品质量更好					

续表

		级别				
		1	2	3	4	5
38	我们的产品质量比我们所有竞争对手的产品要好					
39	对消费者来说我们的产品是值得信赖的					
40	我们的产品质量比其他的产品要好					
41	消费者认为我们的产品比我们的竞争对手的产品好					
42	本企业所属产业的技术变化很快					
43	技术变化为本产业提供了很大的发展机遇					
44	通过技术突破使得大量新产品的理念得以实现					
45	我们企业所属的产业有很大的技术发展					
46	为解决某一项目遇到的问题我们的目标是通过寻找信息改善方法					
47	在某一项目中或在特定的市场上，我们的目标是寻找促使我们能够更好地实现生产的主意和信息					
48	我们为解决产品发展的问题要寻找已经被证明成功的普通方法					
49	我们利用获取信息的方法（比如通过对消费者和竞争对手进行调查）帮助我们理解和更新企业的项目和市场经验					
50	我们强调与我们企业经营项目有关的知识的运用					
51	在信息搜寻时，我们关注与试验和高市场风险项目有关的知识获得					

续表

		级别				
		1	2	3	4	5
52	我们喜欢搜集没有被识别的战略市场信息以确保项目试验能够成功					
53	我们的目标是获得与新技术与新市场领域有关的知识					
54	我们搜集超越我们目前的市场和技术经验的新信息和新主意					
55	我们搜集信息的目标集中于有关新产品和新项目的新信息					
56	（1-5 表示从低到高）与目标相比我们的投资回报率					
57	（1-5 表示从低到高）与目标相比我们的销售额					
58	（1-5 表示从低到高）与目标相比我们增长的利润					
59	（1-5 表示从低到高）与目标相比我们的资产回报					
60	我们经营的领域和顾客的产品偏好变化得非常快					
61	我们的顾客一直喜欢寻求新产品					
62	新顾客希望企业能够提供与现存产品不同的产品，以满足新需要					

问卷结束，非常感谢您的配合！

祝您身体健康，万事如意！

附录 2　访谈提纲

1. 您在企业所处的职位是什么？
2. 您在本领域的工作经历如何？
3. 您所在的企业主要经营活动、企业规模、组织结构、目标和经营绩效如何？
4. 你所了解的齐鲁软件园有关创新的使命、愿景、战略目标是什么？
5. 您对于创新有何认识？您认为影响创新行为的要素有哪些？你能想到的与创新相关的关键事件有哪些？
6. 您认为企业寻求合作应遵循什么原则？合作原则对创新会产生什么影响？
7. 您认为组织结构如何提升创新战略实施？你认为有关组织结构调整的关键事件是什么？
8. 您认为哪个过程提升了技术创新战略的实施？谈谈您对突出的技术创新事件和活动的认识。
9. 谈谈您对合作创新的认识；您认为合作创新与非合作创新的企业有什么不同？
10. 您认为软件园内部合作的状况、软件园的文化所提倡的领导关系如何？
11. 您认为软件园与不存在合作关系的其他企业的领导关系有什么差异？
12. 您认为正式领导关系和非正式领导关系对企业创新有什么作用？

参考文献

英文文献

[1] Adler, Paul S. & Seok-Woo Kwon (2002). Social Capital: Prospects for a New Concept. *Academy of Management Review* 27 (1).

[2] Ahuja, Gautam & Curba Morris Lampert (2001). Entrepreneurship in the Large Corporation: A Longitudinal Study of How Established Firms Create Breakthrough Inventions. *Strategic Management Journal* 22 (6-7).

[3] Aiken, Leona S. & Stephen G. West (1991). *Multiple Regression: Testing and Interpreting Interactions.* Newbury Park, CA: Sage Publications.

[4] Argyris, Schon (1978). Organizational Learning: A Theory of Action Perspective. Reading, MA: Addiong-Wesley.

[5] Ariede Geus (1997). *The Living Company.* Harvard Business School Press.

[6] Atuahene-Gima & Felicitas Evangelista (2000). Cross-Functional Influence in New Product Development: An Exploratory Study of Marketing and R&D Perspectives. *Management Science* 46 (October).

[7] Atuahene-Gima (2003). The Effects of Centrifugal and Centripetal Forces on Product Development Speed and Quality: How Does Problem Solving Matter? *Academy of Management Journal* 46 (3).

[8] Atuahene-Gima, Kwaku (1995). The Influence of New Product Factors on Export Propensity and Performance: An Empirical Analysis. *Journal of International Marketing* 3 (2).

[9] Autio, Erkko, Harry J. Sapienza & James G. Almeida (2000). Effects of

Age at Entry, Knowledge Intensity, and Imitability on International Growth. *Academy of Management Journal* 43 (5).

[10] Baker, W. (1990). MarketNetworks and Corporate Behavior. *American Journal of Sociology* 96.

[11] Barney, J. (1991). Firm Resources and Sustained Competitive Advantage. *Manag* 17.

[12] Benner, Mary J. & Michael L. Tushman (2003). Exploitation, Exploration, and Process Management: The Productivity Dilemma Revisited. *Academy of Management Review* 28 (2).

[13] Bolino, M. C., Tumley, W. H. & Bloodgood, J. M. (2002). Citizenship Behavior and the Creation of Social Capital in Organizations. *Academy of Management Review* 27 (4).

[14] Bontis, N., Crossan, M. M., & Hulland, J. (2002). Managing an Organizational Learning System by Aligning Stocks and Flows. *Journal of Management Studies* 39 (4).

[15] Bourdieu P. (1985). The Forms of Capital. In J. G. Richardson. *Handbook of Theory and Research for the Sociology of Education*. New York: Greenwood Inc..

[16] Brown, Shona L. and Kathleen M. Eisenhardt (1995). Product Development: Past Research, Present Findings, and Future Directions. *Academy of Management Review* 20 (2).

[17] Buderi, Robert (2005). Microsoft: Getting from "R" to "D". *Technology Review* 108 (March).

[18] Burt, R. S. (1992). *Structural Holes: The Social Structure of Competition*. Cambridge, MA: Harvard University Press.

[19] C. M. Mcdermott, G. C. O'Connor (2002). Managing Radical Innovation: An Overview of Emergent Strategy Issues. *Prod. Innov. Manage* 19.

[20] Cangelosi V. E., Dill W. R. (1965). OrganizationalLemming: Observation Toward a Theory. *Administrative Science Quarterly* 10.

[21] Cert., Richard M. & James G. March (1963). *A Behavioral Theory of*

the Firm Englewood Cliffs. NJ: Prentice Hall.

[22] Chesbrough, H. W. (2003). *Open Innovation: The New Imperative for Creating and Profiting From Technology*. Boston, MA: Harvard Business School Press.

[23] Cohen, D. & Prusak, L. (2000). *In Good Company: How Social Capital Makes Organizations Work*. Harvard MA: Harvard Business School Press.

[24] Cohen, W. M. (2010). Fifty Years of Empirical Studies of Innovative Activity and Performance. In B. Hall & N. Rosenberg (Eds.), *Handbook of the Economics of Innovation*, Amsterdam: North – Holland.

[25] Cohen, W. M., & Levinthal, D. A. (1989). Innovation and Learning: The Two Faces of R&D. *Economic Journal* 99 (397).

[26] Cohen, W. M., Levinthal, D. A. (1990). Absorptive Capacity: A New Perspective on Learning and Innovation. *Adm. Sci. Q.* 35.

[27] Coleman, J. (1988). Social Capital in the Creation of Human Capital. *The American Journal of Sociology* 94 (Supplement).

[28] Coleman, J. (1990). *Foundation of Social Theory*. Cambridge: Harvard University Press.

[29] Cooke, P. & Clifton, N. (2002). Social Capital, and Small and Medium Enterprise Performance in the United Kingdom, Entrepreneurship in the Modern Space – economy: Evolutionary and Policy Perspectives. Tinbergen Institute, Keizersgracht Amsterdam.

[30] Cooper, R. G. & Kleinschmidt, E. J. (1987). Success Factors in Product Innovation. *Industrial Marketing Management*, Vol. 16 No. 3.

[31] Cooper, R. G. (1984). New Product Strategies: What Distinguishes the Top Performers? *Journal of Product Innovation Manage* 1 (2).

[32] Cortina, Jose M. (1993). What Is Coefficient Alpha? An Examination of Theory and Applications. *Journal of Applied Psychology* 78 (1).

[33] Crossan, M. M., Lane, H. W. & White, R. E. (1999). An Organizational Learning Framework: From Intuition to Institution. *Academy of Management Review* 24 (3).

[34] Cyert, Richard M. and James G. March (1963). *A Behavioral Theory of*

the Firm. Englewood Cliffs, NJ: Prentice Hall.

［35］Damanpour, F. (1991). Organizational Innovation: A Meta-analysis of Effects of Determinants and Moderators. *Acad. Manag.* 34.

［36］Dooley, Robert S. & Gerald E. Fryxell (1999). Attaining Decision Quality and Commitment from Dissent: The Moderating Effects of Loyalty and Competence in Strategic Decision-Making Teams. *Academy of Management Journal* 42 (4).

［37］Drucker, P. (1993). *PostCapitalist Society*. London: Butter worth Heinemann.

［38］Dubini, Paola & Howard Aldrich (1991). Personal and Extended Networks Are Central to the Entrepreneurial Process. *Journal of Business Venturing* 6 (5).

［39］Dyer, J. H. (2000). Creating and Managing a High-performance Knowledge-sharing Network: The Toyota Case. *Strategic Management Journal* 21.

［40］E, Rapoport J, Romeo A, Wagner S, Beardsley G. (1997). Social and Private Rates of Return from Industrial Innovation. *Quart J. Economics* 91 (May).

［41］Edelman, L. F., Bresnen, M., Newell, S., et al. (2002). The Darker Side of Social Capital. Paper Presented at the 3rd European Conference on Organizational Knowledge, Learning and Capabilities, Athens.

［42］Edmondson, Amy C. (1999). The Local and Variegated Nature of Learning in Organizations: A Group-Level Perspective. *Organization Science* 13 (2).

［43］Eisenhardt, Kathleen M. (1989). Making Fast Strategic Decisions in High-Velocity Environments. *Academy of Management Journal* 32 (3).

［44］Ensley, Michael D., Allison W. Pearson, and Allen C. Amason (2002). Understanding the Dynamics of New Venture Top Management Teams: Cohesion, Conflict, and New Venture Performance. *Journal of Business Venturing* 17 (4).

［45］Evans, M. G. (1985). A Monte Carlo Study of the Effects on Correlated Method Variance in Moderated Multiple Regression Analysis. *Organizational Behavior and Human Decision Processes* 36 (3).

［46］Feeser, Henry R. and Gary E. Willard (1990). Founding Strategy and Performance: A Comparison of High and Low Growth High Tech Firms. *Strategic Management Journal* 11 (2).

[47] Fiol, C. & Mlyles, M. (1985). OrganizationalLearning. *Academy of Management Review* 10 (4).

[48] Fiol, C. Marlene (1994). Consensus, Diversity, and Learning in Organization. *Organization Science* 5 (3).

[49] Ford, Cameron M. & Dennis A. Gioia (2000). Factors Influencing Creativity in the Domain of Managerial Decision Making. *Journal of Management* 26 (4).

[50] Foss, Nicolai Juul & Torben Pedersen (2004). Organizing Knowledge Processes in the Multinational Corporation: An Introduction. *Journal of International Business Studies* 35 (5).

[51] Fukuyama, Francis (1995). *Trust: The Social Virtues and the Creation of Prosperity*. New York: The Free Press.

[52] Fulmer R. M, Gibbs P., Keys J. B. (1998). The Second Generation Learning Organizations. *Organizational Dynamics* 27 (3).

[53] Fulmer, R. M. (1994). A Model for Changing the Way Organizations Learn. *Planning Review*, Vol. 22, Iss. 3.

[54] G. C. Loury (1997). Intergeneration Transfer and the Distribution of Earnings. *Econometrical*.

[55] G. Yalcinkaya, R. J. Calantone, D. A. Griffith (2007). An Eamination of Exploration and Exploitation Capabilities: Implications for Product innovation and Market Performance. *Int. Mark.* 15.

[56] Gant, J., Ichniowski, C. & Shaw, K. (2002). SocialCapital and Organizational Change in High Involvement and Traditional Work Organizations. *Journal of Economics and Management Strategy* 11.

[57] Geletkanycz, Marta A. & Donald D. Hambrick (1997). The External Ties of Top Executives: Implications for Strategic Choice and Performance. *Administrative Science Quarterly* 42 (4).

[58] Gemüden, H. G., Riter, T., & Heydebreck, F. (1996). NetworkConfiguration and Innovation Success: an Empirical Analysis in German High-tech Industries. *International Journal of Research in Marketing* 13 (5).

[59] Gherardi, S. & Nicolini, D. (2000). The Organizational Learning of

Safety in Community of Practice. *Journal of Management Inquiry* 9 (1).

[60] Gherardi, S. and Nicolini, D. (2001). The Organizational Learning of Safety in Community of Practice. *Journal of Management Inquiry* 9 (1).

[61] Gimeno, J. (2004). Competition within and Between Networks: The Contingent Effect of Competitive Embeddedness on Alliance Formation. *Academy of Management Journal* 47 (6).

[62] Granovetter M. (1992). Problems of Explanation in Economic Sociology. Nohria N, Eccles RG (Eds). *Networks and Organizations: Structure, Form and Action*. Boston: Harvard Business School Press.

[63] Granovetter, M. (1992). The Sociological and Economic Approach to Labor Market Analysis: A Social Structural View. In Granovetter and Swedberg (Eds.). *The Sociology of Economic Life*. Boulder, CO: Westview Press.

[64] Granovetter, M. S. (1973). The Strength of Weak Ties. *American Journal of Sociology* 78.

[65] Granovetter, M. S. (2000). The Economic Sociology of Firms and Entrepreneurs. In Swedberg, R. (Ed.) *Entrepreneurship: The Social Science View*. Oxford: Oxford University Press.

[66] Grant, R. M. (1991). The Resource-based Theory of Competitive Advantage: Implications for Strategy Formulation. *California Management Review* 3.

[67] Grant, Robert M. (1996). Toward a Knowledge-based Theory of the Firm. *Strategic Management Journal* 17 (Special Issue).

[68] Gulati, R. (1995). Social Structural and Alliance Formation Patterns: A Longitudinal Analysis. *Administrative Science Quarterly* 40.

[69] Gulati, R. (1999). The Influence of Network Resources and Firm Capabilities on Alliance Formation. *Strategic Management Journal* 20.

[70] Hagedoorn, J., Cloodt, M. (2003). Measuring Innovative Performance: Is There an Advantage in Using Multiple in Dictators? *Research Policy* 32.

[71] Hakansson, H, Johanson, J. (1993). The Network asa Governance Structure: Inter-firm Cooperation beyond Markets and Hierarchies. In Grabher, G (Eds). *The Embedded Firm: On the Socioeconomics of Industrial Networks*. London:

Routledge.

［72］Hakansson. (1994). Networks as a Mechanism to Develop Resources. In P. Beijie, J. Groenebegen, & O. Nuys (Eds.). *Networking in Dutch Industries.* Amsterdam: Garant Uitgivers.

［73］Hambrick, Donald C. & Phyllis A. Mason (1984). Upper Echelons: The Organization as a Reflection of Its Top Managers. *Academy of Management Review* 9 (2).

［74］Hamel G. (1991). Competition for Competence and Inter-partner Learning within International Strategic Alliances. *Strategic Management Journal* 12.

［75］Hankinson, Johansson. (1988). Formal and Informal Cooperation Strategies in International Industrial Networks. Contractor, F. J., Lorange, P. (Eds). *Cooperative Strategies in International Business.* Lexington: Lexington Books.

［76］Hanna Toiviainen (2003). *Learning Across Levels: Challenges of Collaboration in a Small-Firm Network.* Helsinki: University of Helsinki.

［77］He, Zi-Lin & Poh-Kam Wong (2004). Exploration vs. Exploitation: An Empirical Test of the Ambidexterity Hypothesis. *Organization Science* 15 (4).

［78］Hedberg, R. (1981). How Organizations Learn and Unlearn. in *Handbook of Organizational Design*, Vol. 1.1, P. C. Nystrom and W.H. Starbuck (eds.), Oxford.

［79］Henderson, R. M., Clark, K. B. (1990). ArchitecturalInnovation: The Reconfiguration of Existing Product Technologies and the Failure of Established Firms. *Administrative Science Quarterly* 35.

［80］Hofstede, Geert (1991). *Culture and Organizations: Software of the Mind.* London: McGraw-Hill.

［81］Huber, G. P. (1991). Organization Learning: The Contributing Processes and the Literatures. *Organization Science* 2 (1).

［82］Hult G. Tomas M. & Ferrell O. C. A. (1997). Global Learning Organization Structure and Market Information Processing. *Journal of Business Research* 2.

［83］Hurst, David K., James C. Rush, & Roderick E. White (1989). Top Management Teams and Organizational Renewal. *Strategic Management Journal* 10

(Special Issue).

[84] Iaquinto, Anthoy L. & James W. Fredrickson (1997). Top Management Team Agreement about the Strategic Decision Process: A Test of Some of Its Determinants and Consequences. *Strategic Management Journal* 18 (1).

[85] Inkpen, A. C&Tsang, E. W. K. (2005). Social Capital, Networks, and Knowledge Transfer. *Academy of Management Review* 30 (1).

[86] J. Jansen, F. V. D. Bosch, H. Volberda (2006). Exploratory Innovation, Exploitative Innovation, and Performance: Effects of Organizationa Antecedents and Environmental Moderators. *Manage. Sci.* 52.

[87] Janszen, F. H. A. (2002). Dynamic Business Modeling as a Management Tool That Support the Development and Testing of Innovation Strategies, IE MC'98 Proceedings. International Conference 11 – 13.

[88] Jaworski, Bernard J. and Ajay K. Kohli (1993). Market Orientation: Antecedents and Consequences. *Journal of Marketing* 57 (July).

[89] Jones, G. R. George, J. M. (1998). The Experience and Evolution of Trust: Implications for Cooperation and Teamwork. *Academy of Management Review* 23.

[90] Kale, P., Singh, H. & Perlmutter, H. (2000). Learning and Protection of Proprietary Assets in Strategic Alliances: Building Relational Capital. *Strategic Management Journal* 21.

[91] Kang, K. H., Jo, G. S., and Kang, J. (2015). External Technology Acquisition: A Double – edged Sword. *Asian Journal of Technology Innovation* 23 (1).

[92] Kang, S. C., Morris, & S. S., Snell, S. A. (2007). Relational Archetypes, Organizational Learning, and Value Creation: Extending the Human Resource Architecture. *Academy of Management Review* 32.

[93] Katila, Riitta & Gautam Ahuja (2002). Something Old, Something New: A Longitudinal Study of SearchBehavior and New Product Introduction. *Academy of Management Journal* 45 (6).

[94] Knott, A. M. (2002). Exploration and Exploitation as Complements. In N. Bontis & C. W. Choo (eds.), *The Strategic Management of Intellectual Capital and*

Organizational Knowledge: A Collection of Readings. Oxford University Press, New York.

[95] L. -M. Sainio, P. Ritala, P. Hurmelinna-Laukkanena (2012). Constituents of Radical Innovation— exploring the Role of Strategic Orientations and Market Uncertainty. *Technovation* 32.

[96] Landry, R., Amara, N., et al. (2002). Does Social Capital Determine Innovation? To What Extent? *Technological Forecasting & Social Change* 69.

[97] Lane, P. J., Lubatkin, M. (1998). Relative Absorptive Capacity and Inter-organizational Learning. *Strategic Management Journal* 19.

[98] Lawrence, Thomas B., Michael K. Mauws, Bruno Dyck, & Robert F. Kleysen (2005). The Politics of Organizational Learning: Integrating Power into the 4I Framework. *Academy of Management Review* 30 (1).

[99] Leana, C. R., Buren, H. J. (1999). Organizational Social Capital and Employment Practices. *Academy of Management Review* 24.

[100] Leenders R. Th. A. J. Gabbay S. M. (1999). *Corporate Social Capital and Liability.* Boston: Kluwer Inc.

[101] Levinthal, Daniel A. & James G. March (1993). The Myopia of Learning. *Strategic Management Journal* 14 (Winter Special Issue).

[102] Levitt, B. & March, J. (1988). OrganizationalLearning. *Annual Review of Sociology* 14.

[103] Lewin, A. Y., Long, C. P. & Carroll, T. N. (1999). The Co-evolution of New Organizational Forms. *Organization Science* 10.

[104] Li, Haiyang & Kwaku Atuahene-Gima (2001). Product Innovation Strategy and the Performance of New Technology Ventures in China. *Academy of Management Journal* 44 (6).

[105] Lin N. (1982). Social Resources and Instrumental Action. In Marsden P, Lin N. Social Structure and Network Analysis. Beverly Hills, CA: Sage Publications, Inc.

[106] Lin N. (2001). *Social Capital: A Theory of Social Structure and Action.* Cambridge: Cambridge University Press.

[107] Lu, J. W. (2001). *Network Development for Competitive Advantage: A Study of Subsidiary Networks and Alliance Networks*. The University of Western Ontario, London, Ontario.

[108] Luo, Y. & Peng, M. W. (1999). Learning to Compete in a Transition Economy: Experience, Environment and Performance. *Journal of International Business Studies* 30 (2).

[109] Lyles, M. A. (1988). Learning Among Joint Venture Sophisticated Firms. *MIR Special Issue*.

[110] M. Treacy (2004). Innovation as a last resort. *Harv. Bus. Rev.* 82.

[111] March J, Simon H. (1958). *Organizational Learning*. New York: Wiley.

[112] March, J. G. (1991). Exploration and Exploitation in Organizational Learning. *Organization Science* 2.

[113] March, James G & J. P. Olsen (1975). The Uncertainty of the Past: Organizational Learning under Ambiguity. *European Journal of Political Research* 3.

[114] Marquardt, M. J. (1996). *Building the Learning Organization: A Systems Approach to Quantum Improvement and Global Success*. New York: McGraw-Hill.

[115] Maula, M. V. J., Keil, T., & Salmenkaita, J. P. (2006). Open Innovation in Systemic Innovation Context. In H. Chesbrough, W. Vanhaverbeke, & J. West (Eds.), *Open Innovation: Researching a New Paradigm*. Oxford University Press, New York.

[116] Mazzonis and Shaw (1989). Small Firm Networking, Cooperation, and Innovation in Italy: Viewed by An Agency Engaged in Actions for Stimulating The Technological Upgrading of Industry. *Entrepreneurship and Regional Development* 1 (1).

[117] McGrath, R. (2001). Exploratory Learning, Innovative Capacity and the Role of Managerial Oversight. *Academy of Management Journal* 44 (1).

[118] Meister J C. (2000). The CEO Driven Leaning Culture? *The Internal Auditor* 58 (5).

[119] Mesquita, L. F., Anand, J., Brush, T. H. (2008). Comparing the Resource-based and Relational Views: Knowledge Rransfer and Spillover in Vertical Alliances. *Strateg. Manag.* 29 (9).

[120] Meyers, P. W. (1990). Non-linear Learning in Technological Firms. *Research Policy* 19.

[121] Miller, C. Chet., Linda M. Burke & William H. Glick (1998). Cognitive Diversity Among Upper-Echelon Executives: Implications for Strategic Decision Processes. *Strategic Management Journal* 19 (1).

[122] Mitchell, J. C (1969). The Concept and Use of Social Networks. Mitchell (ed.), *Social Networks in Urban Situations*. Manchester: Manchester University Press.

[123] Morgan, R M. & Hunt, S D. (1994). The Commitment Trust Theory of Relationship Marketing. *Journal of Marketing* 58 (3).

[124] N. Rosenberg (1982). *Inside the Black Box: Technology and Economics*. Cambridge University Press.

[125] Nadel, SF (1957). *The Theory of Social Structure*. London: Cohen and West.

[126] Nahapiet J., Ghoshal S. (1997). Social Capital, Intellectual Capital and the Creation of Value in Firms. *Academy of Management Best Paper Proceedings*.

[127] Nahapiet, Janine & Sumantra Ghoshal (1998). Social Capital, Intellectual Capital, and the Organizational Advantage. *Academy of Management Review* 23 (2).

[128] Nerkar, Atul (2003). Old Is Gold? The Value of Temporal Exploration in the Creation of New Knowledge. *Management Science* 49 (2).

[129] Nevis E. C, Dibella A. J, Gould J. M. (1995). UnderstandingOrganizations as Learning System. *Sloan Management Review* 36 (2).

[130] Nonaka L., Takeuchi H. (1995). *The Knowledge-creating Company: How Japanese Companies Creating the Dynamics of Innovation*. Oxford University Press.

[131] Nonaka, I. (1991). The Knowledge-creating Company. *Harvard Business Review* 69 (6).

[132] Pablos, P O. D. (2005). Western and Eastern Views on Social Networks. *The Learning Organization* 12 (5).

[133] Peng, Mike W. & Yadong Luo (2000). Managerial Ties and Firm Performance in a Transition Economy: The Nature of a Micro – Macro Link. *Academy of Management Journal* 43 (3).

[134] Pfeffer, Jeffrey (1981). *Power in Organizations*. Marshfield. MA: Pitman.

[135] Podsakoff, Philip M. and Dennis W. Organ (1986). Self – Reports in Organizational Research: Problems and Prospects. *Journal of Management* 12 (4).

[136] Prahalad, C. K., Hamel, G. (1990). The Core Competence of the Organization. *Harvard Business Review* 68.

[137] Putnam, R. D. (1993). *Making Democracy Work: Civic Traditions in Modern Italy*. Princeton, NJ: Princeton University Press.

[138] Putnam, R. D. (2000). *Bowling Alone*. Simon & Schuster, New York.

[139] R. Leifer, C. M. McDermott, G. C. O'Connor, L. S. P. R. M. Peters, M. Rice, R. W. (2006). *Veryzer, Radical Innovation: How Mature Companies Can Outsmart Upstarts*. Harvard Business School Press, Boston.

[140] Ritter, T, Gemüden H. G. (2003). NetworkCompetence: Its Impact on Innovation Success and Its Antecedents. *Journal of Business Research* 56.

[141] Romanelli, Elaine (1987). New Venture Strategies in the Minicomputer Industry. *California Management Review* 30 (1).

[142] Rothwell, R. (1992). Successful Industrial Innovation: Critical Factors for the 1990's. *R&D Management* 22.

[143] Rothwell, R. et al. (1974). SAPPHO Updated. *Research Policy*, November.

[144] Rowley, Tim, Dean Behrens, & David Krackhardt (2000). Redundant Governance Structures: An Analysis of Structural and Relational Embeddedness in the Steel and Semiconductor Industries. *Strategic Management Journal* 21 (3).

[145] Schoonhoven, Claudia Bird (1981). Problems with Contingency Theory: Testing Assumptions Hidden within the Language of Contingency "Theory". *Adminis-

trative Science Quarterly 26 (3).

[146] Selnes, F., Sallis, J. (2003). Promoting Relationship Learning. Mark 67.

[147] Sense, A. J. (2007). Structuring the Project Environment for Learning. Int. Proj. Manag. 25 (4).

[148] Shane, Scott (2000). Prior Knowledge and the Discovery of Entrepreneurial Opportunism. *Organization Science* 11 (4).

[149] Shu, C., A. L. Page, S. Gao, and X. Jiang. (2012). Managerial Ties and Firm Innovation: Is Knowledge Creation a Missing Link? *Journal of Product Innovation Management* 29 (1).

[150] Sinkula, Baker & Noordewier (1997). A Framework for Market – based Organizational Learning: Linking Values, Knowledge and Behavior. *Journal of the Academy of Marketing Science* 2 (5).

[151] Srirangpatna Dinesh, Dialani Mukesh, and Muscolino Holly (2014). The Big Data Analytic Services Opportunity for the Hard – copy Industry. In IDC: Industry Development Models.

[152] Stinchcombe, Arthur L. (1965). Social Structure in Organizations, J. G. March, ed. *Handbook of Organizations* Chicago: Rand McNally.

[153] Stock, G. N., Greis, N. P., & Fischer, W. A. (2001). Absorptive Capacity and New Product Development. *Journal of High Technology Management Research* 12.

[154] Swee Goh (1998). Toward a Learning Organization: the Strategic Building Blocks. *Sam Advanced Management Journal*, Spring.

[155] Teece, D. J., Pisano, G. & Shuen, A. (1997). Dynamic Capabilities and Strategic Management. *Srtategic Management* 18.

[156] The Economist (2010). A Special Report on Managing Information: Data, Data Everywhere, *The Economist*, February 25.

[157] Todeva, E. & Knoke, D. (2002). StrategicAlliance and Corporate Social Capital. Allmendinger, J. and Hinz, T. Sociology of Organizations. In K. lner Zeitschrift: *Sociology and Social Psychologies*.

[158] Triandis, Harry C. (1995). *Individualism and Collectivism.* Boulder, CO: West View Press.

[159] Tsai, Wenpin & Sumantra Ghoshal (1998). Social Capital and Value Creation: The Role of Interafirm Networks. *Academy of Management Journal* 41 (4).

[160] Tsai, Wenpin (2000). Social Capital, Strategic Relatedness and the Formation of Intra-organizational Linkages. *Strategic Management Journal* 21 (9).

[161] Uzzi, B. (1996). The Sources and Consequences of Embeddedness for the Economic Performance of Organizations: The Network Effect. *American Sociological Review* 61.

[162] Van Wijk, R., Van den Bosch, F. A. J. & Volberda, H. W. (2003). Knowledge and Networks. In M. Easter by-Smith, et al. (eds.) *The Blackwell Handbook of Organizational Learning and Knowledge Management*: 428-453, Malden, MA, Blackwell Pub.

[163] Walfish, Daniel (2001). P&G China LabHas Global Role. *Research Technology Management* 44 (5).

[164] Watkins Marsick (1993). *Sculpting the Learning Organization.* San Francisco. CA: Jossey-bass.

[165] Watkins Marsick (2003). Demonstrating the Value of an Organization's Learning Culture: The Dimensions of the Learning Organization Questionnaire. *Advances in Developing Human Resources* 5 (2).

[166] Werker, Claudia (2001). Knowledge and Organization Strategy in Innovation System. *International Journal of Innovation Management* Mar. (Vol. 5 Issue).

[167] West, R. E. (2009). What is Shared? A Framework for Studying Communities of Innovation. *Educational Technology, Research, & Development* 57 (3).

[168] Westlund, H. (2003). Implications of Social Capital for Business in the Knowledge Economy: Theoretical Considerations. *International Forum on Economic Implication of Social Capital*, Tokyo, Japan.

[169] Wu X, Wei Y. (2004). The Analysis on Competitive Advantage of Firms in the Context of Synergic Development: Based on the Perspective of Social Capital. Singapore: International Engineering Management Conference.

［170］Wu, X. B. , Xu, G. N. &Wang, W. B. (2006). Technology Innovation of Developing Country in the Context of Globalization: A Case Study. Proceedings of International Technology and Innovation Conference (ITIC) (3).

［171］Yin, R. K. (1994). *Case Study Research: Design and Methods* (2nd ed.). Sage, Thousand Oaks. Yin, R. K.

［172］Yli-Renko, Helena, Erkko Autio, & Harry J. Sapienza (2001). Social Capital, Knowledge Acquisition, and Knowledge Exploitation in Young Technology-Based Firms. *Strategic Management Journal* 22 (6-7).

［173］Zahra, Shaker A. , Nielsen, A. P. & Bogner, W. C. (1999). Corporate Entrepreneurship, Knowledge and Competence Development. *Entrepreneurship Theory and Practice* 24.

［174］Zahra, Shaker A. , R. Duane Ireland, and Michael A. Hitt (2000). International Expansion by New Venture Firms: International Diversity, Mode of Entry, Technological Learning, and Performance. *Academy of Management Journal* 43 (5).

［175］Zahra, Shaker A. , George, G. (2002). Absorptive Capacity: A Review, Reconceptualization and Extension. *Acad. Manag. Rev.* 27 (2).

中文文献

［1］马克思:《资本论》第1卷,人民出版社1975年版。

［2］《中共中央国务院关于实施科技规划纲要增强自主创新能力的决定》,载《人民日报》,2006年2月10日第1版。

［3］［美］阿吉瑞斯·舍恩:《组织学习:行为透视理论》,张莉、李萍译,中国人民大学出版社1990年版。

［4］［意］安娜·格兰多里主编:《企业网络,组织和产业竞争力》,刘刚等译,中国人民大学出版社2005年版。

［5］［美］奥利弗·威廉姆森:《交易费用经济学:契约关系的规制、企业制度与市场组织》,陈郁译,上海三联书店、上海人民出版社1996年版。

［6］陈伟:《创新管理》,科学出版社1998年版。

［7］程工:《企业技术创新论》,上海财经大学出版社2005年版。

［8］单伟建:《交易费用经济学的理论:应用及偏颇,现代经济学前沿专题

(1)》,商务印书馆1993年版。

[9] 傅家骥、仝允桓、高建:《技术创新学》,清华大学出版社1998年版。

[10] 高洪深、丁娟娟:《企业知识管理》,清华大学出版社2003年版。

[11] [美] 格鲁特尔特、贝斯特纳尔:《社会资本在发展中的作用》,黄载曦等译,西南财经大学出版社2004年版。

[12] 官建成:《中欧工业创新的比较分析〈中国创新管理前沿〉(柳卸林主编)》,北京理工大学出版社2004年版。

[13] 郭咸纲:《西方管理思想史》,经济管理出版社2004年版。

[14] 李惠斌、杨冬雪:《社会资本与社会发展》,社会科学文献出版社2000年版。

[15] 柳卸林:《技术创新经济学》,中国经济出版社1993年版。

[16] 路应金等:《技术创新风险分析》,电子科技大学社科版2003年版。

[17] [美] 罗斯托:《从起飞进入持续增长的经济学》,贺力平等译,四川人民出版社1988年版。

[18] [美] 泰勒:《科学管理原理》,蔡上国译,上海科学技术出版社1982年版。

[19] 吴贵生:《技术创新管理》,清华大学出版社2000年版。

[20] [瑞] 西格法德·哈里森:《日本的技术与创新管理:从寻求技术诀窍到寻求合作者》,华宏慈等译,北京大学出版社2004年版。

[21] 谢洪明、蓝海林:《动态竞争与战略网络》,经济科学出版社2004年版。

[22] [英] 亚当·斯密:《国民财富的性质和原因的研究》下卷,王亚南、郭大力译,商务印书馆1988年版。

[23] 杨瑞龙主编:《企业理论:现代观点》,中国人民大学出版社2005年版。

[24] 中国社会科学院工业经济研究所:《中国工业发展报告——中国工业经济创新》,经济管理出版社2004年版。

[25] 朱国宏:《经济社会学》,复旦大学出版社1999年版。

[26] [英] 克利斯·弗里曼等:《工业创新经济学》,华宏勋、华宏慈等译,北京大学出版社2004年版。

［27］边燕杰、丘海雄：《企业的社会资本及其功效》，载《中国社会科学》，2000年第2期。

［28］蔡宇：《企业技术创新的风险分析与防范》，载《科技管理研究》，2005年第9期。

［29］曹亚东等：《先进制造技术与创新能力：组织学习的视角》，载《现代管理科学》，2008年第7期。

［30］陈和、隋广军：《产业演进下的企业间组织研究》，载《科学学与科学技术管理》，2007年第8期。

［31］陈劲、陈钰芬：《企业技术创新绩效评价指标体系研究》，载《科学学与科学技术管理》，2006年第3期。

［32］陈劲、李飞宇：《社会资本：对技术创新的社会学诠释》，载《科学学研究》，2001年第3期。

［33］陈学光：《网络能力、创新网络及创新绩效关系研究——以浙江高新技术企业为例》，浙江大学2007年博士学位论文。

［34］杜占元、刘东：《中小企业技术创新及其政策研究》，载《科技进步与对策》，1997年第5期。

［35］方世杰：《在台外商研发投资与台湾知识流通体系之影响》，载《管理学报》，2002年第1期。

［36］方新：《过渡经济条件下的中国企业技术创新研究》，载《中国科技论坛》，1998年第2期。

［37］高建、傅家骥：《中国企业技术创新的关键问题：1051家企业技术创新调查分析》，载《中外科技政策与管理》，1996年第1期。

［38］高建、汪剑飞、魏平：《企业技术创新绩效指标：现状、问题和新概念模型》，载《科研管理》，2004年第5期。

［39］弓锋伟：《科技型中小企业融资现状与改进对策探微》，载《事业财会》，2007年第6期。

［40］韩辉：《中小企业技术创新的影响因素和路径的选择》，载《中小企业》，2005年第9期。

［41］贺盛瑜：《虚拟企业中伙伴信任关系的建立与发展》，载《软科学》，2003年第4期。

[42] 胡宝民等：《科技型中小企业发展之路》，载《科技管理研究》，2005年第12期。

[43] 姜平：《日本中小企业问题及政策研究》，载《济学家》，2001年第5期。

[44] 蒋春燕、赵曙明：《社会资本和公司企业家精神与绩效的关系：组织学习的中介作用》，载《管理世界》，2006年第10期。

[45] 蒋天颖、施放：《企业组织学习维度结构的实证分析》，载《浙江社会科学》，2008年第5期。

[46] 蒋长流、纵玲玲：《基于动态博弈的政府与中小企业技术创新行为分析》，载《技术经济》，2007年第3期。

[47] 李欢：《大数据背景下科技管理创新平台构建研究》，载《科学管理研究》，2014年第2期。

[48] 李天柱等：《接力创新的一般规律与应用价值——以生物制药产业为例》，载《技术经济》，2012年第11期。

[49] 林健、李焕荣：《战略网络对企业绩效影响分析》，载《科研管理》，2003年第4期。

[50] 刘学元、丁雯婧、赵先德：《企业创新网络中关系强度、吸收能力与创新绩效的关系研究》，载《南开管理评论》，2016年第1期。

[51] 吕卫文：《隐性知识和编码知识》，载《科研管理》，2007年第6期。

[52] 吕毓芳：《论领导行为、组织学习、创新与绩效间相关性研究》，复旦大学2005年博士学位论文。

[53] 马凯：《中美中小企业与创业投资论坛上的讲话》，2004年6月23—24日。

[54] 潘旭明：《战略联盟的信任机制：基于社会网络的视角》，载《财经科学》，2006年第5期。

[55] 彭宇文、吴林海：《我国中小企业技术创新支持体系研究》，载《科学管理研究》，2007年第2期。

[56] 彭玉冰、白国红：《谈企业技术创新与政府行为》，载《经济问题》，1999年第7期。

[57] 孙永风、廖貅武、李垣：《转型背景下中国企业基于社会资本的知识

管理研究》,载《中国工业经济》,2008年第3期。

[58] 汤临佳:《科技型中小企业技术管理能力的动态演化研究》,载《科研管理》,2016年第3期。

[59] 万青云:《高技术产业区域理论研究》,华中科技大学2002年博士学位论文。

[60] 王国进、王其藩:《企业技术创新能力评价研究的新进展》,载《科研管理》,2004年第2期。

[61] 王利晓、惠宁:《企业社会资本研究文献综述》,载《西安邮电学院学报》,2007年第6期。

[62] 王霄、胡军:《社会资本结构与中小企业创新》,载《管理世界》,2005年第7期。

[63] 王晓晖:《学习型组织文化的差异与影响研究》,载《管理世界》,2007年第11期。

[64] 王勇:《企业社会资本的国内研究进展与趋势展望》,载《当代经济管理》,2008年第10期。

[65] 王勇:《企业社会资本对技术创新的影响》,载《改革》,2006年第2期。

[66] 韦影:《企业社会资本的概念与研究维度综述》,载《科技进步与对策》,2008年第2期。

[67] 韦影:《企业社会资本对技术创新绩效的影响研究——基于吸收能力的视角》,浙江大学2006年博士学位论文。

[68] 韦影:《企业社会资本与技术创新——基于吸收能力的实证研究》,载《中国工业经济》,2007年第9期。

[69] 吴翠花:《联盟网络环境下科技型中小企业知识创造能力与组织绩效关系实证研究》,西安交通大学2006年博士学位论文。

[70] 吴翠花等:《联盟网络社会资本对知识转移影响路径研究》,载《科学学研究》,2008年第5期。

[71] 武志伟:《企业社会资本的内涵和功能研究》,载《软科学》,2003年第5期。

[72] 谢洪明、韩子天:《组织学习与绩效的关系:创新是中介变量

吗?——珠三角地区企业的实证研究及其启示》,载《科研管理》,2005年第5期。

[73] 谢洪明等:《社会资本、组织学习与组织创新的关系研究》,载《管理工程学报》,2008年第1期。

[74] 谢洪明等:《市场导向与组织绩效的关系:组织学习与创新的影响》,载《管理世界》,2006年第2期。

[75] 谢伟:《技术学习过程的新模式》,载《科研管理》,1999年第4期。

[76] 谢竹云、茅宁:《社会资本、组织学习与企业的价值创造》,载《科学学与科学技术管理》,2008年第9期。

[77] 幸理:《企业合作创新的基本理念辨析》,载《现代经济探讨》,2006年第7期。

[78] [奥地利] 熊彼特:《经济发展理论》,何畏译,商务印书馆1997年版。

[79] 徐延辉:《企业家的伦理行为与企业社会资本积累——一个经济学和社会学的比较框架分析》,载《社会学研究》,2002年第6期。

[80] 许冠南:《关系嵌入性对技术创新绩效的影响研究——基于探索型学习的中介机制》,浙江大学2008年博士学位论文。

[81] 许萍:《企业社会资本和环境适应》,载《经济研究》,2007年第3期。

[82] 许小东:《技术创新的成败归因及其对创新行为的影响研究》,载《科学学与科学技术管理》,2002年第2期。

[83] 杨瑞龙、周业安:《交易费用与企业所有权分配和约的选择》,载《经济研究》,1998年第9期。

[84] 杨瑞龙等:《产业组织能力与企业竞争优势》,载《教学与研究》,2001年第4期。

[85] 尹建海、杨建华:《基于加强型平衡记分法的企业技术创新绩效评价指标体系研究》,载《科研管理》,2008年第1期。

[86] 于小涵:《组织学习过程模型的比较研究》,载《科技管理研究》,2005年第1期。

[87] 余琛、蒋伟军:《企业资源观理论综述》,载《经济师》,2000年第

8期。

[88] 宇红：《信任与企业家社会资本》，载《社会科学辑刊》，2006年第5期。

[89] 詹正华：《中小企业未来技术创新路径选择》，载《企业经济》，2004年第5期。

[90] 张方华：《知识型企业的社会资本与技术创新绩效的关系研究》，浙江大学2004年博士学位论文。

[91] 张鹏：《科技型中小企业技术创新的优劣势比较及启示》，载《贵州社会科学》，2008年第10期。

[92] 张其仔：《社会资本与国有企业绩效研究》，载《当代财经》，2000年第1期。

[93] 赵曙东：《高新企业技术创新和发展的实证分析》，载《数量经济技术经济研究》，1999年第12期。

[94] 赵延东：《社会资本理论的新进展》，载《国外社会科学》，2003年第3期。

[95] 郑胜利、陈国智：《企业社会资本积累与企业竞争优势》，载《生产力研究》，2002年第1期。

[96] 《中国信息报》，2007年3月12日第1版。

[97] 周小虎、陈传明：《企业社会资本与持续竞争优势闭》，载《中国工业经济》，2004年第5期。

[98] 周庄、王宏达：《国有大中型工业企业技术创新影响因素的调查分析》，载《天津经济》，2001年第5期。

[99] 朱有为：《中国制造业的技术创新绩效研究》，东南大学2007年博士学位论文。

[100] 朱泽、徐金发：《R&D中的知识管理》，载《科学管理研究》，2000年第1期。

后　记

本书是在对博士论文进行修改的基础上完成的。在博士论文写作期间得到了诸多良师益友的关心和帮助，借本书出版之际，致以深深的谢意。

首先我要感谢敬爱的导师杨蕙馨教授。杨老师是我的大学老师，也是我的硕士生导师和博士生导师，她是我走向科研道路的领路人。杨老师在山东大学管理学院甚至在山东大学都是以严格和严谨著称的，申报杨老师作为我的导师，是需要很大的勇气的，但是杨老师在治学上严谨的态度、在所从事的研究领域的威望和我在本科阶段就领略到的杨老师的国际视野，是我下定决心申报杨老师作为我导师的原因。当然，我也是幸运的，申报杨老师作为导师的研究生有多位，最终我能够拜在杨老师门下，深深感谢杨老师的信任。在我跟杨老师攻读硕士学位的初始阶段，杨老师刚刚获得孙冶方经济科学奖，或许是她撰写博士论文过于劳累了，杨老师那时候腰椎间盘突出很严重，根本直不起腰，即便如此，杨老师还是坚持给我们讲了一个学期的方法论课程。从那时起，杨老师以其自身的行动深深地感染了我和诸位同门——从事科学研究不吃苦、不耐得住寂寞是不行的。我的博士论文写作及本书定稿是在杨老师的悉心指导下完成的。从论文选题、资料收集到理论和实证研究的全过程中，杨老师倾注了极大的心血。她的精心指导和鼓励是我完成博士论文和修改出版成书的关键。除了严谨和严格以外，杨老师对我也十分关心和厚爱。杨老师每次在放寒暑假的时候都会让我向我的父母问好，回到学校后都会问我的父母身体状况怎么样。我的女儿出生的时候，杨老师专门到我家看望；当得知我的母亲去世之后，杨老师专门请我吃饭对我进行安慰。即使在我毕业之后，杨老师仍然在工作上和生活上关心我、帮助我、鼓励我、鞭策我。这也是我能够不断进步的重要源动力。能够遇到恩师，我是特别幸运的。

诚挚感谢山东财经大学的张体勤教授，山东大学管理学院的徐向艺教授、陈志军教授、丁荣贵教授、张玉明教授、戚桂杰教授，山东大学经济学院的臧旭恒教授，山东社会科学院的卢新德教授给予的鼓励、关心和支持。他们严谨的治学精神和虚怀若谷的治学态度让我敬仰，他们在博士论文开题、撰写和答辩等过程中提出了宝贵的意见和建议，使我获益匪浅。感谢徐凤增、王长峰、王涛等同学和学长的帮助。感谢中国农业银行、青岛开发区财政局、青岛开发区科技局和济南市高新技术开发区的各位朋友，正是他们的帮助使我顺利收集到大量翔实的研究资料。

特别感谢西安交通大学人文社会科学学院的边燕杰教授、美国马奎特大学的白勇教授、山东大学哲学与社会发展学院的林聚任教授，他们对我的学习给予了悉心关心和指导，使我进一步开阔了国际视野、拓展了学术领域。

衷心感谢山东建筑大学法政学院的张培忠教授、林心红教授、胡宁教授、隋卫东教授、于春明教授、王淑华教授，他们在我攻读博士学位期间提供了诸多便利，给予了大量帮助。尤其要感谢山东建筑大学马克思主义学院的杨先永院长、赵海涛书记及诸位同仁，正是有了他们的关心、厚爱和包容，才使我能够有勇气、有时间修改完善书稿、出版本书。

深情感谢我的家人。感谢我的母亲，我的母亲病重期间正是我攻读博士学位的时候，彼时她的谆谆教导使我不断进步。尽管母亲已经去世多年，母亲在世时在我取得成功之后的自豪和遇到挫折后的鼓励至今仍历历在目，母亲的关爱一直以来都是我不断进步的动力。感谢我的父亲，在我母亲病重期间，他悉心照顾我病重的母亲，使我能够有时间查资料、读文献、进行博士论文的写作。父亲的殷切期望是我刻苦努力的动力。感谢我的岳父，近七年来，我的岳父承担了大部分照顾我女儿的工作，使得我的妻子和我能够安心工作。尤其是我在美国访学期间，作为一个七十多岁的老人，他专门到美国为我和女儿做可口的饭菜，使我和女儿能够愉快、安心地学习。本书有两章内容是在美国期间完成的，这本书能够出版，需要特别感谢我的岳父。感谢我的妻子，我的妻子一直任劳任怨、知书达理，在我的学业和生活上给予了无限的支持和理解，她是我最可靠的后盾。感谢我的女儿，尽管我和我的妻子平常对她疏于照顾，但是她以自己的懂事与乖巧化解了我们的顾虑，而且她在学业上的小有成就使我和妻子能够在紧张的工作间隙得到了充分的愉悦。

在本书即将出版之际，向中央编译出版社的杜永明老师以及相关工作人员表示感谢，正是有了他们的大力支持和帮助，本书才得以顺利出版。

张鹏

2018 年 7 月于泉城